主 编:陈 恒 孙 逊

光启文库

光启随笔

光启文库

光启随笔　光启讲坛
光启学术　光启读本
光启通识　光启译丛

主　编：陈　恒　孙　逊

学术支持：上海师范大学光启国际学者中心

辑封插图：郑昭昕
责任编辑：鲍静静
装帧设计：纸想工作室

社会的恶与善

彭小瑜 著

商务印书馆
2018年·北京

图书在版编目（CIP）数据

社会的恶与善 / 彭小瑜著. — 北京：商务印书馆，2017
（2018.3重印）
（光启文库）
ISBN 978－7－100－13720－1

Ⅰ. ①社⋯　Ⅱ. ①彭⋯　Ⅲ. ①世界史 — 文化史 — 文集
Ⅳ. ①K103-53

中国版本图书馆 CIP 数据核字（2017）第080803号

权利保留，侵权必究。

社 会 的 恶 与 善

彭小瑜　著

商 务 印 书 馆 出 版
（北京王府井大街36号　邮政编码 100710）
商 务 印 书 馆 发 行
山东临沂新华印刷物流集团印刷
ISBN 978－7－100－13720－1

2017年4月第1版　开本 889×1194　1/32
2018年3月第2次印刷　印张 11½

定价：52.00元

出版前言

梁启超在《清代学术概论》中认为,"自明徐光启、李之藻等广译算学、天文、水利诸书,为欧籍入中国之始,前清学术,颇蒙其影响"。梁任公把以徐光启(1562—1633)为代表追求"西学"的学术思潮,看作中国近代思想的开端。自徐光启以降数代学人,立足中华文化,承续学术传统,致力中西交流,展开文明互鉴,在江南地区开创出海纳百川的新局面,也遥遥开启了上海作为近现代东西交流、学术出版的中心地位。有鉴于此,我们秉承徐光启的精神遗产,发扬其经世致用、开放交流的学术理念,创设"光启文库"。

文库分光启随笔、光启学术、光启通识、光启讲坛、光启读本、光启译丛等系列;努力构筑优秀学术人才集聚的高地、思想自由交流碰撞的平台,展示当代学术研究的成果,大力引介国外学术精品。如此,我们既可在自身文化中汲取养分,又能以高水准的海外成果丰富中华文化的内涵。

文库推重"经世致用",即注重文化的学术性和实用性,既促进学术价值的彰显,又推动现实关怀的呈现。文库以学术为第一要义,所选著作务求思想深刻、视角新颖、学养深厚;同时也注重实用,收录学术性与普及性皆佳、研究性与教学性兼顾、传承性与创新性俱备的优秀著作。以此,关注并回应重要时代议题与思想命题,推动中华文化的创造性转化与创新性发展,在与国外学术的交流对话中,努力打造和呈现具有中国特色的价值观念、思想文化及话语体系，为夯实文化软实力的根基贡献绵薄之力。

文库推动"东西交流"，即注重文化的引入与输出，促进双向的碰撞与沟通，既借鉴西方文化，也传播中国声音，并希冀在交流中催生更绚烂的精神成果。文库着力收录西方古今智慧经典和学术前沿成果，推动其在国内的译介与出版；同时也致力收录汉语世界优秀专著，促进其影响力的提升，发挥更大的文化效用；此外，还将整理汇编海内外学者具有学术性、思想性的随笔、讲演、访谈等，建构思想操练和精神对话的空间。

我们深知，无论是推动文化的经世致用，还是促进思想的东西交流，本文库所能贡献的仅为涓埃之力。但若能成为一脉细流，汇入中华文化发展与复兴的时代潮流，便正是秉承光启精神，不负历史使命之职。

文库创建伊始，事务千头万绪，未来也任重道远。本文库涵盖文学、历史、哲学、艺术、宗教、民俗等诸多人文学科，需要不同学科背景的学者通力合作。本文库综合著、译、编于一体，也需要多方助力协调。总之，文库的顺利推进绝非仅靠一己之力所能达成，实需相关机构、学者的鼎力襄助。谨此就教于大方之家，并致诚挚谢意。

清代学者阮元曾高度评价徐光启的贡献，"自利玛窦东来，得其天文数学之传者，光启为最深。……近今言甄明西学者，必称光启"。追慕先贤，知往鉴今，希望通过"光启文库"的工作，搭建东西文化会通的坚实平台，矗起当代中国学术高原的瞩目高峰，以学术的方式阐释中国、理解世界，让阅读与思索弥漫于我们的精神家园。

上海师范大学光启国际学者中心

2017年3月

常在历史的河边走（代序）

在2016年辛亥革命105周年纪念的前夕，我写了下面这篇短文：

当我们现在回头看民国的历史，我们的视角和印象既得益于今天的价值观和社会风气，也因此受到局限。这是我最近在读《独秀文存》时的最大感慨。该书出版于1922年，所收文字大多曾经发表在陈独秀1915年创办的《新青年》杂志上，反映了他在那个时期的思想和观点。

陈独秀对新文化运动和中国现代政治的贡献众人皆知，毋庸多言。我想关注的，是他的著述所反映出来的民国社会景象，以及他的评论和反思。他在1919年4月的一篇文章里说，北京人口共有男女93万余人，其中"纯粹没有职业的贫民，占十分之一"，洋车夫有4万多人，"公娼私娼，总也在"1万人以上。在同年6月1日发表的文章里，他写到"北京十大特色"，其中之一就是，"十二三岁的小孩子，六十几岁的老头子，都上街拉车，警察不干预"。

此时的陈独秀逐渐在接受马克思主义的影响，但是在1920年5月发表的《上海厚生纱厂湖南女工问题》里面，他并没有完全排斥私有经济。他一方面提出要"由个人的工业主义进步到社会的工业主义"，同时也提倡工人入股私有企业的制度，认为这个办法"可以使个人社会间利益两全"。他并不排斥在私有制的情况下争取工人待遇的改良。尽管对资本的合作抱悲观的态度，他还是赞成推动工人教育，并提出减少工作时间和增加工资，让工人有余暇和经济能力来读书和提高文化。

关于湖南女工的这篇文章有很长的附录，即长沙上海各报为讨论这些工人的待遇所刊登的多达15篇的文稿。上海厚生纱厂到湖南招女工，打出的旗号是照顾湖南妇女："念湘省叠经兵事，生计艰难，妇女尤甚，故让出一部分工额，招募湘省女工一批来申试用。"一些湘籍人士对这些工人的劳动条件提出批评，认为每天工作12小时、每月工资8元（伙食费占去一半以上）是十分苛刻的待遇。由这些讨论中还可以看出，这些女工3年内不得辞工，要一周工作6天，做一周白班，然后做一周夜班，夜班也是每天12小时。如果工人因病不上班，则按日扣薪。批评者的质疑集中在两方面，一是为何不能采用正在成为"世界公例"的8小时工作制，二是女工因其生理特点是否适合长期夜班和长达12小时的车间劳作。

一省的文化人士对本省女工在外地的福利如此热切追问的文字，让我们今天读起来有了"民国"的感觉。这种乡土情怀现在不多见了。在社会主义意识远未普及的1920年，资本家一方在这番讨论中的辩解也是锋芒毕露的。该厂总经理穆藕初留美6年后回国兴办实业，其理念是：中国人口众多，工业衰微，资本处境艰难，国民知识和能力幼稚，文人学者照搬西方8小时工作制和不切实际地要求改善劳工状况，形同毁坏本国工业，"予不禁为祖国实业前途悲也"。他甚至说，国外企业环境也有污秽不堪的,而我国人民"饥不得食,寒不得衣,何以救之,在乎使有生业而已;工作即使不尽合卫生,不较诸穷无所归之为愈乎"。穆总经理这位留美学生的意思是,穷人有工作就不错了,还穷讲究什么劳动条件和待遇!他确实把华尔街的冷漠和势利学到手了。

近些年追捧民国文化乃至民国一切的文化人,即所谓"民国粉",往往对当时的这类社会问题缺乏关注的热情,往往借助谈论悠闲生活和高尚学问,譬如写写林徽因和她身边的大学教授们,或者借助其他优雅话题,来粉饰那个时代,把它遮掩在温情脉脉的朦胧背后。

陈独秀的儿子陈延年、陈乔年为中共早期的优秀干部,均在"四·一二"事变后被国民党杀害。任建树先生在他的陈独秀传记里面引用濮清泉的回忆,描写了西安事变之后,独秀先生在狱中的心情:"简直像儿童过年那样高兴,他托人打了点酒,买了点菜,对我和罗世潘说:我生平滴酒不喝,今天为了国仇家恨,我要痛饮一杯。他先斟满一杯酒,高举齐眉说,大革命以来,为共产主义而牺牲的烈士,请受奠一杯。你们的深仇大恨有人报了!于是他把酒奠酹地上。他斟了第二杯,呜咽起来说,延年啊乔年,为父的为你俩酹此一杯!接着他老泪纵横,痛哭失声。"

这也是我们应该记住的民国画面。

和上面这篇稿子一样,这部文集所收录的文章基本都是我给《北京青年报》所写的时事评论,各篇的思路和行文风格也大体一致。我尝试由历史的角度观察和谈论现实问题,希望自己能因此更加清楚看到社会的恶与善，但是绝不因为看见和感触到恶变得心情沮丧和悲观。对民国的、共和国的以及外国的历史，如果我们能够有一个客观冷静的调查研究和细致平衡的深入理解，我们对当下身边的一切，就容易有一个平和乐观的态度。

对《北京青年报》和北京大学鼓励关心我的朋友们，我在此表示诚挚的感谢。在读者、学生和同仁中间，我会听到温暖和肯定的意见。也有一些很好的朋友担忧我花费太多的时间写时评，会很辛苦，会分散做"正经"学问的时间。一个学者应该做什么，的确是一个需要历史来验证的问题。我总是在做事，也总是在犹豫着。

彭小瑜

2016年11月25日

于北京大学燕北园

目录

常在历史的河边走(代序)   1

第一辑 "这是属于你的土地"

"贱民"不可能生产出安全食品   3
最低工资应该是节俭的体面生活工资   7
社会主义社会没有"店小二"   11
快递哥奔走的酷暑严冬   14
勿让欠薪和低薪伤害市场经济   17
"这是属于你的土地"   20
中国优势与蓝领中产阶级的养成   23
我们拿什么去和日本竞争?   26
矿工下班以后那二两白干   29
普通人的情感也一样敏感精巧   32
桑德斯与美国社会主义的生命力   35
改革之理性:由诺瓦克到桑德斯   38
美国需要学习"一国两制"吗?   41
小康社会与工农教育   44

我们该如何泅渡道德的激流	47
瞎眼财神和经济学者	50
一场关于亚当·斯密经济学说的争论	54
世界史老师讲错的一节课	57
至诚大德才是成功商道	60
让道德构筑起市场的边界	63
卓别林的《摩登时代》遮蔽了什么？	66
"一同天下之义，是以天下治"	69

第二辑 "伸手摘取真实的花朵"

由张贤亮先生想到了英国人毛姆	75
高管的高薪与公务员的低薪	79
什么是中产阶级的优良品格？	83
改革无妨思古怀旧	87
公教人员不是玻璃缸里的金鱼	91
大学的"主义"之争：威斯康星故事	95
"伸手摘取真实的花朵"	98
精英的社会关怀与冷漠	101
马克思恩格斯为何怒斥"成功学"	104
现代社会与墨子的消费观	107
"打破铁饭碗"这话太粗糙伤人	110
买卖妇女儿童其实就是买卖奴隶	113
"穷讲究"既是美德，也是权利	116

拿捏改革分寸感："镀金时代"如何终结　119
福柯的"规训"与臭脚丫子　122
现代社会治理需要些许"强迫症"　125
简约：适度舒适的幸福生活　128
个人奋斗与社会达尔文主义　131
安全感：竞争社会丢失的核心竞争力　134
人事制度改革："搞活"的是与非　137
"社会化"切忌断裂和粗放　140
"高大上白金卡限时申请中"　143
教授与卖茶叶蛋的老太太　146

第三辑　"小民不识官府之难而天下治"

循吏困境的现代破解　151
"小民不识官府之难而天下治"　154
电动车后视镜里的古罗马政治　157
质疑"上梁不正下梁歪"　161
民意与民心之间不是等号　164
"保守主义"未必不是好东西　167
温润有度不是极端之调和　170
假如兰克观看了影片《今天我休息》　173
春天里的圆明园西路　176
虚构故事：一个社区的凋敝　179
损坏的单元门和破碎的方便面　183

旧楼加装电梯难在模糊的物权观	186
装修噪声与社会末端管理	189
让人忧虑的"父母官"情结	192
住房限购摇动的家庭婚姻	195
由丰子恺先生漫画《瓜车翻覆》说起	200
牙膏皮换麦芽糖的美好时光	203
一件琐事：更换电饭锅内胆	206
"您要咖啡还是要茶？"	209
为什么狗狗是万万不可伤害的	212
城市的香：桂花和臭豆腐	215
咸鱼和匮乏的辛酸	218
一碗虾片儿川提示的社会思想	221
宝石山春天里的满山红	224
社会观察其实是一种审美感觉	227

第四辑 "惟江上之清风，与山间之明月"

大学校长与乡村教育	233
西洋草坪的联想	237
杨人楩先生谈民国教育	240
乡村教师：法兰西的启示	244
优质的乡村教育与社会安定	247
发展西部高等教育可借鉴日本经验	250
小语种教学与大国风范建树	253

王冕画荷花：政治文化的联想	256
蔡元培的教育思想并非无可指摘	259
"惟江上之清风，与山间之明月"	262
陶行知担忧的"万丈悬崖"	265
黑脸包公需要什么样的辅佐	268
假如武大郎真的"心疼病死"	271
不完美的世界才有希望	274
重建文源阁的意义	277
衣食足未必知荣辱	280
教育改革：让积累取代断裂	283
小市民卡秋莎·马斯洛娃	286
历史故事背后的道德陷阱	289
《太阳升起》背后的焦虑和思考	292
宅心仁厚：爱因斯坦与胡克的通信	295
战争与和平之间的道德博弈	298
帕麦斯顿的帝国主义逻辑	301
文化多元论：一只纤巧的风筝	304
贫困和边缘化不是暴力的借口	307
暴恐分子最害怕爱心和希望	310
掂量国际关系，利益到底多重要？	313

第五辑 "黄油拌饭香如故"

"落拓枣"与翻译人生的甘苦	319

唐恩都乐的去而复返	322
在家庭饭桌上可否谈论金钱？	325
培田古村和罗威廉的《红雨》	328
"护林硬汉"石万生需要什么样的支持？	331
在"天意"和"民意"的古老叙事背后	334
阿列克谢耶维奇的势利和冷漠	337
谁在鼓动美国民众对立？	340
人们在战争伤痕里面寻找什么？	343
前车之鉴：被误读的乔治·凯南	346
"黄油拌饭香如故"	349

第一辑
"这是属于你的土地"

"贱民"不可能生产出安全食品

上海福喜食品公司为麦当劳和肯德基提供过期的肉类加工品。此事最近被披露之后，食品安全这一日常生活中的难题再度引发人们的议论和忧虑。我们在无数次关注和发声之后，还能否提出新的、真正有助于破解这个难题的看法？

莎士比亚（1564—1616）在《威尼斯商人》里面把高利贷者夏洛克描写得无情冷酷、唯利是图。故事反映出当时欧洲社会对犹太人的抹黑和迫害，还折射出我们通常忽略的、西方市场经济勃然兴起当中的另一个关键因素，也就是对商人贪婪的批评。夏洛克和他的宿敌安东尼奥的矛盾是，后者在当地提倡无利息的借贷，妨碍了前者的生意。在真实生活中，夏洛克一般是有德行的，他热衷于牟利，但并非全无道德自律，否则会受到法律的制裁。中产阶级文化始终应有这种两面性，以维持市场经济的健康运行，但是效益和德行两者失衡的情况的确会发生。

食品作为市场上的大宗商品很难脱离工商业者贪婪的玷污，并且可能危害人的健康和生命，所以自古以来就是法律关注的对象。中世纪欧洲城市对各种食品有严格的质量和价格管制，把葡萄酒、面包、肉类和油脂的产销都组织在行会里面，力图对恶性竞争和贪婪进行抑制。行会对以次充好有严厉打击，提倡职业精神，强制规定从业者要有长期的学徒期，对质量的看重近乎一种宗教崇拜。当局禁止人们在街上随意出售食物，严格限制从事食品产销的业主的人数，要求业主在作坊前台或者市场上销售，以便于监管。市场上常年摆放着颈手枷，出卖劣质食品的人会被铐起来示众，惯犯会被驱逐出境。牛奶保鲜困难，是中世纪和近代早期条件下进行质量控制比较困难的食物。靠近城市的奶牛场地皮昂贵，窄小拥挤，肮脏不堪。远处农村的牛奶不方便运输到大城镇，奶农有时候会把土豆粉和水添加进去，并使用一种土制的防腐剂。

《唐律疏议》比较系统地反映出中国古代食品法的特点，其中一部分涉及给皇室和官员准备的餐饮，另一部分涉及市场上出售的产品。准备御膳的厨房如果拣择米菜不干净，咸淡不适宜，杖一百；如果在食物中混入污秽之物，判服苦役两年。如果厨子违背了御膳的传统禁忌，譬如把苋菜混入鳖肉，则会被处以绞刑。同样的过失，如果是在给官员准备食物时发生，处罚会减半，譬如食物不干净的处罚是杖五十。肉食是古代最不易保鲜的食品。唐代法律规定，在市场上故意出售腐坏的干肉或者鲜肉，罪同投毒，如果导致人死亡，卖肉者要处以绞刑。因此，一旦发现肉食已经变质，制售者必须立即焚烧销毁，否则即便无人受害也要受罚，杖九十："脯肉有毒，曾经病人，有余者速焚之。"如果腐肉没有被迅速销毁，那么一旦有盗窃这些肉的小偷食用后死亡，法庭将按照过失杀人罪处罚涉案的肉贩。

也就是说，即便在不安全食品还没有被故意出售致人受害的时候，制售者依照唐代法律也可能要被重罚。这一思路难道不是我们当下可以借鉴的吗？

然而更加关键的是，古今中外的人们在谈论食品安全的时候，都未采用恩格斯在《英国工人阶级状况》里面采用的社会分析方法。18—19世纪工业革命之后，中产阶级，无论是工商业者、知识阶层还是其他专业人士，成为西方历史上讲究优雅生活的第一个庞大群体，数量远远超出封建时代少量有教养的教俗贵族。他们对个人爱情和细腻的审美品味都有前所未有的投入。即便是在商业竞争激烈的市场经济环境中，简·奥斯汀以及勃朗特三姐妹的情感小说都强调爱、亲情和美德能够战胜生活中的困难，包括经济的拮据。恩格斯却把眼光投向中产阶级的安逸生活之外。他尖锐地指出，这一时期的劳工阶层不仅居住在脏乱和被污染的狭小空间，而且"给他们吃的食物是劣质的、掺假的和难消化的"。他们在道德上也因为贫困而变得麻木和绝望，酗酒、嫖娼、虐待孩子、家庭破碎是最流行的几种毛病，而且"所谓义务教育也只是在名义上存在"。

中产阶级所追求的优雅生活，包括食品的质量和安全，很难由生存在那种肮脏和绝望的贫困中的工人来提供。有意思的是，恰恰是一家出色的食品制造公司,即生产牛奶巧克力和怡口莲的吉百利,凭借老板理查德和乔治私人的努力,在英国成功进行了社会福利政策的实验。这两兄弟在1879年把糖果厂由伯明翰搬迁到乡间的伯恩维尔,为工人们建立了夜校和保险制度,还在那里为他们建造了313套花园住宅,使之成为现代英国花园城镇的先驱。

现代社会对食品安全的高度关注往往是一个成熟中产阶级出现的标志。他们对高品质生活的追求不应该简单建立在对伪劣产品的防范和惧怕上,而是应该建立在对整个社会的关爱之上。当我们遭遇著名外企餐饮品牌质量堕落的时候,震惊和失望之余,我们常常忘记询问的是,在这些企业里面的工人待遇和状况如何?频繁发生的质量事故与工人的情绪和心态有某些关联吗?他们的工资足够他们过体面生活吗?

亲身从事生产的农民和工人绝非二等公民。他们应该是快乐、健康和有教养的,应该得到社会的尊重,应该有机会上升为中产阶级。只有到那个时候,人们追求的优雅和安全生活才是可靠的、可以伸手触摸得到的。

最低工资应该是节俭的体面生活工资

截至2014年8月1日浙江省上调最低工资标准，该年已经有17个省市提高了法定的最低工资，其中以上海的标准最高，月最低工资规定为1 820元，小时最低工资为17元。如果夫妻两人都拿的是最低工资，那么一个城镇的三口之家是否能过上节俭同时又体面有尊严的生活呢？譬如在上海的3 640元月工资。在生活中，这不仅取决于我们设定的贫困线标准，也与人的具体感受有复杂关系。

也是在2014年，奥巴马总统呼吁将美国的联邦最低小时工资由7.25美元提升到10.10美元。因为国会的反对，他的这一努力并未成功，他所能做的是要求联邦工程承包商把最低工资提高到新标准。美国有好几个州已经决定逐渐上调最低工资到10美元以上，并规定此后将随物价上涨自动上调。按照2014年美国政府的设定，三口之家如果年收入低于19 790美元就落到贫困线之下。

奥巴马的思路是，最低工资应足以保证这个家庭在一个人工作的情况下年收入达到超过贫困线的21 000美元。也就是说，最低工资的寓意是保证家庭最低水平的有尊严生活。

最低工资标准作为一种引进的制度，我们到底了解多少？中世纪欧洲和古代中国的行会形态有所不同，但是都有规定员工待遇的行规，以便限制恶性竞争。中世纪后期和近代早期英国的工资法令对雇工要求的工价往往有限制，不过逐渐也把物价作为决定工资的一个因素考虑进去，规定了最低的工价。英国在19世纪初因为来自企业家的压力废除了工资法，直到1998年才恢复。现代最低工资法最早出现在19世纪末的新西兰和澳大利亚。

到了20世纪初的美国，最低工资法有了一个戏剧化的发展。从1912年开始，先是麻省，接着是其他十几个州，颁布了这类法律。其背景反映在1913年的一幅《泼克》杂志漫画上，画中是一艘挤满风尘女子的救生艇，在巨浪中开向"家庭号"大帆船。推进最低工资立法的运动在美国最早是维护社会伦理的斗争，是为了防止女工和女售货员沦落风尘或者为改善生活而与男性未婚同居。在1916年的《哈泼》杂志上，纽约济贫总会的会长欣慰地写道，幸亏后来的调查发现，大多数收入低微的女工宁可营养不良和减少娱乐，也不愿意因为收入低微而牺牲品德，但是人们总得设法改善她们的生活。当时美国社会贤达的理念是，最低工资是为了维护女工的身心健康和基本的舒适生活。1938年以来，美国国会多次通过最低工资立法，并且不再局限于规定女工的待遇。美国的最低工资标准传统上是不与通货膨胀挂钩的，所以工资的实际价值会无形下降。

在20世纪60和70年代,赚取法定最低工资的美国劳工及其家庭,譬如快餐业职工和清洁工,要脱离贫困线一般是没有问题的。80年代以来,拿最低工资的工人如果要抚养两个家庭成员就会落到贫困线之下。按照实际购买力计算,美国联邦最低工资在1968年是最高的(相当于2014年的10.79美元),目前的7.25美元与之相比已经下降了26%强。结果是什么呢?企业老板是减少了劳动力成本,但是整个社会为这些贫困人群的付出增加了。加州大学伯克利分校和伊利诺伊大学最近的研究表明,低工资的快餐业有50%以上的员工因为收入过低不得不接受各种形式的社会救济。当纳税人在麦当劳享受便宜汉堡的时候,他们实际上是在用自己上交的税款补贴这家公司。快餐业每年由此获得的补贴达到70亿美元,而麦当劳一家就以此方式花去纳税人12亿美元。

也就是说,当企业因为低廉工资而获得高额利润的时候,其产品的社会成本可能十分高昂,其员工及其子女因为低收入在身心、教育和个人成长等方面遭受的伤害更是无法估量的。法定最低工资是一个复杂的概念。工商界以及为工商界代言的经济学家,包括我们国内的不少学者,对此有一些固定的说法,譬如说提高工资会影响招商,会加剧失业。而支持提高最低工资的一方则指出,过低的工资不仅扩大贫富分化,违反社会公平,而且压低内需和就业人员的劳动效率,最终伤害到经济发展本身。

前一种观点经常被我们的经济学家谈论,后一种观点在国内的媒体上还不多见。在1994年和2000年,普林斯顿大学教授卡德和克鲁格两次发表论文，指出适度的最低工资上调不会导致企业减少非熟练工人的雇佣，所谓上调工资一定导致失业的说法不仅没有普遍适用性，而且没有考虑经济问题的复杂多样性。而剑桥大学学者布罗斯南和威尔金森则指出，现代英国长期没有最低工资立法对就业反而有负面影响，因为相对的低工资使得企业缺乏创新积极性，也抑制了社会消费。也有经济学家认为，发展中国家最低工资标准应该更多起到拉近贫富差距和刺激消费的作用，因此应该是平均工资的70%左右，而不是发达国家的50%左右。

作为一种现代经济制度，最低工资立法在其本意上是互相配合、用以保证劳工体面舒适生活的一系列制度之一，应该足以保障工人及其子女和配偶的物质需求、精神娱乐、受教育机会。当然这里说的是一种节俭和基本的舒适生活。学者们需要由这个立场出发去讨论和评估现行的最低工资制度。过低的最低工资标准不能保证劳工及其家庭体面有尊严的生活；仅仅有最低工资标准而无其他配套的社会福利，也很难保证他们的身心健康发展。

企业家必须把员工及其家庭的人格尊严放在自己良心的天平上。

社会主义社会没有"店小二"

20世纪世界各国历史变迁给过人类一个重大启示,即野蛮不受国家调控的市场经济和官僚主义的计划经济都不能适应发展的需求,而在社会主义价值观指导下的社会主义市场经济不仅能够促成经济的健康发展,也能够更好地保障社会公益和社会平等。

社会主义市场经济的优越性是显而易见的,我书桌上正亮着的台灯就是一个绝好例子。我时常阅读小字体书本,过去总是用100瓦的白炽灯,后来改成24瓦的节能灯,最近又换成使用寿命长达10年的9瓦LED灯泡。没有市场的运作,没有政府节能政策的鼓励,这种惊人的快速进步是不可能的。受国家调控的市场经济是大家现在都能够认同的,并且实实在在保证了过去几十年我们经济的高速发展。而在个人道德和做人态度的层面上,十分关键和困难的问题是,我们目前允许竞争和差异的市场经济应该如何以及在多大程度上与社会平等这一社会主义价值观相关联。譬如,社会对贫富分化无疑应该有一个调整和控制的政策，而在个人层面上，经济、社会地位不同的人相互之间应该有一个互相尊重、平等相待的态度。

我们应该如何来处理好这个问题？只要看看当下人与人之间称呼的混乱，我们就可以感觉到我们至今为止并没有处理好该问题。以前人与人之间朴素和平等的"同志"称呼现在不是那么经常用了。对男性，在很多场合可以用"先生"代替，那么女性呢？譬如在餐厅吃饭，对男服务员可以称呼"先生"，对女服务员怎么称呼？叫"小姐"吗？大家一般只好用"服务员"这一称呼。这么称呼礼貌吗？就称呼而言，我听到的最奇葩的故事如下：我有一位朋友，耿直有浩然正气。前些年他被做了富商的老乡邀请到家中做客。他告诉我说，一进了宅院就不知所措，因为见到男女帮工排列整齐迎接，并称其为"老爷"，对其老乡也称"老爷"，对男孩们则称"少爷"。我友大窘，匆匆找借口离去。此种风气，在豪门之内是否已经流行开来？这真是，螺蛳壳里面搞笑地摆起了土豪的盛大场面。

有媒体赞叹说，现在我们也有了英式管家培训学校，为海内外富豪造就高档侍者。不知英式管家盛行之后，侍者对雇主的称呼是否会有改进，是否会由"老爷"和"少爷"进步到"先生"。对帮工，主人也应该以"先生"称呼，而不是视之为仆役，这样的风气才够得上是英式的优雅吧？毕竟在欧美的上流社会，主人对管家、顾客对服务人员一般是彬彬有礼的，多以"先生"等尊称来招呼，而且也不吝啬于给小费。不过我还是不理解媒体对这类高级管家学校完全正面的报道。我们有必要为它们所代表的等级观念和奢华生活方式喝彩叫好吗？

认为市场经济就一定要膜拜金钱和纵容势利眼，是一种很恶劣的错误思维。恩格斯当年十分反感有些人对经济基础的决定作用进行机械的庸俗解释。他认为思想文化作为上层建筑的重要意义是绝对不能忽略的。我们不仅需要将社会主义伦理道德放在这样一个思想史的语境中去理解，而且也需要结合我们的市场经济改革来对其进行深入阐释和系统发展。社会主义市场经济允许一定程度的贫富差距存在，但是社会平等的价值观时刻提醒我们，必须用合适的社会政策和道德教育来调整和缩小贫富差距，让人人平等的觉悟和行为蔚然成风。

旧时代把饭馆侍者称为"跑堂"或者"店小二"。按照现代文明标准，这些都不是礼貌的称呼。现在我们外出就餐时对待服务人员的态度，是日常生活中考验一个人社会主义道德的试金石。我的一位高足曾经说，商家提倡把顾客当作上帝，但是顾客自己可没有任何资格把自己当作上帝哦！对社会主义价值观之平等，这话可以算是一个精彩深刻的表述。餐饮业的经理和服务人员是劳动者而非下等人，值得我们每一个人尊重。在就餐时给他们脸色看，颐指气使，不可一世，甚至爆粗口，不懂得有事耐心商量和协调，都不是外出就餐应有的风度和礼数。我们长期以来不给小费或者给得吝啬的习俗，其实也是一种不尊重劳动者的恶俗。

如果你自以为了不得，面对服务员禁不住觉得高人一等，那么你就不是一个社会主义者。

你也因此不是一个好人。

快递哥奔走的酷暑严冬

我有时纳闷，我们有多少学生知道并且欣赏罗尔斯这位哈佛大学的哲学家。罗尔斯的名著《正义论》（1971年）早就受到国内学界的重视，不过似乎远不如哈耶克推崇自由市场经济的激进理论那么深入广泛地进入我们的社会意识和文化。在遵奉个人奋斗为至高理想的美国，罗尔斯试图纠正人们自私和狭隘的思维方式。他提出，正义的实质是公平，而公平并非简单地承认每个人拥有平等权利，并非让每个人凭借自己家庭和个人的既有资源去社会上无情竞争，博取自己的最大利益，因此机会平等的原则必须有例外，因此社会组织或者国家政府需要对弱势群体给予特别的关照和优惠的机会，以便逐渐促成社会不平等状况的改变。哈耶克则认为，国家以社会公平的名义去干预经济，结果只能是个人自由的减损，因此政府应该尽可能不介入市场的运行。这一立场低估了市场经济对社会可能产生的破坏性冲击。

事实上，罗尔斯提倡的这种对弱势群体的倾斜在各国的社会福利政策上已经有不同程度的体现，取得了不同程度的效果。其反对者的主要批评是，优惠穷人的福利政策会养成他们对政府照顾的依赖，让他们最终陷入长期贫困的境地。主张更多社会福利的呼吁不绝于耳，认为福利政策妨碍穷人自尊自强的观点也有人喝彩。在这一片争执声浪之中，现代社会可以为民众去做的很多具体事情反倒容易被忽略了。

现在的大学老师整天忙碌于自己的专业工作，并没有太多机会接触基层社会的工农群众。说实话，"工农群众"这个说法，大家也多年不用了。不过如果我们细心，还是能够看到，有些事情如果做好了，对很多从事辛苦体力劳动的员工会有很大的帮助。我最初受到触动，有了这样的想法是因为搬家。我做学生和助教的时候是20世纪80年代，当时最怕的是为老师搬家。我们往往是一群学生，人手众多，但是即便高兴地享用了一顿师母准备的犒劳大餐，腰酸背痛的感觉在之后的几天里还是非常难受。到90年代我自己搬家的时候，有了专业的搬家公司。我住在没有电梯的6楼，让我吃惊和难过的，是看到一位来自四川的员工一个人把个头比他还高的大冰箱背了上来。我至今一直在想，这种超乎一般人体力的高强度劳动，搬运工能够干几年？如果这位工人年纪大了，腰背常年劳损，不再能够做重体力的搬运工作，他有什么样的出路和保障？他有足够积蓄养老吗？有良好稳定的医疗保险吗？罗尔斯和哈耶克的理论分歧固然可以引发深入的学术讨论，但是用一些具体措施来减轻搬运工的劳动强度，保护他们的健康和利益，是比理论的争执更加实在的。

大家现在经常和年轻快递员工打交道，称他们为"快递哥"。每次我在网上买书或者其他东西，他们送货时总是迈着大步冲上楼来，生怕耽误了时间。夏天天热，他们出了不知多少汗，又被热风吹干了多少次，衣服上有一道道白色的汗渍。冬天他们开着电动三轮车，凌厉的冷风不知会带走身上多少热量。在发达国家，物流一般使用驾驶舱带空调的货车，譬如美国联合包裹公司标志性的深棕色货车。这点我们在短时期内恐怕不能照搬，毕竟三轮车更加便于进入和穿行狭窄拥堵的小区通道，成本也低得多。不过我们应该可以把电动三轮车设计得更加安全和舒适，譬如能够遮风挡雨。物流公司应该为这些从事超强体力工作的快递员安排淋浴更衣设施，减少他们的工作量，增加他们的休息时间。

快递哥老了之后会继续在岗位上劳动，会成为快递大叔吗？在一些传统的国企，搬运工和其他重体力劳动者会有营养补贴，有医疗保障，有提前退休的制度。这些优秀的传统和制度，今天的物流公司，尤其是那些规模很大、宣示有社会担当的著名企业，是否应该继承？

对弱势群体的关照不仅应该是公共政策，也必须是人们的态度。我们的经济和社会发展到今天，消费者应该逐渐习惯为优良的商品和服务品质付出应有的价格，包括学会付小费。物美价廉的背后，如果是劳工过低的工资和过低的福利保障，那就不是真正的物美价廉。

如果你赞同罗尔斯的意见，给快递哥一笔恰当的小费，是你能够做的最实在事情。

勿让欠薪和低薪伤害市场经济

元旦过去了，大年三十逐渐靠近，务工者返乡的热潮即将出现，而如果能够消除欠薪给部分工人造成的生活困难，春节一定会有更多的喜庆与祥和。媒体也像往年一样，开始对这一问题给予更多的关注。

任何社会都很容易被形形色色的教条主义捆绑和干扰。人们在看待和处理经济关系的时候就很难摆脱公式化思维，而一些卓越经济学者提出的理论在开导人们的同时也往往带来困惑，或者被用来为利益集团服务，或者被懒人拿来替代独立思考。亚当·斯密对自由竞争一味追捧，坚决反对政府干预经济活动。如果一个社会对绝对的自由竞争采取包容的态度，那么在文化上和伦理上，人们对少数强者的欲望和利益会有更多的赞誉和认同，而对弱者以及大多数人的利益就会冷淡和漠视。对欠薪问题，政府和社会各界多年来做了大量工作，专家也提出各种政策性和制度性的建议，大家都希望能够有一个有效和长期的解决。这一问题的真正解决可能还有赖于调整我们现在对市场经济总体的看法和态度。我们需要认识到市场经济与社会主义道德能够和谐匹配，特别是认识到社会主义道德的的确确构成市场经济健康发展的必要条件。

作为一个社会主义者，哈罗德·拉斯基（1893—1950）在《欧洲自由主义的兴起》中对亚当·斯密的学说有尖锐的批评，质疑后者提出的下述基本信条：在市场经济的语境中，"只要允许人们按照自己的意愿自由地追逐个人利益，那么他对自身利益的关注也会实现社会利益的最大化"（林冈和郑忠义中译本）。社会利益的最大化在市场经济的语境中实现，是需要一些条件的。早在1819年，瑞士经济学家西斯蒙第的《政治经济学新原理》就谈到，私有财产具有合法性，富人和穷人的利益都要受到保护，为全体国民服务的政府要设法让富人和穷人都享受到宽裕和安定的生活。西斯蒙第曾经信奉亚当·斯密的学说，但是在看到英国严重的经济危机和贫富分化之后，他在旅途中把《国富论》丢到了大海里。他的思想的一个重要部分，就是呼吁国家通过干预来保护人们不受自由竞争的伤害。

西斯蒙第认为，像亚当·斯密那样仅仅关注保护发财致富的自由是不够的，还必须承认财富本身不是目的，财富增长的目的是让所有人过上更加美好的生活。他认可市场经济，但是不认可放任的经济市场，坚信市场不可能自发和自动地调节处理好所有经济关系。譬如他注意到，只有国民收入的普遍提高才能促进财富的持续增长，过低的工资和因此出现的消费低迷会造成国内市场萎缩，损害市场经济的发展。在多数家庭陷入穷困的时候，少数富豪的巨大收入并不能充分刺激消费和发展，而依赖国外市场不仅引发商业矛盾，并且其有效性最终还是要取决于各国人民能否共同和普遍富裕。

当然，西斯蒙第的资本主义批判带有他所处时代的局限性。不过他在经济研究中强调道德元素和对人的关怀，的确帮助他超越亚当·斯密狭隘的商人眼界，看到市场经济健康发展不可或缺的一些必要条件，也使得他的一些观点接近社会主义伦理学说。譬如他认为，让工人不得不通过频繁的加班和减少休息的办法来挣得微薄的生活费用，违背了政治经济学的最根本原则，即增加财富的目的是为了增进所有人的福利；而剥夺人的休息和闲暇，是对人的尊严的伤害。他还提出，帮助穷人"避免一切忧虑、一切痛苦、甚至一切不合理的依附"，是企业家的道德责任，所以付给的工资不仅要满足壮年工人的生活，还要保证他们的家庭以及他们在年老和生病时的需要。西斯蒙第甚至还希望企业与工人分享利润，让他们参与经济活动的管理。过低的工资不仅造成低迷的消费和市场萎缩，甚至还会催生因为生活困难不满和敌视社会秩序的人，进一步"妨害国家的繁荣"（何钦中译本）。

如果说低薪对市场经济的危害是我们迄今还比较忽略的一个问题，那么欠薪就违反了市场经济最基本的契约精神，跌破了道德底线，背离了社会主义以人为中心的价值观。无论是在西方还是在东方，20世纪人类历史最大的思想成就，恰恰就在于认识到：社会主义伦理对市场经济能够而且应该发挥重大影响。

"这是属于你的土地"

自改革开放以来,美国学者对中国社会的评点和建议很多,有不少是出于善意的,但是并非所有建议都是灵光和管用的。在经济学说和工商管理理论方面,他们对我们的学界有相当程度的影响。不过有多少美国经济学家有闲心将"五一"劳动节的美国起源告诉我们呢?

美国的劳动节不是在5月1日,而是在9月的第一个星期一。有趣的是,这一差异恰好是因为"五一"劳动节发源于美国。美国劳联决定在1889年的5月1日罢工,争取8小时工作日。劳联领导人冈珀斯把这一情况告知当时的国际社会主义运动之后,后者通过决议,号召各国工人在1890年的这一天举行活动,为达成这一目标奋斗,并纪念1886年5月初的芝加哥工人罢工以及之后发生的"秣市惨案"。这就是"五一"国际劳动节的起源。美国总统克利夫兰此前就支持一些工人团体设立劳动节的意愿,但是不赞成把节日放在5月的提议，担心会引发人们对"秣市惨案"的回忆。美国因此在1887年就将劳动节正式规定在9月份。

市场经济在美国的成功是显而易见的，不过人们有意无意会忽略在财富和繁荣的背后还有另外一种力量在发挥建设性的作用，那就是社会主义者的思想和活动对各项社会改革的推动，包括他们为消除种族歧视做出的努力和贡献。社会主义在美国是非主流的文化，从未促成波澜壮阔的革命运动，但并不是无足轻重的力量。美国的劳工和左派有一个特殊和响亮的声音，即美国的乡村音乐。其实乡村音乐本来就是被称作"乡下人音乐"的，与阿巴拉契亚山区以及南部的民间音乐有渊源关系，歌唱劳动者的喜怒哀乐。著名女歌手黑兹尔·迪肯斯（1925—2011）出身于西弗吉尼亚矿工家庭。她用歌声积极支持煤矿工人的斗争，希望把"有抨击力度的歌声献给生活艰难的人们"。她以矿工女儿和姐妹的身份唱出鼓励工人的歌声，"团结我们就有力量，分裂我们就失败，让他们死活也不要压倒我们的斗志"。

就风格而言，乡村音乐更多是忧郁的，与其说是直接鼓动斗争，不如说是抒发底层民众情怀，在艰难生活中维持着他们尊严。迪肯斯曾经这样描写过破产农民的心情："账单到期孩子要鞋，我真要完蛋了；棉花跌价只好贱卖，奶牛无奶母鸡也不下蛋；账单每天都在增加，政府马上要来让我滚蛋。"乡村音乐的这种忧郁情调也被用来歌咏乡愁和爱情，而在经历了20世纪50年代的商业化之后，它的风格更加多样，娱乐色彩更加突出，甚至成为尼克松、老布什和许多权贵喜爱的音乐。但是激进主张和社会关怀始终是乡村音乐的主旋律之一。

伍迪·格斯里（1912—1967）是乡村音乐最重要代表人物之一，而关注社会底层是他一贯的政治倾向。他长期与包括美国共产党人在内的左派保持密切联系，在"大萧条"时期创作了大量反映加州失业者及其家庭凄惨流浪生活的歌曲，其影响力不亚于斯坦贝克的名著《愤怒的葡萄》。他访问这些失业贫民居住的窝棚区，注意到饥饿过度的瘦弱儿童因为消化不良，反而有着鼓起的肚子。也是在这里，他注意到丰盛的果园被封闭起来，竖立着的标牌对着饥民说："这些果实可以看，不能采摘。"或者上面写着："不得入内，请离开这里。"

《这是属于你的土地》，是伍迪最有名的歌曲，为众多美国人所熟知，几乎有国歌一般的地位。这首歌曲写作的思想源头就包括"大萧条"时期伍迪在加州的经历和见闻。这首美国的爱国歌曲赞美大地辽阔，阳光艳丽，麦浪翻滚："这是属于你的土地，这是属于我的土地，从加利福尼亚到纽约岛，从红杉林到墨西哥湾的波涛，这片土地是为你和为我而造。"在2009年1月奥巴马总统的就职典礼上，积极参加过左派活动和支持美国共产党的彼得·西格满足了老朋友伍迪的心愿，把长期以来公众听不到的被删除内容大张旗鼓地演唱给了全世界："我看到，我的人民在高高尖塔的阴影下，我看到他们站在济贫机关的门口，他们饥饿着，他们等待着，我也站着发出疑问：这片土地真是为我和为你而造吗？"

即便在美国这样的经济制度下，强调公益、批评资本主义贪婪的社会主义伦理和文化长期以来也一直存在着，一直发挥着影响，尽管其形式可能是间接和迂回的。

中国优势与蓝领中产阶级的养成

一些劳动法专家的看法是，对劳工利益的维护举措可能会让企业负担过重，让企业发展受阻，又反过来负面地影响劳工就业。我想，他们之所以有这样的思路，可能是因为没有正确理解"发展就是硬道理"这一改革开放的重要原则。在19世纪后期和20世纪早期，当欧美企业反对政府监管措施和劳工保护立法时，有些老板和学者就不断地提出，改善工作环境和劳工待遇会增加用工成本，减少工作机会，最终受害的还是工人。他们甚至说，工人自己并不在乎脏乱差的环境，只要有工钱挣就知足满意了。

"发展就是硬道理"说的是全面的社会发展，而不是单纯重视GDP增速和企业利润的增加。有一位年轻的美国学者和我说过一个故事，他母亲在老家的汽车轮胎厂工作，工资比他这个副教授还略多点。有时候经济不景气，工厂不会轻易裁减工人，但是会减少工作钟点，这样他母亲的收入也会降低一些。美国汽车工人联合会（UAW）固然力量强大，善于就工资和福利与公司谈判，但是劳工阶层如果工资低得买不起房屋和汽车，除了会导致工人与企业关系紧张，打击工人的工作热情，其实还会造成消费市场萎缩，让产品没有销路。亨利·福特这位现代汽车工业的鼻祖就曾经在自传里面讨论过，经济低迷的时候，一些愚笨企业的思路是偷工减料或者降低工资，试图以更低的价格来加强竞争，而正确的办法是：用良好的管理来提高劳动生产率和调整产品结构，并且通过加强对工人经常性的培训和教育来提高他们的就业能力，发放体面的生活工资，养成一个蓝领中产阶级。

福特从来都认为，企业家是有重大社会责任和政治责任的。他坚信，企业家的目标应该是支付同行业最高的工资。如果他成天考虑裁减工人和降低工资，他的经营管理水平一定极差，他只能想象通过牺牲工人——自己经营的伙伴——来维持生产。如果大批企业家都这样经营，普遍的低工资水平就会把一个社会推入市场萎缩、缺乏创新和消费能力的困境及恶性循环。所以福特提倡的经营理念是，企业家不应该琢磨如何发放尽可能低的工资，而是应该殚精竭虑地组织好生产，提高劳动生产率，让工人和他的家庭过上体面的生活：他的妻子能够在家照顾孩子，而孩子们能够接受良好教育，成为对社会有用的人才，包括成为有技术、品德优秀的下一代工人。福特的名言是，如果他不得不在降低工资和削减分红之间做出选择，他会选择削减分红，因为降低工资同时也降低了大众的购买力，会最终破坏经济繁荣。"工资是神圣的，因为工资意味着住房、家人和家庭的命运"：工资不仅是一项生产开支,在无数人的生活中,工资意味着面包、取暖的煤饼、婴儿的摇篮、孩子的学费,意味着温暖家庭需要的一切。

大型现代化企业是一个资源极其丰富的超强社会组织,对一些极其复杂和困难的社会问题自有其高明的解决之道,譬如在经济下行时期安置和组织工人就业以自救。而这一潜力恰恰是我们在"社会化"的口号下倾向于忽略的。福特觉得,拥挤、生活紧张的工业城镇未必有利于人与自然的和谐。所以他曾经提议把工业和农业糅合在一起:把公司的分厂设立在乡村,让农民一部分时间在田间耕种收获,另一部分时间在车间劳动。借助农机的普及,农业劳动需要的时间和人手比较有限,这种亦工亦农劳作对稳定持续的工业生产的干扰可以被降低到最低限度。更重要的是,这些名副其实的农民工能够离开拥挤污染的城市,又能成为健康和充满活力的工业劳动者。他们自己生产食品和住在自己的农场,生活费用也大大降低。福特没有意识到的是,在中国这样人口众多的发展中国家,这样一种家居式的同时又是现代化的亦工亦农生活方式,不仅可以有效减弱经济波动和严重失业的冲击,也会有效保护农民工家庭生活的完整和美满。其实在改革开放的初期,苏南和浙江不少成功的乡镇企业走的就是类似的道路。

探索各种符合国情的经营方式,应该始终把劳工福利改善作为基本原则。如果我们有一个庞大的、教育水平良好的蓝领中产阶级,我们对印度、日韩乃至欧美的社会发展优势也就形成了。

我们拿什么去和日本竞争？

德国哲学家特奥多尔·利普斯（1851—1914）在心理学和美学领域有独到贡献。日本学者阿部次郎（1883—1959）看重其伦理学思想，在1916年即翻译其《伦理学的根本问题》。阿部次郎的节译本在1920年就有杨昌济先生的中译本，在1936年又有陈望道先生的中译本。南开大学刘岳兵教授在2010年出版《日本近现代思想史》，论及利普斯对阿部次郎的影响以及后者在日本思想史上的突出贡献。利普斯将自己的美学思想，譬如其中的移情说，延伸为一种社会道德论，认为人的自我意识和自我尊严帮助他去感受和理解他人，帮助他认识自己的社会属性，而不是把自我看成一个孤岛。当然人的负面情感也有这种移情作用。

对人的社会属性和情感沟通的强调会很自然地发展为社会批判。鲁迅先生1924年在《论照相之类》里面就借用了利普斯前述著作的观点来描写奴隶主内在的奴性："凡是人主，也容易变成奴隶，因为一面既承认可做主人，一面就当然承认可做奴隶，所以威力一坠，就死心塌地，俯首帖耳于新主人之前了。"而对于中国传统文化里的类似情况，鲁迅的描述是："中国常语说，临下骄者事上必谄，也就是看穿了这把戏的话。"阿部次郎亲历了1905年日俄战争前后日本资本主义的蓬勃发展，所以对劳资关系有特别的关注。刘岳兵教授研究了他对资本家和劳动者心理的描写：资本家的占有欲也会转移到劳工那里，成为他们的价值观。如果劳工追求的仅仅是外在的物质利益以及享乐、奢侈和虚荣的话，那么他们不过就是内在的资本主义者、饥饿的资本主义者、还没有做成的资本主义者。阿部用人格主义来界定自己的社会思想：无论是资本家还是劳工，所有的人都必须尊重自己、他人纯粹和自由的人格价值，在此基础上建立人人平等的意识，彼此作为兄弟相互拥抱。劳工运动的目的是社会关系的普遍和睦，而不是去向资本家复仇，更不是建立一个新的热衷竞争和物欲满足的社会。

在20世纪30年代的法国，以穆尼耶（1905—1950）为代表的社会改革思想与阿部次郎的观点十分接近，汉语学界一般也称之为"人格主义"。欧美各国的人格主义思想主要也是对资本主义的反思，尤其是对自私的个人主义的批判，其渊源可以追溯到康德、舍勒，甚至追溯到阿奎那以及更早的西方思想传统。有些学者认为，在中日古代思想里面也有类似的元素。在穆尼耶看来，现代社会所面临的危机来自两种极端，即无视社会公益的极端个人主义和吞噬个人人格的极端集体主义。他在二战结束之后更加明确地认可社会主义运动和马克思主义人道主义，批判资本主义的贪婪及其对人的尊严的伤害。

与萨特所代表的存在主义的情况不同，穆尼耶的人格主义虽然也是一战之后巴黎的思想热点，却没有在西方成为人们热捧的时尚。在表面上，阿部次郎的人格主义也没有在日本成为主导性的社会改革口号。不过由日本渐进改良的发展路径来看，他的见解以及其他批评资本主义的观点都可能是重要的引导和指南。正如另一位南开大学教授李卓在《日本近现代社会史》里面谈到的，日本在其社会内部成功修正了明治维新以后一度严重的野蛮资本主义问题，并结合日本固有传统，形成了充满温情和注重劳工福利保障的企业经营文化。其特点是淡化劳资对立关系，强调员工为企业这个大家庭的成员。这种企业文化及其社会影响造就了在高度稳定的同时又富有创新力的日本发展模式。关键是，这种企业和社会文化并不仅仅以物质好处来吸引和稳定员工，而是如阿部次郎和其他人格主义者所希望的那样，依托于劳资双方以及所有人之间相互的"诚意""情谊"和"温爱之情"。这种企业文化不吝惜关照员工福利的成本，最终反而变成企业的核心竞争力，并促成日本社会内部高度的凝聚力。

中日关系可以是一种良性的竞争关系，而我们取胜的一个条件，就是学习日本保持社会内部团结的传统和方法。除去阿部次郎这种稳健温和的社会改革思想，社会主义和马克思主义对资本主义的批判也是促成日本社会注重改良劳资关系的一个动因。

长远来看，中日关系总应该回到友好和互相学习切磋的古典模式上去。

矿工下班以后那二两白干

在过去的二十来年里,我们的用工和用人制度发生了很大的变化,其核心似乎是打破"铁饭碗",是一种历史的断裂,是对传统的一种改变。其主观意图是让用人单位和雇佣者有更多的自由聘用和解雇员工。这样的改革路径满足了市场经济的需求,具有特定的合理性,不过也有片面和不稳妥的一面。这种人事改革所存在的风险一直未受到足够的重视,需要我们在推进改革的同时对之展开深入的调查研究。

在社会上有一种被广泛宣传的观念,即牢固的就业安全会"养懒人",会降低企业和事业单位的活力。这一简陋和粗鄙的思维背后并没有清楚的逻辑。按照常识,一个没有稳定就业保障的临时务工人员才没有敬业精神和忠诚感,才会削弱企业的竞争力,才会损害其所在单位的服务质量。所以才会有关于"临时工"的一连串调侃和笑话。

譬如最近几十年来，很少有人把保安看作是一个稳定的职业。我们很难在机关企业看到一位保安的面孔随着岁月的推移而成熟衰老，由青年到中年，再到年老退休。今天还在和小郭聊天，过几天他就辞职回家或者改换职业和单位了；今天还在和小高谈他的学习兴趣，明天就听说他返乡结婚，不再回来上班了。在高校，有些保安找机会读书听课，借助考研获得深造的机会。不过由用人制度的角度，值得探讨的是，将保安、保洁以及大量工作固化为临时工或者实际上聘期有限的合同工，对服务质量和社会发展到底是利大于弊，还是弊大于利。

多年来，人事改革总是强调去编制化，希望以临时工、合同工的用人方式取代事业单位传统上的终身雇佣制。对"临时工"这个字眼，大家有心照不宣的共识。而"合同工"这个表述的内涵究竟包括什么？制定人事政策的部门总是说，大量编制外人员的待遇不如编制内人员，为了公平，为了取消这两类人员之间的待遇差别，所以需要废除事业单位的编制，让大家都变成合同工。那么合乎逻辑的疑问就是，为什么不可以把编制外人员的待遇提高到编制内人员的水平？

很多需要高度敬业精神和稳定就业安全才能做好的行业，譬如出版和新闻机构，譬如文艺表演团体，比较早就"企业化"了。由经济效益的角度，这种改制的结果可能是可以接受的。那么从社会效益的角度来看又如何呢？一位采访新闻的记者如果脑子里想的是效益和个人的经济利益得失，他如何能够有勇气时时发出良知的声音，如何能够为国家的利益时时传播正能量？是不是几个或大或小的红包就可以塞住他的嘴，让他把观察的目光偏离真相一点点？事业编制的职业安全和福利待遇难道不是新闻从业人员为捍卫国家利益进行客观报道的有力保障？把文艺、体育和出版事业都直接与物质利益挂钩，国家也许可以减少投入的负担，但是社会如何来保证从业人员在物质欲望与这些高雅高尚事业之间维持住一段健康距离？

同样的道理也适用于医疗和教育单位。在目前关于人事改革去编制化问题的讨论中，缺少谈论临时工与合同工用人制度弊端的声音。对传统的、强调就业安全的用人办法批评很多，它们究竟有何优点、有哪些应该保留和传承的方面，却没有系统的研究和实事求是的肯定。对人事改革的不同看法之间应该有足够透彻的对话，以便在实施这种对社会结构做出重大修改的政策之前有稳妥的、充分考虑到历史沿革和中国社会特点的论证。时至今日，就业安全最有保障的公务员工作仍然受到众多人的青睐。这难道不是值得注意的一个现象吗？以人事制度改革来削弱人们的就业安全，这样的大方向是否需要反思和辩论？

其实过去即便是企业单位，工人的职业也是终身制的。不仅如此，国有企业员工对自己的单位有高度的认同和忠诚感。有些单位福利是如此温馨，在人们心目中留下了深深的印记。我的一位朋友20世纪70年代在西北某国营煤矿当掘进工，每次由漆黑的井下出来，不仅可以洗热水澡，在食堂改善伙食，还有二两白干解乏。我的另一位朋友当时在建筑公司做电焊工，因为工作中要接触有害物质，每月有半斤食用油、两斤猪肉和5块钱的营养补贴。这些传统为什么一定要丢掉？捡回来不是很好吗？

普通人的情感也一样敏感精巧

媒体有时报道打工者在城市的居住条件，其中提到的一种情况总是让我觉得很难理解，即几对结婚的夫妇住在同一间房子里，甚至还会和另外一些单身男性挤在一起，彼此用帘子隔开。在满地都是建筑材料的工地上，为已婚的民工修建一些临时简易的私密空间就有这么难？老板和工头就不能稍微用点心，有点同情心，来解决这个让人尴尬的问题？

我隐隐约约总觉得在哪里读到过非常适合用来评论这种情况的观点。今天突然想起来，触动我的是奥威尔《通向威根码头之路》（1937年）里面的一段描写。乔治·奥威尔（原名埃里克·阿瑟·布莱尔，1903—1950）在20世纪30年代采访过英格兰北部衰败的工业区，并把他的观察和心得写成此书。采访之后，在返回伦敦的火车上，他看见窗外一位年轻妇女跪在地上，疏通着贫民住宅的下水道：她有着苍白的圆脸，脸上有着那种青年人疲惫的衰老，镌刻着凄凉和绝望。当姑娘抬起头来看着缓缓经过的火车的时候，奥威尔受到了震撼：我们以前老以为贫民窟的人对生活的感觉和我们是不一样的，但是"我在她脸上看到的绝非遭受折磨的无知动物的表情。她清楚地知道她在遭受什么样的痛苦，她和我一样明白，在贫民窟的后院跪在冰凉石板上疏通下水管道，是一种多么悲惨的命运"。

《通向威根码头之路》的后半部分包含奥威尔对英国中产阶级社会鞭辟入里的评论。具有贵族背景的家世并没有保证奥威尔父母的经济收入。照他自己的说法，他来自上流中产阶级的底部，尤其在财产的意义上。他的伊顿公学教育完全凭借奖学金的支持，而且在毕业后，他因为没有奖学金放弃了大学教育。奥威尔后来成为一个职业的作家和新闻记者，关注劳工状况，其早期作品偏重描写底层人民生活。奥威尔最有名的著作是《动物庄园》(1945年)和《一九八四》(1949年)，但是他对苏联政治的尖锐批评并没有动摇他的社会主义信念。自始至终，他始终保持了对资本主义的冷静批判态度。

奥威尔探索的问题包括，在所谓有教养的中产阶级和从事体力劳动的工人之间究竟有什么难以逾越的鸿沟。他的一个引起争议的说法是，即便一个欧洲资产阶级家庭出身的人成了社会主义者，他也要经过艰苦的努力才能克服自己对劳工的厌恶情绪，因为他难以忍受"下等阶级身上的臭味"。他谈到，英国中产阶级子弟从小接受的教育就是下等人很脏很臭。当体力劳动者浑身臭汗或者满嘴口臭地靠近时，奥威尔承认自己和所谓有教养的人总会觉得不自在，而劳工艰难的工作和生活条件让他们很难保持香气馥郁的体味：中产阶级孩子从小就被教导说，要清洗干净脖子，而与此同时也被教导说，要时刻为祖国而战，不要鄙视"下等阶级"。但是认同劳工阶级并不是说，要像有些激进知识分子那样去赞美体臭，并不是要虚伪地把劳工看作是与"上等人"不一样的种族，好像他们天生不爱精致，喜欢生活粗放。

如果说奥威尔的文字有些极度刺激中产阶级的内容，那恰恰是他对工人阶级品格和情感的肯定与赞美。他在谈到与工人们的私人交往时写道：当工人拥有稳定工作和体面收入的时候，在他们的家庭里，人们会感受到在别处不易发现的温暖、得体、充满人情味的氛围。工人的收入如果有保障，他的家庭生活会很自然地呈现宁静、洁净和美丽，有一种完满的舒适，尤其是在冬天傍晚，当一家人喝完茶，聚集在起居室炉火边上的时候。此刻，父亲在翻看报纸上的比赛名次，母亲在编织绒衣，而孩子们嘴里含着几分钱买来的糖果。工人阶级有了体面的生活，在奥威尔看来，是英国文明进步的真正成就，而且也充分证明，他们的情感也一样的敏感精巧，他们和中产阶级一样地渴望生活的讲究和美好。

因为人的情感和精神世界，并不会由贫富差别衍生出本质的不同。当打工者夫妇和其他人拥挤在公共宿舍的时候，他们的难受和不舒适，与我们所有人都是一样的。他们的情感与所有其他人一样敏感精巧，他们有天然权利获得自己的私密空间。如果他们的这一需求被粗暴地忽略，那么他们的老板就一定是具有粗糙和不文明心灵的人。

桑德斯与美国社会主义的生命力

无人会质疑美国在当今世界的富强地位，但是有多少人清楚，社会主义传统在美国历史进步过程当中的推动作用呢？美国的社会经济并不是单凭个人主义和市场机制而获得巨大成功的。这个不容否认的历史事实，最近因为伯尼·桑德斯竞选美国总统而得到回顾和反思。

在角逐民主党总统候选人的选举中，桑德斯在爱荷华州与希拉里·克林顿打成平手，而在新罕布什尔州则高票胜出。桑德斯的诡异之处在于，他虽然以民主党候选人的身份竞选，却明确声称自己信奉社会主义。桑德斯2015年11月在乔治城大学就他的竞选纲领做了长篇演讲，阐释了他对社会主义的理解，呼吁对华尔街以及跨国公司进行更好的政府监管，实施更加公平的税收，消除极少数富人与其余民众之间极其严重的贫富差距。

他还主张，美国应该和其他很多国家那样，实行政府统筹的全民医保，并且恢复公立大学免费的优良传统。这样的施政纲领得到众多美国人的支持，同时被一些反对派指责为是社会主义性质的。与美国历史上其他改革政治家完全不同，桑德斯大胆公开地承认自己是社会主义者。所以他获得的民意支持和强势的得票势头，预示着美国社会深层次的结构性变化，不仅值得我们密切关注，也需要我们对此有深度的研判和切合实际的预案。

社会主义者过去在美国仅有局部和地方的执政经历，从来没有取得具有全国意义的政治胜利。但是正如桑德斯在这篇演讲当中指出的，社会主义的思想和观念对美国主流政治和社会经济政策其实有重大深远的影响。他指出，富兰克林·罗斯福总统一系列的"新政"举措，以及约翰逊总统照顾老年人和贫困人口的医疗保障计划，都曾经被反对者贴上"社会主义"的标签。这些侧重公平、民生和政府责任的社会改革倾向从来没有远离20世纪后半期的民主党执政理念。如果我们追溯其源流，可以看到19世纪80年代以来，美国社会主义运动在屡屡遭受外部打压和内部分裂的同时保持着顽强持久的生命力。

社会主义的思想和各种组织在美国长期受到大资本家及其所控制的媒体、政府的批评和压制，但是同时与主流社会之间存在复杂甚至深入的交流和渗透。这方面最好的个案之一，就是作家和政治家厄普顿·辛克莱（1878—1968）的人生经历。辛克莱最有名的小说《屠场》（1906年）揭露了芝加哥肉类加工企业无法无天、唯利是图的黑幕，写到工人恶劣的工作条件，很多人的手因为繁重的屠宰工作伤残。他也写到，有工人掉到生产猪油的大桶里熔化，而含有人体残骸的食品依然被销往各地。辛克莱是美国社会主义运动的主要代言人之一，曾经以社会党人的身份多次参加竞选。他在一生中没有赢得过政治选举，但是1934年竞选加州州长的活动引起了全美各界的关注，也刺激了反社会主义的各派力量，导致他们动用一切手段来阻止他的成功。系统使用电影、电台、报刊和广告等现代媒体来干预政治选举的做法，就是由当时反对辛克莱的各派创造发明的。

辛克莱固然没有赢得1934年的选举，但是他发起的竞选活动深刻改造了加州乃至全美国的政治文化。他在这次选举中没有使用社会党人的身份，而是以民主党人的身份参选，提出的纲领为"结束加州人民的贫困"。他动用了大批志愿者，组织了将近2 000个草根的俱乐部。这不仅使得他本人成功获得民主党的提名，对共和党的在任州长形成威胁，而且扩大了民主党在加州的社会基础，促使整个民主党转变为推动社会改革的进步力量，与共和党的保守立场逐渐形成对照。辛克莱的参选还迫使共和党的州长左转，接受了被保守派看作是社会主义性质的罗斯福"新政"。《纽约时报》评论说，围绕辛克莱竞选所形成的社会运动是美国历史上第一次对资本主义生产方式提出的严肃质疑。

辛克莱当年的竞选纲领和策略与桑德斯一贯的思想和风格十分接近，不过后者显然更善于把握社会脉搏，在政治选举中常常获胜。即便桑德斯没有赢得总统选举，他所代表的力量和观点也会继续存在和发展。譬如面对他捍卫美国工人工作权利的鲜明立场，中国和其他国家的政府和人民需要重视和妥善处理好与美国劳工阶层的关系。

改革之理性：由诺瓦克到桑德斯

国内经济学界和出版业对哈耶克以及持与之相近观点的学者有广泛关注，对他们的著作有系统的翻译和介绍。这个学术走向不难理解。我们过去长期是一个计划经济社会，改革开放以后对反计划经济的思想有重新了解审视的需要。但是改革的实践经验告诉我们，不论教条主义是无知使然还是利益集团有意为之，健康的社会发展一定不能是教条主义的，要避免简单地抛弃传统，不能简单地去接受新的外来思想，尤其是不能由一个极端走向另一个极端。在社会经济的实际运行中，具体的政策以及行为不得不考虑复杂的现实和多方面的利益。一个良好的政策还必须照顾整个社会和所有人的基本福利。

中国近代历史的一个沉痛教训就是，一旦我们思想和实践中有教条主义的倾向，事情往往就做不好。在研究和借鉴外国经济学理论和经济发展经验的过程中，简单化的、教条主义的思维总是不利甚至危险的。所以经济学家需要更多关心世界史、经济史和社会发展史，更多关注深度的国情和民情研究。在这方面，美国当代史提供了一些教训和经验。在里根以及之后其他共和党总统在任时期，有所谓新保守主义抬头的现象，在外交上主张强硬和推广美国的传统价值观，全盘否认国际社会主义运动的历史贡献。当时主流的经济政策是纠正国家福利和调控管制的弊端，吸收并发展哈耶克的观点，在适度保留国家经济调控的前提下，对自由市场经济，尤其是对跨国公司和华尔街金融资本，给予大力度的支持。由最近美国总统选举折射出的民意来看，这一套严重忽视民生和社会公平的做法并没有成功：贫富分化达到惊人程度，中产阶级收入长期停滞和负增长，2008年金融危机之后好转的经济并没有带给民众实惠。社会矛盾加剧，按人口平均来算，美国已然成为监狱人口最多的国家。

迈克尔·诺瓦克代表着一些传统上忠实于民主党的学者和社会活动家，他们同样高度认同新保守主义的观点，对社会主义思想和实践秉持鄙视和批评的态度。这一立场突出展现在诺瓦克1986年批评拉美解放神学家的著作里。解放神学家在研究拉美社会状况时采纳了一些马克思主义社会分析方法，在不同程度上同情计划经济，惹翻了诺瓦克和美国保守的学者和政治家。拉美许多国家有数量巨大的底层民众，他们长期遭受极端贫困的磨难，许多地区连基本的饮水和交通条件都没有。诺瓦克承认这一现实，但是认为拉美各国的统治阶级恰恰是利用超经济的国家力量禁锢市场活力，掌控财富、权力和文化教育等一切资源的大地主和上层精英缺乏对个人创新和创业的兴趣，私人的工商业没有真正发展起来，所以贫困的原因恰恰是市场发展不足。限制私人资本只会恶化经济，加剧民众的贫困。很明显，这一看法是将哈耶克等人崇拜市场的观点应用于拉美社会的分析，并且忽略了问题的政治层面。

作为一个严肃和富有观察力的学者，诺瓦克承认要尊重事实和实效，因而全盘的计划经济和放任的市场经济都不是他愿意支持的。他注意到，政府调控与自由市场经济之间，分寸的把握还是要凭借谨慎的实验和实践，需要考量具体的历史条件和文化语境。因此他对哈耶克等人的理论并没有用偶像崇拜的态度来对待，他甚至会认同此次民主党总统候选人之一桑德斯所提出一系列诉求背后的原则：教育、医疗、充分就业和基础设施等民生和发展问题，并非私有的大企业和跨国公司愿意和有能力解决的问题。只有良好地解决这些问题，一个社会方能营造健康的经济社会环境，保证个人创新和创业积极性的最大限度发挥。为此，政府的有力介入和调控就成为必要和正面意义显著的举措。

在两次世界大战之前，美国都曾经面临严重的经济和社会危机，并且开始对社会主义思想有了比较开放的态度。战争的爆发缓解了就业和其他经济矛盾，化解了危机，让美国忽视了市场经济的结构性调整和改革，没有接受西欧更多强调社会福利的发展模式。哈耶克偶像崇拜自由市场的立场，目前正受到桑德斯所代表的许多美国人的质疑，理性的改革思路逐渐占据上风。美国发展模式更加西欧化，必将是未来再难逆转的趋势。

美国需要学习"一国两制"吗？

  私人有枪在美国是合法的，所以在治安不好的城镇，警察心情很紧张，动辄掏枪就成了习惯。我20世纪90年代在美国首都华盛顿的房东是一对老夫妻，老头有夜游症，经常会游荡到邻居家花园里。有一次他真走远了，老太太和我分头在马路两边找。这时迎面走过来一位年轻的黑人女警察，老太太很兴奋，就大声招呼，而小姑娘不知何事，四处张望，右手就放在枪套上了。老头找到以后，老太太请这位警官喝咖啡吃蛋糕，警民同乐。姑娘很开心，说最喜欢帮助居民做这种事情，不喜欢处理刑事犯罪，很紧张和危险。

  在每一个犯罪率高的美国城市，贫困和肮脏总是集中、封闭在一些黑人或者其他少数族群的居住区。黑人的贫困率比较高，但是20世纪60年代以后情况有很大变化，目前70%左右是中产阶级，这些人当然不住在贫民区。赤贫人口在美国是少数，没有多少选票，很多聚集在大城市。其实在中小城市和乡村同样有这样的社区，也存在失业率居高不下的贫困白人社区。在选票决定一切资源分配的制度下，谁会来照看这些对重大公职选举没有影响的穷人？奥巴马很努力，不过他设计的全民医疗保险计划遭遇重重阻力，因为占人口多数的中产阶级觉得，这种计划照顾的是比他们穷的少数人。在美国，崇尚个人奋斗是主流的价值观念。不少人认为，国家介入社会生活太多会侵犯个人自由，还会影响经济的成长。在犯罪很严重的穷人社区，政府发现光有福利不行，还得有细致的生活指导。这些举措经常会遭到当地居民的反对，认为政府想当"老大哥"，干涉到了他们的私生活。

2008年金融危机以来，美国民意有明显左转的迹象。在民主党的希拉里宣布参加总统竞选之后，参议员伯尼·桑德斯也宣布要参加。他是唯一公开声明自己是社会主义者的在任国会成员，是多年来第一位出来竞选总统的美国社会主义者。刺激美国政治左转的因素不是最底层穷人的状况，而是在政治上有相当影响的中产阶级中下层的衰落。国会参议员、哈佛大学法学教授伊丽莎白·沃伦是一位被公众和媒体贴上"社会主义者"标签的政治家。根据她2004年的研究，考虑到通货膨胀的因素，美国工薪阶层的收入要低于30年之前。她在当时的另一项研究中指出，申报破产的美国家庭中有50%是因为无法支付医疗费用。而在2014年的一本新书里面，沃伦指出，由于贫富差距过大和政府公共投入不足，传统的机会平等不复存在，中低收入美国家庭的向上社会流动日益困难。

沃伦尖锐抨击华尔街的自私和贪婪，一直要求对金融资本加强规范。但是美国文化的一个弱点在于，很多人以为多搞社会福利和政府监管就是社会主义，而社会主义是不可公开讨论、更不可公开宣传的禁忌。其结果是，美国的社会福利一直是西方发达国家中最差的，贫富分化是最厉害的。其实在保留发达市场经济的同时，美国不妨学习"一国两制"的思路，更加开放地讨论社会主义的优越性，借鉴一下中国和其他国家的社会主义经济政策，让政府更有效参与经济和社会的宏观调控。我们的社会主义意识一直是清楚的。虽然我们的人均收入在世界上仍属于很靠后的水平，我们在教育、医疗和养老等方面的社会福利一直在改善和进步。我们的高等教育是先进的，又是普通百姓上得起的，医保的覆盖范围也在持续扩大。

民主党左翼的纲领有社会主义成分，重视社会福利和国家调控。桑德斯和沃伦这些政治家代表着我们长期忽略交往和沟通的一个群体，即中产阶级中下层和贫困居民。当美国统治阶层担忧中国强大的不友好声音抬高的时候，担忧工作机会流失到中国的中下层民众往往附和。中美双方的沟通应该是全方位的，不应该忽略对社会主义思想和制度的探讨。中美应该互相学习，研究和评估对方在经济、教育和医疗等方面的社会政策，更多在合作发展与社会公益前提下协调贸易经济交往，共同来诚恳关心两国的劳工利益。这对中美两国的友好关系不是一件坏事。社会主义是我们立国的基础，运用好了，会是我们在外交上强大的软实力。

美好的梦想，离现实，其实没有很多人想象的那么遥远。

小康社会与工农教育

工农教育现在不是时尚的概念，大家觉得当下最紧迫和需要刻意去推进的应该是高科技的创新工作。20世纪50年代以及之前，扫盲曾经是个热点问题。什么才算是扫盲呢？人们完成了义务教育要求的初中学习，是否就已经是有文化、有素质的劳动者？中新社2015年12月10日有报道说，根据教育部的信息，我们的小学净入学率为99.5%，初中毛入学率为103.5%，高中教育的毛入学率为86.5%，均高于中高收入国家的平均水平。这些统计数字反映了中华人民共和国成立以来在国民教育领域取得的重大成绩。

我们的入学率达到了世界先进水平，我们的国民素质是否已经适应现代社会的要求？自民国建立和中华人民共和国成立以来，无数志士仁人提倡工农教育，希望以成规模的社会运动来普遍提高民众的知识、能力和修养，他们的事业是否已经完成其历史使命，成为一段过去的历史？当然还没有！我们至今也没有建立一个软硬件水平全国整齐划一的国民教育体系，这是很大的遗憾。也就是说，我们并不能在制度上保证每个中小学生都享受同等质量的优良教育，还没有消除地区之间巨大的教育水平差异。由2010年到2014年，大专以上文化程度的人口增加到总人口的11%左右，高中文化程度的人口增加到总人口的16%左右。换言之，目前的总体社会教育状况并没有达到发达国家的水平。

我们在当下需要有更加发达和有力量的工农教育体系，以及与此有密切关系的公办非营利的成人教育制度，其主要原因还不仅仅是我们需要继续推动经济发展，也是为了在根本上维护工农群众的尊严，在根本上保证他们拥有完善自我、参与分享社会进步成果的能力。在传统上，扫盲的目标是让人获得最基本的识字和计算能力。联合国教科文组织2004年就这一重要的文化工作做出新的、扩展的定义，认为扫盲还应该培养人们继续学习的能力，借此适应不同环境，积极地介入社会生活，发挥出自己的各种潜力，达成自己设定和满意的生活目标。

我们今天的经济发展和财富积累已经达到可观的程度，远不是晏阳初先生在20世纪二三十年代倡导平民教育的时候可以比拟。但是他所论及的平民教育原则仍然不可忽视：平等是人人所有的权利，唯有教育才能保障平等，因为改善民众的知识和素养，才能使之与"少数知识阶级"一样，有能力充分享受人类文明的精神和文化成就，成为"良好的个人"，"健全的公民"。最近大家鼓吹发展职业教育，倡导工匠精神，希望我们的工业制造和商业经营更加精细，从业人员的技能更加熟练，态度更加认真，以一个新姿态去市场上竞争，让经济发展进入一个新模式。其实德国、瑞士和日本劳动者那种让世界叹服的精益求精态度是整体国民素质的体现，绝不是单凭职业培训可以造就的。我们不能想象那样一种景象：员工一上班，换上整洁的工作服，操作精密的机床，就全神贯注，一丝不苟；而他们一出车间，就进入一个开口脏话、满地吐痰、随意扔垃圾的环境。

由此可见，现代工农教育即便是为了经济转型这样的近期实用目的，也不能仅仅办成职业和技能培训，而应该有浓厚的人文和道德素养培育的性质。晏阳初先生还曾经强调，他在农民、工人和店员中间推动的成人教育是义务教育的一个关键补充，因为子女们被送到学校去受教育，而父母仍然不讲究、不文明，仍然不读书、不学习，那么义务教育的成果就很难巩固：学生在学校里听老师讲随地吐痰如何不卫生、不文明，"但是一回到家，看见父亲随地吐痰，母亲也随地吐痰，自己也不知不觉跟父亲母亲乱吐起来了"。

我自己在生活中不止一次遇见连签名都困难的工人。不过教会人多少汉字显然不必是当下工农教育的主要方向，那么我们的目标和手段应该是什么？在"五一"劳动节刚刚过去的这个时候，我不禁怀念起在城市曾经流行的工人业余大学，在乡村曾经出现过的农民夜校，在广播电台曾经热门的日语和法语学习节目。与小康社会匹配的工农教育要有发扬传统的一面，也需要革新和进一步发展。不管怎么样，我们不能忘却的是，我们渴望出现的那种制造精密产品的工匠，在他们的业余时间，是需要阅读曹雪芹、雨果和托尔斯泰的作品的。

我们该如何泅渡道德的激流

朴素和简单痛快的道德裁断越来越难以应对现代社会的复杂问题，无论是日常生活小事，还是重大的社会发展问题。在过去的几天里，就南京一妇女在超市偷拿鸡腿等物品的事情，大家在媒体和网络上议论纷纷，莫衷一是，难以形成服众的见解。该妇女家境贫寒，有两个身患重病的女儿，由外地到南京就医后，境况捉襟见肘，入不敷出。她在超市藏一只鸡腿、一本儿童书和小袋红豆、薏米等在身上，试图给孩子带去"六一节"的礼物。办案民警在处理完此事后，心酸难过，把事情发到微信朋友圈，呼吁大家捐钱捐物。据说现在已经有比较丰厚的捐款可以用于这两个孩子的治疗。涉事的超市营业员则指出，该妇女这样拿走少量食品已经有多次，而超市丢失的东西，营业员要自己掏腰包赔偿。

思考这样一件由小事故演变为社会热点新闻的儿童节插曲，

我们不得不承认，我们裁断是非的标准有时会变得那么游移不定，那么模糊混沌。道德问题原来是那么湍急的一道激流，让我们难以轻松直线地泅渡过去。我们的心情会变得那么犹豫，我们似乎很难做出一个清楚明快的结论：什么算是偷盗？那位拿鸡腿的母亲真的偷窃了吗？在生活万分窘迫的情形下，拿一个鸡腿、一点白糖和红豆，就算是拿了好几次，真的就在道德上成了小偷吗？对饥寒交迫者私自拿别人少量食物和衣物充饥御寒，法律是否应该做出例外的界定，排除此类行为的偷窃性质？这类在日常生活中不免发生和遇见的问题，不仅涉及具体的治安条例和刑法条款，也在更深的层面上检验我们对私有权和社会发展的看法。

在生活和社会关系相对简单的西欧中世纪，经院哲学家曾经探讨过上述问题。阿奎那引用亚里士多德的话来论证私有财产的合法性：一个家庭获取满足其需求的财富并不违背自然法则。亚里士多德其实还说，家庭财富不应该是无限度的，米达斯祈求神赋予他触摸万物皆成金的本领，透露了他贪婪的本性；一些人无止境地聚敛金钱，单纯为财富而聚敛，说明他们根本不懂什么是美好的生活。

阿奎那和其他一些中世纪哲学家发展了古希腊的社会学说，更清楚地阐释了私有财产的社会属性和社会功能。他们认为，人对天地间万物有支配和使用权，而私有财产的合法性可以由三个方面来认识：人对属于自己的东西会更加努力去获得，会更加小心去维护，而比起经常分配共有的财产，个人拥有自己的财产会更容易在人们之间培养和谐关系。但是阿奎那等人特别强调的是，万物的享用是所有人共同的权利，即便私有财产的功能也是造福整个人类，而不是仅仅满足其合法所有者的需求。因此，富人财产在法律上当然是不可侵犯的，不过他们与他人分享自己财富的义务绝不可以是空泛的表态，而是严肃的、必须落实的道德责任。

在这样的认识引导下，法律对私有权的保护在道德上获得了更加完备的解释，更加系统地与重视财富的社会属性结合起来，并在此基础上演进为现代物权观念。也是基于这样的认识，阿奎那就偷窃提出了一个著名的论点，即饥寒交迫者拿别人一块多余的面包，或者拿别人富余的一件衣衫，不能算是偷盗。其实他阐释物权的切入点就是讨论什么是偷盗。阿奎那对偷盗的谴责是明确无疑的：偷偷拿走在法律上属于别人的东西就是偷窃，公然劫掠就是盗抢，都是严重罪行，而暴力的盗抢是比偷窃更严重的罪行。不过在没有任何其他手段解除饥寒困顿的情况下，如果苦难是如此明显和紧急，那么眼前有什么办法就用什么办法，此时"秘密或者公开地拿用他人财物是合法的"。

阿奎那显然并不期望这种非常情况成为常态，因为他不断呼吁济贫：富人敷衍和逃避帮助穷人的社会责任，或者将自己的财富用于骄奢淫逸的生活，反倒是犯下了偷盗的罪，因为他们扣留或者挥霍了原本应该用来帮助穷人的钱财。

中世纪社会思想对自私和贪婪的尖锐批评，后来成为亚当·斯密等资产阶级代言人重点排斥的思想观点。尽管如此，阿奎那等人在保护私有财产和伸张社会正义之间寻找和谐与平衡的思路，始终在帮助现代世界应对和处理很多高难度的社会和道德问题。

瞎眼财神和经济学者

因为其女儿得白血病无力负担医药费,四川有一位父亲王海林先生男扮女装在街上卖卫生巾,吸引了大家的眼球,得到了民众和媒体的认真关注,终于募得足够的治疗款项。生活的艰辛,这位了不起的父亲能够以戏剧化的方式幽默化解。那种天大困难也压不垮的温良和人格尊严,让人感动。这段真实故事,也让我回想起阿里斯托芬喜剧《财神》里面的人物和言论,尤其是里面的社会经济思想。这是一部2400多年前的作品,但是古希腊人对人性和社会的看法常常有出乎现代人意料的智慧和人道主义精神。

克瑞密罗斯在剧中是一位贫穷公民,感叹财富往往积聚在少数人的手里,而真正需要钱财来过幸福生活的多数人却一贫如洗。他决定到阿波罗神庙去探问这是什么原因,而神的主意是要他出了神庙跟在一个瞎子后面。他不理解,所以在跟随了一段时间后就逼迫瞎子说出他到底是谁,瞎子告诉说他是财神。这下克瑞密罗斯明白了人间糟糕状况的原因:财神是瞎子,不知道把钱给谁,所以需要钱财的好人常常是贫穷的,而坏人和富人钱却越来越多。克想出办法让财神把眼病治好了,于是城里的情况发生了巨大的变化。财神不再把财富无休止地给已经富庶的有钱人,而是给了穷人,让大家财产平均,大家因此过上了富裕和快乐的生活。

这时候一位面目狰狞的女性出现了,她是穷神,对克瑞密罗斯让财神看得见的努力万分不满,因为她反对大家共同富裕。她的言论其实和许多当代经济学者的观点类似:有穷人存在,社会才可能正常运作。如果政府把每个人都照顾得舒舒服服的,一个懒人社会就会出现,没有人还会去努力劳作。

很多当代的经济学者绝不可能谦卑到承认自己的眼神不好,蒙蔽他们眼睛的不是眼病,而是他们执着遵奉的一套抽象经济规律和经济学说,以及由这种执着衍生出的对真实生活和民众实际困难的冷漠。他们声称他们只有这样才是冷静客观的,是有长远眼光的,当然他们中间也可能有人在自觉地担任富有者的代言人。他们中间的一些人像雅典的瞎眼财神那样,总是有意无意地让富人财富越来越多。他们同时也像是穷神,相信大家一起富裕有种种弊端。政府说让人民共同富裕,他们就紧张起来,预言灾难即将来临,经济就要落后甚至崩溃,大声嚷嚷让政府最大限度退出经济领域。最近美国国会有两位众议员的笔谈就反映出他们以及整个社会对这些流行的亲资本观念的反思。

保罗·瑞安是来自威斯康星的共和党众议员，也是权高位重的众议院预算委员会成员，以其保守的社会经济观点著称。由于美国最近一个时期日益加剧的贫富分化，共和党原来反对社会福利、不断克扣国家福利支出的政治路线让他们十分被动，瑞安在这次笔谈中显得比较收敛。但是他还是强调说健康的经济不仅要保护贫弱者，也同时需要鼓励有才华和突出能力的人，指出政府每年对福利的投入已然达到十几年来最高，而贫困情况仍然是近年来最糟的，是高科技和全球化造成的结构性问题，因此增加政府投入和干预不解决问题。

这一说法大体上还是共和党历来的"小政府"、低社会福利的思路。不过瑞安在这里还是提出了一个非常重要的观点，即救助穷人的工作不能仅仅是政府官僚机构的工作，每一个被救助的穷人应该生活在他自己扎根的社区里，有稳定的家庭和社区的精神及物质支持，有行之有效的教育和职业培训机遇，因为领取救济金本身不足以让穷人有尊严，他们还需要有工作能力和工作机会。

乔·肯尼迪是马萨诸塞新当选的国会众议员、外交委员会成员。他是肯尼迪总统的弟弟罗伯特·肯尼迪的孙子，曾经在多米尼加做过两年和平队志愿者。他举出他在那里参与旅游业管理的经验说，市场主导的资源配置一般会对有权势的富人有利，排斥穷人分享财富，使之成为持续的状况。只有政府的干预，才可能改变市场的自发状态，建设有活力的良善社会，让绝大多数人过上幸福生活。他指出，无论是在国外还是在美国，社会福利和社会保障对经济健康发展不可或缺，但不可能是个人和地方社区所能够完成的，必须有政府的有力介入。美国自罗斯福"新政"以来一系列加强政府调控职能的立法和政策，都促成了社会和经济的健康发展，而不是削弱之。让乔·肯尼迪愤怒的是，共和党的保守派竟然连这样的常识都力图反对。

我们很多经济学者是在美国受的训练，或者接受了美国的经济学说。他们对美国文化需要有更全面的认识，除了商学院的知识，也应该注意到乔·肯尼迪这样的民主党观点。左翼的民主党学者迈克尔·哈林顿在1962年写有《另一个美国》，揭示出当时一片繁荣的美国存在严重的贫困问题。此书得到肯尼迪总统的重视，影响了他和约翰逊后来制定的一系列消除贫困的政策。哈林顿自认为他的观点是社会主义的，即消除贫困需要政府的规划和公共投入。

正如哈林顿所说的，"穷人没有必要总是与我们同在"。

我们不可能期望所有遇上王海林先生这类困难情况的父亲，以后都用女扮男装卖卫生巾的这类办法来解决问题。财神并不存在，而政府的宏观调控的的确确是社会发展和民众福利的必要条件，不应该忽略，更不可将其妖魔化。

一场关于亚当·斯密经济学说的争论

"毒跑道"出现在众多城市的中小学之后,家长们很生气,舆论又开始了对有关部门监管不到位的批评。然而在自私自利贪婪驱动下频繁发生的这类事故难道仅仅是制度和监管问题吗?回避了道德和思想问题,奢谈制度建设,我们是否又在自己欺骗自己?

我个人的研究和教学近些年涉及欧美的社会思想史,因而会讨论到国际社会主义运动和马克思主义观点。于是常会有朋友和学生向我提出疑问,对平等和公益的强调是否会危及自由。这真让我深切感受到市场经济的文化和道德影响。在过去的几十年里,我们有不少人在不同程度上认同以亚当·斯密为代表的英国古典经济学以及由此衍生的20世纪新自由主义经济学,或者至少在精神上接受其中通俗化的一些看法,看轻国家调控的重要性,逐渐养成对市场、个人利益、私有财产的重视和尊重。

这种变化的生活态度，如果受到法治和社会主义道德的规范，对健康活跃的市场经济或许是有益的；如果与无节制的个人主义结合在一起，就很容易蜕变为狂放无羁的贪婪，沦落成金钱拜物教。大家当下关注的"毒跑道"事件，就不应该仅仅被看作是监管不到位的结果：如果恶性的自私自利心态渗透到生产和营销的各个环节，再严格的法规、监督和处罚也无法造就有序、守法和可持续发展的市场经济环境；无法无天的私利驱动不仅会伤害人民群众的利益，而且会在整体上削弱各行各业的市场竞争力，甚至会动摇人心和侵蚀社会主义社会的根基。

为了约束市场经济往往会孕育和催生的无节制贪婪、自私，我们需要对古典经济学和新自由主义经济学有实事求是的评估和批判。为此我们可以借鉴19世纪后半期美国的教训和经验。当时美国的工商业高速发展，商人、银行家和工厂老板奉行的朴素简单的英国古典经济学观点，在很多方面其实是一种社会达尔文主义的立场。他们希望政府不要干预经济，工人不要抱怨低工资和恶劣劳动条件。他们声称市场能够自发地解决各种社会问题，甚至认为慈善和济贫工作是养懒汉和破坏市场对人口的调节功能。部分美国经济学者呼应资本家的利益诉求，将古典经济学尊崇为"正统"，不仅将社会主义看作是洪水猛兽，而且排斥当时正在进入美国学界的德国历史学派的经济学观点。以理查德·伊利为代表的一些美国青年学者在德国接受了系统的经济学训练，任教于美国各著名高校。他们批评古典经济学的狭隘性，呼吁在经济问题研究中引入历史、社会和伦理道德因素的考量，同时开始以温和间接的方式介绍马克思主义和社会主义的经济观点，譬如在他们影响很大的经济学教科书中用专门章节讨论社会主义。伊利以及他的同道同情社会主义经济思想，认为社会主义理论指出了很多资本主义固有的弊端，是经济研究和社会发展中需要重视和借鉴的看法，不可随意地排斥和忽略。

美国经济学学会是美国最有地位的经济学社团组织。该学会在1885年创立的初衷是抗衡古典经济学，传播新的强调社会公平和劳工福利的观点，推动社会改革和提倡政府对经济的必要介入和调控。伊利对放任资本主义的批评受到保守派的激烈攻击，后者控制着1883年成立的政治经济学俱乐部。作为反击措施，伊利呼吁与他志同道合的经济学者和企业家成立自己的学会。他在建议成立学会的纲领中说："我们认为国家有推动教育和道德建设的责任，来自国家的协助是人类进步不可或缺的条件。尽管我们承认个人主观能动性是必要的，我们认为放任资本主义的观点在政治上是危险的，在道德上是不健康的，也没有对国家与个人的关系做出令人满意的解释。"

伊利历来认为，经济研究同时也是道德教育。在他看来，教条化的英国古典经济学把自由市场偶像化，不仅使得美国学者忽略对本国复杂的社会经济状况的研究，也给经济领域的去道德化提供了借口。他认为学者应该熟知本国国情，关心社会改革和社会公益，追随美国经济学家丹尼尔·雷蒙德（1786—1849）的榜样。雷蒙德曾经说：亚当·斯密最根本的错误就在于他想象公益和私利永远不会发生冲突，人们只要照看自己的私利就可以了。

世界史老师讲错的一节课

在世界其他主要国家的教育史上,管理者从来没有像我们现在这样频密使用"绩效""考核"以及"竞争"等词语来强调发展的决心和描述发展的途径。教育,就其本身的性质而言,是人世间最良善、最柔软、爱意最浓的事业。夏丏尊先生(1886—1946)早在1924年就翻译出版了意大利作家德·亚米契斯(1846—1908)的作品《爱的教育》。夏先生在译序里面说,教育可以在"制度上、方法上,走马灯似的更变迎合",而爱作为教育的生命却往往不被人"培养顾及";没有了爱,教育"就成了无水的池,任你四方形也罢,圆形也罢,总逃不了空虚"。

《爱的教育》这部小说在形式上是一位意大利四年级小学生的日记。在亚米契斯这位意大利爱国者的眼里,国民小学不仅要传播对祖国的爱,激励孩子们抵抗侵略者,也要致力于消弭家庭差异造成的隔阂。主人公安利柯出身富裕家庭,家访的老师却会提及贫苦学生生病的情况。老师们平时对穷苦学生的功课也格外照顾。母亲卖菜的克洛西手上有残疾，遭到几个同学的戏弄，他们装扮出他母亲挑菜担的样子。而安利柯的另一位同学卡隆却同情和帮助克洛西，也宽恕和原谅那几位恶作剧的同学。老师告诉他们说："你们欺侮了不幸的小孩，欺侮弱者了！你们做了最无谓、最可耻的事了！"小说里老师们的爱心，在我们今天看来，最感动人的是他们对弱者的关心：老师会不停地关心自己教过的孩子，询问他们的学习，不会因为他们升级离开自己而漠不关心；对考试不及格不能升级的学生，老师不仅不歧视，还要家长们不要责怪孩子。

夏丏尊先生说自己第一次读《爱的教育》时觉到"理想世界的情味，以为世间要如此才好。于是不觉就感激了流泪"。小说里有两个情节是尤其感人的。其一是"烧炭者与绅士"：诺琵斯的爸爸是个"上等人"，而培谛的父亲是个烧炭和卖炭的工匠，诺琵斯骂培谛爸爸是叫花子。结果在诺琵斯道歉之后，两个人的父亲就强迫孩子们互相拥抱，还要求老师让他们坐在一起。老师于是说："今天的事情，大家不要忘掉。因为这可算是这学年最好的教训了。"其二是"小石匠"：石匠的孩子穿着爸爸粘满石粉的旧衣服到安利柯家玩，把椅子弄脏了。安利柯想顺手去擦拭干净，被他父亲悄悄阻止，免得伤了"小石匠"的心。

亚米契斯笔下的"社会之同情"其实也可以看作是对19世纪后期意大利工业化和近代资本主义高速发展的一种回应。他本人后来也写作了一些更加直白地讨论社会问题的作品，并且明确信奉社会主义。不过他在《爱的教育》里面对小商人和手工业者的关怀，应该也反映了他受到在意大利历史悠久的中世纪行会传统的影响。行会非常重视平等和互助，强调专业精神和产品质量，反对无序的恶性竞争。诡异的是，我们在中华人民共和国成立以后一度让计划经济压倒一切，可是当时国内刚刚发展起来的欧洲史研究却对中世纪后期行会做出基本负面的评价，完全认同亚当·斯密的立场，把竞争和营利完全看作是社会发展的正面因素：行会"力求保存小生产"，限制生产规模和竞争，成为"生产力发展的障碍"（人民出版社1962年版《世界通史》中古部分）。世界史学界的这一看法因袭自苏联历史教科书，一直延续至今，影响广泛深远，间接并顽强地膜拜着竞争，变相地认同社会达尔文主义。全汉升先生在20世纪30年代出版《中国行会制度史》，也举出限制和不利于竞争作为行会的主要弊害之一。他的这一论断汲取的则是直接来自西方学者的传统。

亚当·斯密是批评中世纪行会制度最刻薄的西方学者。在他看来，行会的原罪就是限制自由市场竞争，其弊端与政府干预资本的自由运作是一样的。学术界晚近的中世纪手工业行会研究倾向于反驳这一看法，更多地看到行会抑制竞争的积极社会作用，更明确地阐释行会维护社会和谐、保护和传承技术的正面功能。在讲授欧洲中世纪晚期历史的时候，如果世界史老师们贬斥行会，他们就在不自觉中粉饰了自由竞争，做了亚当·斯密的跟班。这大概是我们的老师们万万没有想到的。

无论是爱的教育，还是竞争的偶像崇拜，都有自己的思想史。

至诚大德才是成功商道

成功的商道究竟是什么？是高超精密的谋划和运作吗？最近阿里巴巴与国家工商总局的对话，富士康与全国总工会的过招，都让人注意到这些超级企业经营和公关人员的出众素质。当下被大企业高薪聘请的人才多受过良好教育，其仪表、谈吐和危机处理能力都无可挑剔。他们是金钱能够购买的最好人才。

社会应该认可维护企业利益的重要性，不应该轻看市场经济和工商人士。工商业和工商业者的社会贡献不是"贪婪"两个字就可以随意否定的，简单和过度的行政干预很难建设和维持繁荣的经济生活。不过这一切并不改变商人趋利的特性，也不排除一个健康社会对工商业在制度上和道德上进行规范的必要性。

我们的传统文化历来有规范引导商贾的思路。汉代董仲舒有君子不与庶民争利的说法，说白了就是位高权重的官员就不要想发财，不要像惶恐的百姓那样热衷于积聚财富。董仲舒此话有两层意思。老天已经给了卿大夫高位厚禄，如果他们凭借特权，"乘富贵之资力，与民争利于下"，会导致前者奢靡无度，后者穷急愁苦。如果要天下均富，民生安乐，国家就应该制定法令，让做官的不要去经商，"受禄之家，食禄而已，不与民争业"，把经营致富的俗务留给百姓去做。再就是，做官的人必须兢兢业业地去求仁义，去教化百姓，让他们在温饱之后走正道。董仲舒心里很明白，"衣食足而知荣辱"绝不是富庶生活自然造成的局面，君子必须以正直言行为百姓做出榜样，并以道德和法令规范他们，使他们在谋财利的时候不走邪道。官员贪利，结果就会是"民好邪而俗败"。在现代的语境里面我们看到，只有正直敬业无私的官员才能够对工商业实施有效和积极的监管，约束商人的贪婪。

商人总是"皇皇求财利常恐匮乏"，他们追逐利益没有满足的时候。而且到了现代工商业社会，他们的影响和运作能量大到了古代社会无法比拟的程度，他们的位置与其说是像古代的庶民，倒不如说像古代的权贵了。有些古代的政治经验是他们应该记取的。我不知道给富商大款办班的老师们，有没有给这些阅历和钱袋都丰满的学生讲过明代方孝孺的《深虑论》。此文讨论的是世俗政治，对道德公义的敬畏却几近尊崇神圣。其核心观点是一种很可贵的价值观：如果没有敬畏天道的至诚大德，殚精竭虑的谋划最后总是要失算和失败。方孝孺历数秦汉唐宋以来的开国君主，指出他们为王朝延续"思之详而备之审"，唯恐不圆满，但是机关算尽，在他们预料不到之处还是兴起灾祸。譬如秦朝认为周亡于诸侯之强，于是变封建为郡县，结果二世而亡。又譬如宋太祖看到藩镇割据的祸害，刻意削弱地方和武将的兵权，结果人算不如天算，没有料到"子孙卒困于敌国"。

方孝孺的结论是，单凭谋划不足以长治久安。这个思路其实也适用于企业的管理。在方看来，出于私心去尽力谋划人事，如果忽略公正仁义，违背天道，一切都是枉然。所以古代的圣人"不敢肆其私谋诡计，而唯积至诚，用大德以结乎天心，使天眷其德，若慈母之保赤子而不忍释"。如果人不能做到公正仁义，总是想依靠算计和人事来渡过危机，"欲以区区之智笼络当世之务"，不可避免会有危亡之祸。

今天的企业应该意识到单纯为私利博弈是短见的，即便为此运作到精致的地步。在员工和企业之间因为伤病、待遇和拖欠工资发生的纠纷中，我们经常看到强势企业以各种运作占尽上风，我们也看到政府和工会组织已经在加强保护劳工的举措。孟子说，不必言利，有仁义才好，"老者衣帛食肉，黎民不饥不寒，然而不王者，未之有也"。以公平工资和良好福利善待自己员工，难道不是企业或者其他用人单位的取胜之途和仁义之道吗？不要小看风雪中步履艰难的清洁工，不要小看流水线上的不断重复单调动作的男女青年，不要看到他们质朴简单、卑微清贫就以为可以轻视和玩弄他们。他们背后是整个人类的道义和善良！

仁义，是工商管理和公关运作的那点计谋永远无法战胜的。

让道德构筑起市场的边界

把市场当作解决诸多经济和社会问题的灵丹妙药，需要综合考虑很多其他的因素，而且社会问题的解决在许多情况下还需要屏蔽依赖市场的思路。这个人人心里都明白的道理，常常因为种种原因，被有意无意地忽略。

大家都熟悉英国历史学家阿克顿关于权力与腐败的名言。不过很少有人知道，这话出自他写给另外一个历史学家门德尔·克赖顿的书信，在信中他批评克赖顿对君主等有权势者笔下留情，刻意掩饰他们的过失和罪行。阿克顿说，在道德裁判的意义上，我会把那些犯下罪过的帝王高高吊起来绞死，"当然是为了正义的缘故，更是为了历史科学的标准"。对权力有高度警惕，认为权力容易导致腐败，当权者应该注重道德完美，权力应该受到制度的约束，这些看法都与阿克顿坚持的自由主义立场完全符合。他虽然没有系统言说自由主义的经济思想，但是对当时流行的、寓意广泛的"贸易自由"主张无疑是赞成的。问题是,市场和资本的影响力难道就不需要像政治权力那样受到制约吗?

到了20世纪80年代,撒切尔夫人在英国修正工党多年重视国家调控和社会福利的经济政策,推行强化市场作用的改革,任用保守主义经济学者布赖恩·格里菲思教授担任重要顾问。此时的保守主义者与19世纪自由主义者一样对市场青睐有加,但是已然意识到市场需要有一个清楚的边界,市场的力量不仅需要有法律的约束,还需要用道德的力量来制衡。格里菲思是著名的银行和金融专家。他承认,个人和家庭的私有财产是一个社会健康发展不可或缺的因素,市场对财富的创造有着难以替代的作用,人格和法律上的平等并不意味着经济地位上的人人平等。然而格里菲思独特的贡献在于强调,不仅社会团体有救助贫困的义务,政府尤其有纠正社会经济不公平的重大责任;金钱崇拜和物质主义如果不加以纠正,必将腐蚀市场赖以运行的道德和基本价值观,最终败坏市场经济本身。

格里菲思在肯定市场经济的同时,也在道德的高度构筑了市场的边界。他着力于保护作为市场经济基础的私有财产权,同时又强调了私有权连带的社会责任以及市场经济不可脱离的社会公益属性。市场的边界首先意味着人们的私有权应该受到尊重和保护,侵害私有权是不道德的,构成一种偷窃的行为,打击人们创造财富的积极性。不过需要注意的是,罗马法界定私有权为契约条件下的随意支配权,这在格里菲思看来是完全不适合现代社会的,因为自由的市场经济并没有任何权利去毁坏自然环境,私有权并不是说有产者可以忽视穷人的困苦，更不是说他们可以利用自己的财富去剥削和压迫穷人。贪婪，在格里菲思看来，是现代市场经济面对的最大危险。因为贪婪，发财致富会由社会服务堕落成自我放纵，甚至往往发展成为对社会公益的打击和破坏，激化社会矛盾，使得市场经济丢失其正当性与合法性。

在理论上，格里菲思并不认同社会主义，但是他对市场经济运行必须具备的道德标准的阐释，应该有助于我们处理社会主义市场经济语境中的一些问题，尤其是有助于我们更加明确地认识到，有些弊端和毛病看起来是市场运作的结果，其实完全不是现代市场经济的正当表现，而且在道德上是绝对不能容忍的，譬如为追求短期暴利对环境的肆意毁坏，制造和销售假冒伪劣商品，以及任意将商业的价值观扩散到教育和文化的各个领域。

其实恩格斯早就说过，商业的贪婪弥漫开来，连人们的感情和婚姻都将市侩化，会诱惑人出卖自己的一切乃至灵魂。在道德上构筑起市场的边界，阻止贪婪以及其他负面的商业价值观冲击整个社会，是达成社会正义、社会和谐的必要条件。

譬如说，前几天有一个来北京看病的东北姑娘怒斥号贩子，成为网络和各媒体的热点新闻。这几声怒吼和悲鸣，其实就是对门诊号这一本来不应该商品化的资源被非法商品化的抗议！为什么其他民众和有关责任部门长期没有足够响亮的抗议声音呢？为什么大家长期被号贩子骚扰而默默无声呢？可能恰恰是因为我们在道德上对商品化市场化过度宽容，以至于对救命的一个门诊号被高价贩卖，竟然激扬不起足够的鄙视和愤怒！

卓别林的《摩登时代》遮蔽了什么？

刚刚过去的2014年是经济史上一个里程碑事件的一百周年，不过这件事现在常常是被有意无意忽略的。1914年1月5日，汽车大王亨利·福特在底特律向记者宣布，为了让员工分享利润，公司将把雇员的最低工资由每天2.34美元提高到5美元，把每周6天的工作时间由每天9小时减少到每天8小时。这项改善工人待遇的计划远远不局限于工资的增加和劳动时间的减少，还附加有一系列福利措施。德国社会学家、经济学家桑巴特曾经说，在烤牛肉和苹果馅饼盛宴面前，美国避免了剧烈的社会变革。他说的大致就是这种利润分享和工人物质生活丰盈的情况。

对20世纪初美国旨在改良社会的进步主义运动，我们关注比较少。可能大家更加熟悉的是20世纪20年代末发生的"大萧条"，以及此后一个时期的糟糕社会状况。这方面对大家影响比较大的一个通俗文化产品，就是卓别林导演和主演的电影《摩登时代》

（1936年）。除了描写当时工人严重的失业状况，卓别林尖锐批评了以福特汽车公司为代表的现代工业流水线。他扮演的工人，即那个经典的小个子流浪汉，在流水线上被迫以不断加快的速度重复拧紧螺丝的单调动作，最后搞得精神崩溃。在电影里，工人的吃饭时间都被苛刻地计算，以至于工厂设计了喂饭机器来提高效率。精神错乱的小个子流浪汉使得整条流水线都停顿下来了，并因此失业而流落街头。后来他偶然掩护了一位偷面包的姑娘，并和这位在酒馆工作的舞女相爱。在经历很多艰难之后，他们一起在日出的清晨远走他乡，内心依然充满着憧憬和希望。

容易被中国观众漏看的背景是，卓别林扮演的这个角色是当时由南欧和东欧涌入美国的新移民的典型形象：英语不熟练，文化水平低下，希望通过辛勤的工作改善自己和家人的命运。《摩登时代》这部电影是卓别林对"大萧条"时期社会状况的表现，而且带有他个人对现代工业化的负面看法，但是并不是一幅完整的画面。卓别林对现代工业和经济的理解是片面的，甚至是歪曲的。其实福特以及他的公司努力引领的企业运作模式恰恰是在努力帮助这些原本贫穷的新移民适应美国生活，融入主流社会。

5美元一天的工资在20世纪初意味着福特员工在收入上成为有车有房的小康阶层，也为福特在他们中间培育优良的中产阶级品格提供了物质基础：勤奋刻苦，无不良嗜好，重视家庭亲情，对公司忠诚和信赖，认同美国生活方式和价值观。福特公司著名的社会福利部会深入到每个工人的家庭去探访，帮助解决住房、卫生和子女教育的问题,甚至会就工人的穿衣打扮和个人卫生提出批评和建议,强制要求他和他的家人搬出贫民区,养成用香皂每天洗澡的习惯。一个典型的福特员工是已婚的、与妻子和孩子幸福生活在一起的家庭男人。

福特不是等闲之辈。他主张的这种高效益、高工资和高福利的消费社会市场经济模式,即所谓的福特主义,在"大萧条"时期受到一时的挫折,但是仍然成为二战以后欧美福利社会的源流之一。晚近的社会科学研究者通过福特公司的个案意识到,贪得无厌是企业家的短视和个人选择,私有企业的成功经营并非没有可能兼顾社会公益。

卓别林的《摩登时代》,如果脱离了长时段语境和复杂社会背景去观看,不仅遮蔽了福特主义的理想和浪漫色彩,而且还容易让人产生错觉,似乎市场经济就只有那种赤裸裸的剥削和压迫形式。其实,现代社会的市场经济是有多种模式的,竭泽而渔的野蛮资本主义早就不被认为是健康的发展道路,在道德上也饱受批评。即便在充分强调自由市场的美国,情况历来也是多样和丰富的,市场的健康运作也受到政府政策、各种社会观念和设计的引导。譬如现代民营私有企业高效率的流水线,正如福特曾经证明的,不仅可以生产高质量的产品,也可以借助高工资、高福利和配套的教育造就一个新的中产阶级。

在现代市场经济的环境中,企业家对社会、对每一个员工是有多重责任的;而卓别林所塑造的赤贫劳工形象,绝对不是工厂流水线的必然结果。

"一同天下之义，是以天下治"

2016年，在路易斯安那州和明尼苏达州警察相继枪杀非洲裔美国人之后，7月7日在达拉斯有罪犯开枪袭警，造成5名警察死亡。17日在路易斯安那首府巴吞鲁日，警察再度受到枪击，3名警察死亡。值得我们思考的是，这一现象背后到底是种族关系问题还是社会经济问题？

作为一个多族群构成的移民国家，美国民族认同的核心，除了英语这一共同语言和众人接受的政治意识形态，就是绝大多数人欣赏和实践的一整套中产阶级价值观，譬如重视个人奋斗，崇拜成功和对成功充满信心。即便是曾经受到过严重歧视的少数族群，譬如亚裔和黑人，也都信奉这套价值观。黑人的成功早已不是个别现象：黑人人口的70%左右业已进入中产阶级，其中不少人甚至成为社会精英。这方面最突出的例子自然是奥巴马总统本人的经历。在法律上和文化上，美国的种族歧视问题已经在相当程度上得到缓解。如果这样的看法属实,那么我们如何来理解2016年夏天异常严峻的警民关系问题?

在与希拉里·克林顿竞选民主党总统候选人的时候,伯尼·桑德斯曾经提出过两个很有意思的观点,其一是宣布自己是社会主义者,认为美国社会各种弊端的根源在于其经济社会结构。作为这一看法的延伸,他不赞成希拉里借助谈论种族歧视和文化多元来争取黑人选票的策略。他指出,仍然紧张的种族关系不能脱离其社会经济背景来认识和处理,否则就会掩盖住这一问题的根本原因,即美国资本主义蚕食中产阶级利益和扩大贫富分化的事实。

全球化促成美国制造业大规模迁移至低薪的发展中国家。这对美国劳工阶层,尤其是对长期处于社会底层的都市黑人社区,冲击非常巨大,甚至对黑人的家庭结构也有严重破坏。没有稳定职业和收入的黑人青年不仅时常犯罪,也失去组建牢固家庭的能力。自20世纪70年代以来,失业、婚外生育和吸毒贩毒构成一个恶性循环,催生都市黑人青少年中间与主流价值观格格不入的次生文化形态。一些黑人青少年的语言、服装、发型和肢体动作都有鲜明特点,譬如穿耐克等品牌的昂贵休闲服装和运动鞋,不喜爱穿正式场合应该穿的西服和皮鞋,走起路则摇摇晃晃,让路人侧目而视。一些青年喜欢的黑人说唱艺术,节奏强烈,其中有些歌曲内容具有反主流文化和反警察权威的鲜明色彩。在一些贫穷的社区,黑人青少年中间还有难以治理的黑帮暴力犯罪问题。这些社会和文化问题反过来进一步恶化了这些社区的青年教育,妨碍他们通过学习来适应经济结构的变化。

前些年在美国首都华盛顿通常很安全干净的地铁上，频频发生黑人青少年抢劫新型号苹果手机和耐克鞋的事件：一些还是中学生的小孩拿圆珠笔冒充凶器，抵住乘客的背，要求他们脱鞋和交出手机。对这种形态的次生文化以及严重得多的贩毒和暴力犯罪，警察作为典型的中下层中产阶级群体在价值观上很难认同。其实大量警察本身就是黑人，但是他们在文化上与底层黑人的生活态度和习惯毫无相同之处，有些警民冲突中的警察并非白人，而是黑人或者属于其他少数族裔。

部分黑人以及其他弱势少数族裔当中的顽固性失业、婚外生育、单亲家庭以及派生的贩毒和暴力犯罪问题，不仅从一个独特的角度折射了美国资本主义市场经济带来的社会问题，也透露了中产阶级以竞争和成功为核心的价值观难以包容弱者的特性。在所有发达国家里，美国的教育平等和社会福利至今仍然是做得最差的，而且整个中产阶级在以华尔街为代表的金融资本的挤压下处境日益艰难。桑德斯希望借助国家调控来振兴教育和制造业，让最富有的人更多纳税，造成更加公平的社会环境。这种政策设想当然有利于美国社会的稳健改良和发展，也是在根本上改善警民关系和种族关系的正确药方。

我们的古代贤人墨子曾经提倡"尚同"，要求民众在思想、文化和行为上统一于共同的价值观，并以此作为服从各级国家权威的基础，即所谓"一同天下之义，是以天下治也"。在当今世界，在认可市场经济效率与合法性的前提下，真正具有正当性的"天下之义"难道不是拒绝社会达尔文主义的社会主义吗？

舍此无他。

第二辑

"伸手摘取真实的花朵"

由张贤亮先生想到了英国人毛姆

被誉为"国民老公"的青年人富有且可爱，哪怕他说了一个笑话，大众的关注和女粉丝摸手机键盘的手就随之兴奋起来，天下本无事也能填满好多网页。在这样一个新潮汹涌和心潮澎湃的时代，写下《灵与肉》《绿化树》和《男人的一半是女人》等作品的张贤亮先生离开了这个世界。他一定是满足和安逸的，他自己曾经说，"我觉得我最大的财富，就是我比一般人拥有更多的丰富的人生感受和经历。我的人生经历其实就是一部厚重的小说"。

他的小说表述了人性在那个年代不得不面对的严酷现实，因为都以他在西北贫瘠地二十年的监禁和农场劳动生活为背景。难能可贵的是，他的作品充满了希望和乐观精神，赞美了"普普通通的劳动者"，赞美了超越利益和权势的爱情。《绿化树》里面的农场工人马缨花对右派章永璘说，"就是钢刀把我的头砍断，我血身子还陪着你哩"。张先生后来下海经商，建立宁夏镇北堡影视城，并表示说，"我这一生中，最值得宽慰的是"在写好小说的同时，创办了这个实业。他的作品深刻反思了"文革"和极"左"问题，而到了他经商的晚年，他的批判精神表现得不再那么直接了，也许他还在等待成熟的时机。他此刻的关怀是发展实业致富，并在镇北堡"解决周围农民的吃饭问题"。

中国当代文学对商人的贪婪尚没有足够投入的描写和深刻批评，这让我想起19世纪末20世纪初英国一系列作家和学者正好相反的特征，即他们对成熟的工商业社会自私风气鞭辟入里的分析和责难。拉斯基在《欧洲自由主义的兴起》里阐释了他的社会主义观点，指出资产阶级并没有带来真正的社会平等，并提到狄更斯等作家着力批评了资本家剥削给工人造成的艰难生活。

威廉·萨默塞特·毛姆（1874—1965）是受读者欢迎程度仅次于狄更斯的英国作家，但是与萧伯纳那样热衷于政治事务的同时代作家不同，他不仅没有参与社会主义运动，甚至还作为重要的英美间谍在十月革命前后的俄国活动，并认为美国生活方式可以作为对俄宣传的素材。即便这样一位政治立场偏右的作家，他在自传体小说《人性的枷锁》里流露出的社会见解，依然饱含对西方商业社会恶俗价值观的怀疑。主人公菲利普年轻时以貌取人，爱上女侍者米尔德丽德，而后者凭借自己的容貌周旋于他和其他学医学生之中，将玩弄情感作为衣食来源，最后沦落为妓女。而菲利普后来爱上纯朴健康的女裁缝莎莉，决定带着她到一个渔村，做一个给穷人看病的大夫。

毛姆很多中短篇小说也讲类似的故事：一个出身好的知识青年在经历生活磨炼之后，看透了商业社会的势利，厌倦了有教养或者无教养熟女的虚伪，最终选择平淡平凡，与一位惹人怜爱、温暖贤淑的小家碧玉，过上了幸福生活。写得尤其让人动心的是他的一个中篇，《爱德华·伯纳德的堕落》。一个芝加哥银行家的儿子，从父亲的破产中看透了上流社会的世态炎凉，跑到塔希提岛那一带去做小买卖，结识一名犯罪出狱以后在这里和当地人结婚的美国商人，最终和商人混血的女儿结婚了：爱德华在夕阳下，端着酒杯，沐浴着海风，望着远处珊瑚礁包围的粼粼波光和天际的绚丽色彩，无忧无虑地看着自己身边这位有前科的岳父和天真无污染的爱人。

爱德华觉得，这样生活远非堕落，比原来做一个上进的美国青年好多了。他原来在芝加哥的女友，一位工业家的女儿，恰恰是现在这位岳父的外甥女，却从来不谈起自己的舅舅，只希望爱德华按照世俗的事业和家庭理想来过日子，变得有钱和体面，维持有钱和体面。毛姆小说《刀锋》里的伊莎贝尔也是这样一位心熟女人。她的未婚夫拉里在一战中担任美军飞行员，经历了死亡的挑战，甚至有一位战友因为抢救他而牺牲。拉里在战后把家产分给亲友，拒绝上大学和从事上流职业，到纽约开出租车谋生。周煦良先生不仅把《刀锋》翻译成不可多得的中文精品，还考证出拉里的原型其实是著名的奥地利哲学家维特根斯坦。这位学者不仅在参加一战后隐居乡间当小学老师和修院园丁，还把家里丰厚的遗产全部分发给亲朋好友。

与狄更斯、哈代、萧伯纳和高尔斯华绥相比，毛姆远远算不上是关注社会问题的英国作家。哈代著有《无名的裘德》，刻画牛津大学排斥贫穷青年的状况，促进了英国社会对教育公平的重视。萧和高则写有在当时影响巨大的多部剧本，呼吁社会改良，关心监狱囚犯和维护妇女权益。毛姆只是用平实语气淡淡地传递出他对资产阶级势利眼的揶揄。在《刀锋》里，拉里解除了与伊莎贝尔的婚约，看着她嫁给有钱的富商。毛姆说到她在嫁给"标准美国男人之精英"后培养两个女儿的目的："她们会进最好的学校，伊莎贝尔会让她们出落得才艺双全，使她们在门户相当的青年人眼中成为爱慕的对象。"

英国市场经济之老牌成熟，在于有一群文人或明或暗地在那里批评和警告商人的贪婪。

当刑满释放的章永璘回到镇北堡的时候，马缨花已经离开了。当章永璘们成为富商的时候，马缨花们会变成什么？我们其实需要有新一代的张贤亮，鼓足气力为新一代马缨花们呼吁和呐喊，而不是让《小时代》把我们所有人都变小了。

这也许就是张贤亮先生说的，如果能活到90岁，他一定会做的事业。

高管的高薪与公务员的低薪

公务员应该增加工资的呼吁已经有一段时间，大家也都知道相当一部分公职人员的工资偏低。在北上广等房价高企不下的大城市，一对青年公务员夫妇的收入和生活状况，假如没有各自父母伸以援手，恐怕是会捉襟见肘的。各地情况会有不同，各阶层对此问题会有分歧甚至对立的意见，所以我想由原则而非细节来谈一下这个问题。改革开放以来，我们在薪酬问题上很少有侧重历史渊源和经济伦理角度的全球化思考和探索，可能这是大家时有困惑的重要原因之一。

在探讨公务员工资比较低的问题之前，我们无妨看一下企业高管的收入为何如此高。

现代市场经济环境下，由于资本家作为所有者对企业的直接管理逐渐被专业管理人员的运作取代，大权在握、收入丰厚的经理阶层变得地位显赫，甚至不可一世。他们与普通员工收入高低差别大到了令人难以启齿的程度，近年披露的例子有，美国快餐业首席执行官年薪达近千万美元甚至两千万美元以上，一个打工仔需要工作超过一个或者两个世纪才能挣到！其实工资收入的这类严重分化在20世纪初就已经发生了。1920年在《贪婪社会》一书里，英国著名经济史大师、《经济史评论》创始人理查德·亨利·托尼注意到，企业所有者和管理人已经分离，后者大权在握，年薪达到数十万英镑，足够数百个员工家庭生活。他尖锐地指出，在私人企业内部没有权力和分配的均衡机制，高管就像是部落酋长或者小国王，酋长家里有几百头肥牛，而普通人家里只有一头。近日苹果公司总裁参观考察郑州富士康代工车间，督促手机的生产，记者不停惊叹他乘坐丰田面包车和平易近人，已然下意识地把他看作是帝王或者国家元首。其实他不过就是一个经理，尽管他的收入可能还包含大量股份的奖励。

前一段在肯定国企高管薪酬被削减的声音中，有一种议论是，如果是在私人企业完全市场经济的机制下，高级管理人员倒是可以拿非常丰厚工资的，也就是民间所说的"金领"。但是这种似是而非的说法认可企业职员之间收入的天壤之别，实际上是需要认真梳理、澄清和研讨的，而不是糊里糊涂就看作是理所当然的。

第一个系统讨论专业经理人员地位上升的学者是詹姆斯·伯纳姆，著有畅销书《经理人革命》（1940年）。他早年接受过一些马克思主义观点，写作此书的时候已经转向极右。现代工商业的规模和复杂性使得企业在工人和科学技术专家之外要求有第三种人，即专业的经营和管理人员。伯纳姆认为托尼所提到的经理人地位的决定性提升大致开始于一战之后，预计将在20世纪60年代完成，会造就一种新型的市场经济。专业经理人而非企业名义上的所有者控制着生产和销售，他们的经管控制权力最终导致收入和社会财富也向他们高度集中。这个过程，伯纳姆打比喻说，类似中世纪墨洛温王朝主管日常政务的宫相（经理人）先是服务于国王，然后逐渐取代国王（资产所有人，譬如美国当年那些石油大王和钢铁大王的家族），最终将利润的分配也设定为对自己优先（经理人的巨额工资和其他种种形式的收入）。伯纳姆将这一现象称为"经理人社会"，并且指出这不是一种有利于社会平等的经济关系。不过就美国的情况而言，他万万没有想到的有两点，一是国家完全没有有效控制专业经理人，二是经理人对普通劳工的苛刻程度，譬如我们前面提到的美国企业高管和一般员工之间巨大到令人瞠目结舌的收入差距。

而托尼早在1920年就注意到，专业管理人员正在深度介入企业的领导，他们不懂技术和生产，其指导运作的唯一动机和标准就是利润的最大化。他们甚至可能毫不关心产品质量和劳动效益，而是通过金融投机或者压低工人的工资和福利来提升利润。托尼的看法是，这些职业经理人应该拿与利润高低无关联的固定工资。即便那些庞大企业的收入是天文数字，高管的贡献看似很突出，他们的收入也不必高到超过一百个或者更多普通员工的总和，因为那样的收入是"没有绅士风度"的。

在托尼看来，职业经理人和公务员，以及其他专业人员，譬如普通教师、编辑、记者等，其实都是现代社会接受过良好教育的专业管理人士，对社会有重要贡献，但是他们领取报酬的原则不应该是对专业人士常常难以量化的贡献作经济利益回馈的算计，那等于是给他们的人格贴上价格标签。专业人士的工作既需要高尚的职业道德和献身精神，也需要充足的闲暇和适度的舒适生活，摆脱低级物欲的驱使，而不是面临物质生活匮乏的焦虑，也绝不能处在赤裸裸经济利益的刺激下。尽管公务员一般不直接创造物质财富，但是他们的工资应该是体面和充足的。而企业高管"没有绅士风度"的过高收入则应该适度降低。

专业人士工资完全让市场去摆布有种种风险。在尊重市场规律的同时，我们应该把社会公益原则作为薪酬发放的重要考量。我们应该避免制造一个以职业经理人为代表的、道德被矮化的高收入知识阶层，防止严重的贫富分化最终影响市场经济的健康发展。而同样作为专业人士，中青年公务员以及教育、新闻等行业人员的薪酬则亟待提高，以保证他们的体面、有尊严、与他们的教养和教育水平相当的物质及精神生活，提升整个社会的管理水平。

什么是中产阶级的优良品格？

中国留学生在海外开豪车不是近年来才有的事情，十几年前我在美国就见过了。最近应该是富起来的人更多，他们送子女出国更多，因此留学生的生活方式在总体上也有所变化。人多了，飙车和违章违法事故不免也有增加，有些还很严重，国内外媒体的关注也随之加大，让人感觉我们的中产阶级很轻浮。近代以来在西方，除了极少数超级富豪，富有者常常被称为"中产阶级"，有一套约定俗成的生活习惯和价值观念。他们的为人行事往往低调收敛，往往在道德上成为主流社会楷模，与"土豪"有鲜明对比。

丹尼斯·谢尔曼与人合写过一部漂亮的西方文明史，偏重由社会史的角度讲述文化的演变。他强调说，19世纪工业革命中兴起的中产阶级，即所谓的"布尔乔亚"，不仅是指商人和工厂主，也包括律师、医生、工程师和其他各类受过良好教育的专业人士。他们所推崇的价值观念不仅仅是致富的热情和专注,也体现在一系列所谓的中产阶级品格上。与喜欢奢侈和炫耀的旧贵族完全不同,他们身着整洁、实用、颜色素朴的服装。他们崇尚的作风是精干、称职、善于与他人协调和控制个人的喜怒。他们对家庭和社会有责任心,对感情有更多非功利性的考虑。

在工商业者和专业人士地位快速上升的这个历史阶段,他们作为中产阶级也发展出比中世纪和近代早期欧洲更加重视个人情感和家庭的生活方式。谢尔曼教授的看法令人耳目一新。他认为中产阶级在工作场合面临冷酷竞争,而他们营造的温柔家庭环境对他们是重要的慰藉和支持,因此他们在处理感情和婚姻的时候反而表现出前所未有的理想主义。中产阶级父母对子女悉心爱护,对他们个性和正规教育都十分重视。夫妻在选择配偶的时候不再像封建贵族那样有浓重的政治和经济利害的考虑。在夫妻关系中,独立自尊、爱慕体贴以及为对方做出牺牲被看作是特别珍贵的品质。在当时的爱情小说里,感情的元素往往战胜金钱的诱惑。社会财富的激增被看作是稳定家庭生活的基础,并没有引发"小三"流行这样的伦理乱象。换言之,在工业革命中出现的西方中产阶级在事业上不懈进取,在家庭伦理上则是保守的,试图在私人情感与市场上的贪婪和玩世不恭之间,划出清楚的分界线。

高尔斯华绥的《福尔赛世家》是让他赢得诺贝尔奖的作品,描写了19世纪后期和20世纪初期的英国中产阶级,也写到了他们对财富与人性二者关系的思考。小说揭示了他们的弱点,同时也展现了这些物质生活优裕者在道德上的闪光之处。在富裕的福尔赛家族里，索姆斯被亲戚们讥讽为"留心财产的人"。这是因为他是有名望的富有律师，收集了大量值钱的绘画，还有谨慎成功的房地产投资，更是因为他为人过于冷静和务实。他对妻子艾琳、第二位妻子安妮特的追求以及对女儿福乐的娇惯，反映出他在"美丽和热情"面前的妥协。两位妻子都没有遗产，艾琳是已故贫寒教授的女儿，安妮特家庭则经营一家小餐厅。然而正如他的堂兄、艾琳的第二任丈夫小乔利恩所批评的，索姆斯对待家人就像他对待财产一样理性和富有占有欲。他虽然一片真心，却不懂得她们的内心，最终难以获得自己渴望的感情。索姆斯最实用和猥琐的一面，表现在他在安妮特难产时刻做出不放弃婴儿的决定，其目的是保证自己有一个男性继承人。高尔斯华绥所描写的索姆斯是一个失败的中产阶级人士，让自己务实经商的一面侵入到了自己的个人空间和家庭生活。而艾琳和家族里同情她的许多人，则把情感放在更高的位置，用艾琳的话说，"爱情战胜一切，而且是永恒的"。

在高尔斯华绥的笔下，《福尔赛世家》的几代人中间都有投身慈善活动和社会改革的热心人。从艾琳对妓女的救助开始，家族里面的青年人纷纷投入到英国的各项改革运动中，包括支持工会和争取妇女选举权的活动。一些激进的西方学者并不欣赏中产阶级，认为他们的慈善行为和改良主义都不足以抵消他们的贪婪，而贪婪一定导致他们对劳工和底层民众的冷漠，并使得改良成为表面文章。这种悲观的看法逼迫人们意识到，中产阶级如果要生存和发展，就不得不直面社会公平问题。这一涉及社会结构的高难度问题可否完好解决，很大程度上仍然取决于中产阶级能否认同和实践具有强大说服力的价值观念，譬如市场经济环境下的社会主义伦理道德。不过在进行宏大叙事之前，中产阶级需要让自己变得成熟和有品位。

与高尔斯华绥同时代的英国散文家切斯特顿曾经说，中产阶级的最大"缺陷"就是他们的认真和完美：凡事讲究规矩，敬业守时，为人一丝不苟，服装绝不追逐时尚。的确，对成熟的中产阶级人士，抢眼的奔驰和宝马可能都不是有格调的家用车。也许，一辆坚固、色彩低调的沃尔沃才是，甚至一辆朴素低档的雪佛兰和大众捷达也未尝不可。除了沉稳含蓄的审美和生活方式，他们需要有保守正派的家庭伦理观念，有超越自身利益的社会关怀。这样的成熟越来越成为中国的中产阶级不得不完成的任务，如果他们要在道德上也引领社会，而不仅仅是成为满世界游走的富人。

守卫温暖稳定的家庭和投身于关怀底层民众的社会改革，才是中产阶级的优良品格。

改革无妨思古怀旧

一条新闻和一条旧闻让我想到改革背后的人情和人心。

读过不少池莉的小说,知道武汉是一个富有人情味的城市。最近华中师大一位博士生得了慢性肾衰竭,原有的保险不足以提供医疗费,于是一些博士生同学为她展开了义卖玫瑰花的活动,学校也积极筹措医疗费用。学校领导说:"爱在华师是一种大爱,这种大爱比病魔更强大,比死神更勇敢。"卖花时刻,甚至附近商店的一个小女孩都问道:"我没钱,捐面包可以吗?"类似的故事,其实在全国各个高校都有。高校不仅是一个社区,而且是人际关系相对紧密和谐的团体,仍然保留很多传统的单位色彩。换言之,大家相互之间不仅仅是法律和契约的关系,师生之间、同学之间通常有深厚友情和关怀。

几年前,在香港大学做过厨师和清洁工的"三嫂"因为四十多年的卓越服务,与富商名流一起被授予名誉大学院士头衔。这又以另外一种方式阐释了大学是一个人情味浓厚的单位。这位女工对学生无微不至的关照早已超出了大学与她之间雇佣与被雇佣的关系,而学生和校方对她也有真挚的情感回馈。工作单位往往是一个小社会。单位对成员的多方面照顾,成员对单位的多方面依赖,在很多情况下是有利于工作的正面因素。在改革当中逐渐被削弱的单位传统,可能有这样那样的缺陷,但是也有这样那样的优势,不应该被简单看作是改革要革除的对象。

几十年的改革让大家对竞争逐渐习惯。倡导和引入竞争也成为各单位领导推行改革的一种本能和下意识。大家觉得改革一定要有竞争的元素,甚至误以为改革就是竞争,二者之间可以画上等号。在学校和其他事业企业单位,下岗和竞聘上岗也是流行语和关键词,单位照顾职工的色彩日益淡漠,单位逐渐变成一个人临时栖身捧饭碗的地方。我个人的意见是,领导推进工作无妨有更加复杂和系统的思维方式,要有体贴入微和耐心细致的态度,不要挥舞下岗和竞聘上岗的大棒把复杂的人事工作简单化。这种精细改革的思路应该包括对以往传统的思考和抉择,把一些好的传统保留和延续下去,包括单位传统中的保障和人性关怀。

与弱化单位、加强竞争相伴随的是"社会化"的神话。有些学者把单位传统看作是妨碍社会化的妖魔,认为公务员和事业单位的福利往往比工商企业优厚,应该被取消,医疗、住房和退休等福利应该完全社会化(很大程度上其实就是市场化)。社会化思维的重大谬误有二。首先,如果机关事业单位的福利比其他地方优厚,解决办法应该是提高别处的福利,肯定不应该是削减公务员和事业单位的福利。其次，以社会化的名义把所有社会福利交由庞大的官僚机构和牟利的保险公司去打理，完全不能保证做出比单位传统模式更好的成绩。华中师大的那位患病同学如果仅仅有她自己家庭的支持而没有学校这个单位大家庭的关心，孤悬于校外大社会，那将是怎样的一种寒冷和无力？即便她在金钱上得到了救济，来自老师和同学的精神鼓励和温暖友情也绝不是可有可无多余的东西。

以各国的历史经验来看也是如此。世界历史上的前市场经济社会在基层，譬如在中古欧洲社会的村社、行会和大学，都有互助共济的精神和制度，展现人类最良善的本能和需求。譬如农村就有规定，身体强壮的人可参加收割赚取工钱，地头田间的谷穗只允许老弱者去捡。独身的农夫在年老后无力种地，所在村庄会指派一家农户代其耕种并负责赡养。城镇行会的互助性质就更加突出。行会注重对成员的救助，在他生病时照看他，在他破产时救济他，在他去世后扶持他的后代，同时也对城里的麻风病人和穷人定期进行接济。欧洲的大学是教师和学生以教育为目的组成的行会，自然也有互助的特征。孔佩雷在他的大学史里提到，中世纪大学并不缺少贫困者，甚至有学生以乞讨和做佣人来支持自己完成学业，但是真正有力的支撑来自同学和教师团体的鼓励和资助。欠费的学生可以得到学生会的帮助，举办庆典的时候好酒好菜会被送给生病的同学，教师还经常收集旧衣物和鞋帽送给贫困学生。

侯家驹先生认为中国古代的互助始于宗族，扩展至乡党，不仅有义仓布施米粥，还有义学资助贫困者求学和参加科举考试。东西方社会基层的互助共济到了现代市场经济社会常常被国家福利机构和牟利的保险公司取代。而每当重大困难发生在一个有血有肉的人身上时，这些高高在上的机构不仅冰冷缺乏温情，往往也不能支出真挚的关怀。就像有的保险公司的小字条款所写的：当你踏入高铁车厢时您购买的保险就生效了，当你跨出车厢的一瞬间您的保险就终止了。单位这种基层组织的保障和人性关怀作用其实永远不可能被真正替代。

刘震云的《单位》和《一地鸡毛》写于20世纪80年代末和90年代初，展示了当时人们在单位传统里面能够发现的种种缺憾。今天再去重读这些作品，我想我们会有一些完全不同的感受。主人公小林和我们可能都会意识到，在啰里啰唆、疙疙瘩瘩的单位人事图画里，也许就是真实的美好生活。实事求是地看，单位传统里稳定的就业安全、人与人之间的互相尊重和关心，都曾经培养过很好的敬业精神。

改革必定要前行，不过改革也需要继承传统之中的优良元素。

改革，也无妨思古怀旧。

公教人员不是玻璃缸里的金鱼

克鲁泡特金反对社会达尔文主义。他在《互助论》（1902年）里曾经说，人类进步的动力不是来自生存竞争，而是来自互相帮助，来自人与人之间的真诚合作。

改革开放之前物资的匮乏众人皆知。一包火柴、一块豆腐都要凭票购买，一件的确良衬衫曾经被看作是贵重物品，而自行车和手表就是迎娶新娘的高档礼物了。市场经济改革的成绩是如此巨大，以至于我们今天容易忽略其中的伦理道德问题。譬如，工商业中流行的优胜劣汰思路是否可以照搬到政府机关和各级学校呢？如果可以，以何种方式、到什么程度？

"公教人员"这一称呼现在不常用了，当下流行的是将公务员和教师区分管理。这其实是蛮奇怪的。近代以来很多国家的传统是，教师也是公务员，或者其待遇是比照公务员来给出的。美国的州立大学也往往将教师看作是州政府雇员。那么近年为何我们强调教师不是公务员呢？近年来，办好教育的基本思路转来转去，还是回到了加强竞争的老路上，而教师待遇改善也总是与加强竞争捆绑。在各级政府部门，竞聘上岗并非闻所未闻，但应该还没有成为主流的状况。

教师和公务员的薪酬放在一起来讨论，会牵引出一些新的改革思路。譬如在下一步改善公务员待遇的工作中，如何才能避免把高强度竞争引入到政府机关部门，引发负面的效果。同济大学土木工程学院新近的改革，在现有教师里遴选出一部分拿高薪，并强化淘汰机制。这让我联想到鱼鸟市场上的商贩面对眼前大玻璃缸里几百条金鱼的情景，以及他的心情。这个商贩（学院的领导）看着这缸金鱼游来游去，觉得不是每条鱼都一样漂亮肥硕可爱，于是心情不爽。接着他做了三件事：首先拿起小网兜把难看弱小的金鱼捞出来，放到另外一个小鱼缸里。然后他给大鱼缸的好鱼喂好鱼食（高薪），小鱼缸里的小鱼则另外给待遇。最后，喂完食，他又站回到大鱼缸前，两眼死死盯着这些好鱼，看到有些游不动呈现病态的，赶紧捞出来放到小鱼缸里，以免影响大鱼缸里面的完美状态（媒体称之为"伪终身制教职"）。这种改革背后的一个基本误区是，认为由人组成的单位是可以纯净完美的，那里的每个人都应该是骏马或者好汉。而人类社会万年以来从来都不是这样。追求至纯至清，不仅会伤害到人，也会耽误事业和工作。也就是古话说的，"水至清则无鱼，人至察则无徒"。

学校、医院和研究所等机构是专业人员聚集的地方，而学者和专家的聘用总是有一个准入资格和实际能力的考量。问题是，以高收入作为诱饵、以竞争作为手段长期持续地刺激和管控人才队伍，是否符合教学、科研和其他专业服务工作的规律及特点？

首先，创造性的研究和教学、医疗等专业工作需要知识分子对自己的职业有兴趣、自豪感及献身精神，而不是锱铢必较的猥琐和庸俗。写作《贪婪社会》（1920年）的英国著名学者托尼曾经注意到市场经济对专业人士的腐蚀作用。他指出，他们需要有充足的闲暇，他们的收入应该足够保证他们安心从事专业工作。在此之外，用物质利益诱惑他们，给他们贴上价格的标签，都只会对研究和工作起破坏作用，尤其是破坏他们的职业道德，因为他们的工作不可能"单纯地和直接地因为经济的好处而得到诱导和加强"，因为物欲只满足人类最低级的需求，不足以激励创造性的劳动。一旦商业牟利思维控制住他们，职业道德就会荡然无存。

研究、教学和其他专业工作的另一个特点是需要合作与互助。高校目前的人事改革总是明确或者不明确地拿美国的终身教职制度说事。且不说美国制度在教授通过考核后是真正的终身制，高度信任教授的职业道德和敬业精神。关键是，在我们的社会主义市场经济体制中，互助合作是否应该比美国做得更好呢？在关于同济大学人事改革的报道中，人们看到了"下课""惩戒""非聘即走""非升即走"和"考核力度"等字眼。那么在水平参差不齐的教师之间，有没有互相帮助和互相切磋提高的必要呢？任何一个具体单位的人员都是历史形成的，每一个人都有血有肉，有特长有短处。如果他们之间能够形成互帮互学的合作关系，对研究和教学究竟是一种妨碍还是一种促进？如果让竞聘上岗变成终身持续主宰专家命运的制度，年年考核，三年一大考核，一直竞争到退休，学者和教授中间的互助与合作氛围又如何来保证？

由此我就想到了公务员加薪的问题。许多公务员本来就是专门人才，他们的工作往往带有专业色彩，甚至是很精深的研究。培养职业道德和敬业精神，抵制商业牟利倾向的腐蚀，不仅是学者和教授职业的要求，也是公务员工作的要求。大家现在对改善公务员生活待遇逐渐少争议，那么我们是否可以切实地改善他们的生活待遇，而不要走上大学人事改革的老路，把烦琐的考核、持续的竞聘上岗与提高收入捆绑在一起？回过头来，我们也需要反思高校人事制度的改革。我们究竟应该把竞争当作一瓶好药，还是看作一个潘多拉盒子？

无论针对教师还是针对公务员，无节制的竞聘是一个需要讨论、争论和深入沟通的问题。

大学的"主义"之争：威斯康星故事

"多研究些问题，少谈些'主义'。"胡适先生是在1919年说了这话的，距今差不多一百年了。其实问题研究很难脱离"主义"之争。譬如胡适先生自己提及并主张要认真对待的"人力车夫的生计"问题，在民国时期是否得到重视和解决呢？空谈误国是一方面，没有了"主义"的激情和动力，很多具体的问题同样会被忽视，会被冷漠地淡忘。问题和"主义"都需要谈，关键是如何谈。在先生历来推崇的美国，各种政治经济问题背后其实都有"主义"的身影。当下在美国威斯康星州围绕如何办大学而兴起的争论，其实就是一场有意义的"主义"之争，对具体问题的解决也至关紧要。

威斯康星州州长斯科特·沃克是共和党的新星，是该党可能推出的总统候选人之一。他强调市场对经济的主导作用，削减政府财政和教育投入，限制工会和雇员的权利。沃克在2015年2月提交的预算草案中砍掉了具有国际一流水准的威斯康星大学近15%的政府经费。他还要求把培训市场需要的劳动力作为新的办学宗旨，删除该大学使命宣言中"探求真理"这一表述以及该大学著名的"威斯康星理念"。这一"理念"有一百多年历史，认为大学要以全方位社会服务为核心，包括追求学术卓越，以学术研究协助政府决策和立法，注重改善民众的健康、生活质量和劳动生产。要而言之，大学的宗旨是为政府"点亮路灯"，协助政府完成为人民服务的工作。拥有大量德国移民的威斯康星曾经是美国受到社会主义传统影响比较大的地区，当地的密尔沃基是美国社会党曾经执政的唯一大城市，在这里出现这样一种办学理念自有其历史根源。沃克将适应市场和为市场服务作为大学主要功能，其实是当代资本主义粗野和短视的一种倾向。他对"威斯康星理念"的蔑视也是对当地社会主义传统的挑战。

在19世纪末和20世纪初美国的进步主义时代，"威斯康星理念"的提出有复杂的思想文化源流，但是在宗教、中西部文化和制度经济学这些被提及的多种元素背后，的确存在社会主义的传统。威大教授理查德·伊利（1854—1943）是当时美国顶尖的经济学家，以研究社会主义和支持工会运动著称，被认为是"威斯康星理念"的推动者之一。但是正因为伊利有一定程度的社会主义立场以及他亲社会主义的学术观点，在"社会主义"这一名称本身就是禁忌的美国，他在威州高等教育中的作用和影响至今还被一些学者刻意回避或者淡化。

伊利的学生、制度经济学和劳工问题研究的著名学者约翰·康芒斯（1862—1945）被公认为是"威斯康星理念"最重要的阐释者和实践者。他早年任教叙拉古大学时曾经被作为"激进分子"解雇，后来在伊利的支持下成为威大教授。康芒斯认为经济、进步立法和社会公平应该是经济学家视野里不可或缺的三要素，以社会公平为内容的政府立法是引导市场经济健康发展的重要途径，大学学者应该积极参与到这一立法过程中去。他以及他的学生在威州和美国成为一系列社会改革的先驱，包括公平工资、劳工工伤和退休保障、社会保险制度以及政府对水电等公用事业的监督。当然，康芒斯本人也一直被一些人被指责为社会主义者。

社会主义传统在美国的确没有太多话语权，但是这并不意味着社会主义没有参与社会对话，尽管其形式可能是间接和隐晦的。"威斯康星理念"的提出和讨论，它在今天受到的挑战，在某种程度上是美国社会的一场"主义"之争，并且起到了积极的作用。1894年9月，威斯康星大学理事会曾经就伊利被指责为"社会主义者"一事做出决议。理事会认为教授有探求真理的权利，决定继续留用伊利，并且指出，本大学"应该鼓励各种观念持续和无畏的碰撞与筛选，因为只有这样真理才有可能被发现"。以提出"边疆学说"出名的哈佛教授特纳当时是伊利在威斯康星大学的同事。他就此事评论说："大学当然是一位学者能够寻求真理的地方，而且他要能够以科学方式把不同派别的意见都展现出来。"

即便在美国的大学和社会，以其特定的形式，社会主义也有积极的建设性的影响。

"伸手摘取真实的花朵"

新富豪和他们的后代炫耀财富，或者走马灯一样展示唾手可得的美女，大家都觉得丑陋，所以有天才人士赋予"土豪"新的含义，精确到位地表达了人民的心情。其实自古以来，暴发户的真正特征并不一定、并不全是炫耀，而是追逐目标的果断和坚持，是一种为实现向上社会流动不惜代价的决心，有时候甚至是为达成目的不择手段。所以我在这里想谈论一种人物性格，即路遥小说《人生》里面的高加林。路遥的长篇小说《平凡的世界》被改编为电视剧，现在正在热播，而《人生》篇幅不大，却折射出我们社会一些深层次的情结。

在高加林的故事和品格里面潜伏着当下土豪问题的一些根源。

马克思尖锐批评过19世纪不平等的英国社会，斥责人们对财富以及与之联系的地位和名誉的膜拜。关键是，他还指出，这种膜拜在历史上各种社会文化里面都可能存在，譬如在小农意识和官本位意识还有遗留的环境里面，在那里同样会导致人的异化，导致人失去自我本质。我读小说《人生》的印象是，里面的高加林及其周围的一些人物都具有极强烈的向上社会流动的内在驱动力，追求改善自身境遇的时候甚至呈现一种动物本能的自私，同时又鄙视境遇不如自己的人，而他们因此失去的恰恰是生活中最宝贵和最本质的东西。有些情节很让人心酸和悲愤，譬如大队支书高明楼对权力的滥用。高明楼让自己儿子顶替了加林在山村的民办教师位置，打破了这个乡村知识青年平静的生活。而加林父亲为此对其老伴的吩咐是："加林他妈，你听着！你往后见了明楼家的人，要给人家笑脸！明楼今年没栽起茄子，你明天把咱家自留地的茄子摘上一筐送过去。可不要叫人家看出咱是专意讨好人家啊！"

在路遥笔下，对这样一个挫折，加林的反应是："非得离开高家村不行！在这里很难比过他们！决心要在精神上，要在社会面前，和高明楼他们比个一高二低！"加林的女友刘巧珍是村里的第一美女，是因为刷牙被村里人笑话的姑娘，他们一起修理和清洁了村里的水井，并因为使用了漂白粉而引起村民的不解和抱怨。但是高加林的心不在山村，当他眼热过往公社干部时，即便是巧珍的爱情也消除不掉他心里"一种说不出的惆怅，一股苦涩的味道"。当他转业回乡的叔父通过关系把他转为干部之后，当出身县城干部家庭的女同学笑脸相迎的时候，他选择离开村庄和遗弃巧珍。由清理水井开始的乡村建设工作，他没有心思坚持下去，他的心和眼光在远方。当然，在路遥这个故事的结尾，因为有人揭发加林叔父给他找工作违反规定，他又被退回了村里，而此时巧珍也已经嫁给别人了。

我们这个社会当然有高出高加林性格不知多少的崇高。如果要举出和高加林性格形成鲜明对比的人物，有很多真实的故事，譬如已故的许燕吉先生，著名作家和教授许地山先生的女儿，自传《我是落花生的女儿》的作者。这是一部让我的心灵受到极大触动的书，不过不单是因为作者由名作家的公主向下沦落为"右派"、囚徒、老农妻子的遭遇，更是因为作者对待自己农民丈夫的善良真诚以及这一家子人的挚爱。又譬如《平生六记》的作者、已故的人民出版社原社长曾彦修先生。这个坚持"枪口抬高一公分"的党的高级干部，在历史上多次运动中秉持公正，甚至为保护同事把自己划成了"右派"，自己选择了向下的社会流动。

其实在世俗生活的层面，很多高加林在改革开放的环境中是成功了，很多会成为富有的企业家，很多会成为干部。我们应该思考的是，高加林们是否会有曾彦修先生那种情怀和品德，是否会有许燕吉先生那种宽容和大度。在牺牲了巧珍之后，他们是否会继续在自己的人生道路上，不断以伤害他人来换得自己的进步？

马克思曾经批评19世纪欧洲宗教人士掩饰和维护社会不公正，指出要摘去"装饰在锁链上的那些虚幻的花朵"，进而让人们能够在社会主义社会"伸手摘取真实的花朵"。高加林们冷漠地忽略自己身边的人和身边的家乡。他们对远方的渴望，即他们那种向上社会流动的冲动，他们对权力、地位和财富的追逐和情迷，何尝不是一束"虚幻的花朵"！

精英的社会关怀与冷漠

太平的日子里，有些类型的新闻出现了多次，大家逐渐就见惯不怪，舆情也就波澜不惊了。譬如乡村教育和乡村教师的状况常被提及，大家一般不再有持续和有力的关注。新华网2015年4月4日报道了"教师白天教课，晚上搬砖赚钱贴补家用"。这条消息当然会被转载，但是几天之后也就沉寂不为人们注意了。

我在这里想说的是，我们的社会精英身上是有几个敏感点的。现在看来，农村教育显然还不是这些敏感点之一，所以也难得有在舆情上影响力很大的名人出来说话，要有也是偶尔说说，话音一落，紧接着就是一片寂寥清冷。显然，关注这个问题的名人还是太少，大家关注的力度还是不够大。这是一个在根本上触及社会发展的问题，需要全社会持续的关注，尽管我们很多人自己并不住在农村，我们的孩子也不会在那里上学。

精英阶层的社会关注不能都等到问题触及了自己所在圈子的

利益。我在这里列举几个大家比较熟悉的美国作家和学者来说明这个道理。在各个领域，精英阶层总是应该超前一点发现问题，给社会发展提供一些建议和帮助。在很多情况下，他们意识到问题的存在是因为他们切身的感受，甚至是因为他们自己的切身利益。譬如在大家比较关心的环保领域，《寂静的春天》（1962年）的作者卡森女士学过生物学，接触过当时新兴的环境科学。此外，她还是鸟类和植物的爱好者。她一开始主要关注野生花鸟的保护，后来因为朋友的花园受到政府喷洒的滴滴涕的破坏，愤然写作了这部尖锐批评农药工业和政府政策的作品。

然而也有很多学者的社会关怀与他们自己的出身、处境和背景没有直接联系，有时甚至是与之抵触的。他们不仅出于良心去关注社会公益问题，甚至对自己所在的圈子和阶层提出不客气的批判。他们在美国往往被主流社会认定为"激进分子"，有时候还受到排斥和打压。《震撼世界的十天》（1919年）是美国第一部介绍十月革命的著作，其作者约翰·里德出身于大富商家庭，哈佛大学毕业，以记者身份积极支持美国的劳工运动，后来参加了美国共产党的创建。研究日本文化的《菊与刀》（1945年）有多个中文本，其作者鲁思·本尼迪克出身于英裔新教白人的家庭，没有美国少数族群的背景，毕业于瓦萨学院和哥伦比亚大学，但是毕生致力于批评种族歧视和鼓吹文化多元主义，还参加过多个左派组织的活动，被指责为"共产主义的同路人"。在1934年出版的《多种文化范式》一书里，她质疑了西方种族和文化的优越性。她在二战期间为美国军方工作，但是在《菊与刀》一书中却提醒政府，在注意日本社会特点的同时要避免贬低或者丑化其文化，要尊重日本民众，尤其不要把美国的政治制度简单直接地搬到日本社会。该书对美国战后对日政策产生很大影响。

威廉·阿普尔曼·威廉姆斯是美国外交史研究中的修正派领袖，长期反对美国的对外扩张政策。他的名著《美国外交的悲剧》（1959年）已经受到国内研究者的重视。可能大家没有注意到的是，威廉姆斯不仅本人是美国海军的退役军官，其父亲也是军队飞行员。他在退役之前就支持黑人反对种族歧视的活动，后来在学术研究中还注意吸收马克思主义的方法。他的核心观点是，美国错误地把对外经济扩张当作民主和繁荣的前提。这种独到见解不可能考虑到外交史的所有复杂性，对美国主流的舆论、思想和政策却有着微妙的调整和平衡作用。

这几位美国作家和学者能够在自己的个人环境和切身利益之外关注大众命运和社会公益，而且他们都受到过社会主义思想和运动的影响。他们对人民的真切关怀构成了他们真诚的激进生活态度。在我们当下的社会主义市场经济条件下，我们的学者和社会精英更应该有热情和智慧来关心和推进社会公益，包括呼吁和支持把乡村教育真正办好。我们一直在担忧的"拉美化"和"中等收入陷阱"问题有一个突出的特征，那就是乡村教育的落后。只有乡村教育得到切实的改善，整个社会才可能真正地前进。

乡村教育应该是我们所有人持续关注的热点。

马克思恩格斯为何怒斥"成功学"

我不排斥现在的电视剧,有些我还很爱看,包括很受欢迎又激起讨论的《甄嬛传》以及一些谍战剧。我觉得很多电视剧的剧情和表演都有吸引力,尽管都有迎合市场的俗套,看起来心情不坏就挺好。不过在当下流行的这些文艺节目里,编剧往往包装进去一些乖戾的流氓行为和流氓逻辑,而且又包装得很巧妙,容易被观众接受或者忽略。所以在这里挑破了说说也不是坏事。

古代传统有精华,也有糟粕。在帝王的多妻制度下,宫廷阴谋时常有女人的介入,也引发不少伤天害理的暴行。在最恶劣、最古老的那些故事里,有吕后与戚夫人的争闹和前者对后者的无情残害。在《史记》简要的记载中,我们可以看到司马迁鲜明的是非观念,他不是去渲染阴谋和残暴,更不是把肉麻当有趣。在他的笔下,戚夫人的小女人模样是很清楚的。他也写出了吕后年老色衰,在高祖刘邦面前的尴尬处境。刘邦好色的嘴脸被刻画得很生动:"戚姬幸,常从上之关东,日夜涕泣,欲立其子为太子。吕后年长,常留守,希见上,益疏。"吕后后来不仅毒死戚夫人之子赵王,对戚本人的处置也不客气。司马迁的写法带有明显的批判色彩:太后切断她的手脚,用火烧毁她的耳朵,用药把她弄成哑巴,丢在厕所里面,称她为"人彘"。吕后还让自己的儿子去看这是什么,结果孝惠帝大哭,骂自己的母亲不是人。

古代宫廷的"厚黑学"不需要做什么文献检索,在史书里面满篇都是。人们只要看一下吕后周围发生的事情,就足够写一篇宫廷政治成功学了。《史记》和《汉书》把吕后安排自己儿子孝惠帝的计谋写得栩栩如生。惠帝的皇后是其亲姐姐的女儿,吕后的本意是想亲上加亲,可惜张皇后左右生不出孩子。吕后于是就让她假装怀孕,找来宫女生的男婴假冒,立为太子,并把婴儿的母亲杀掉。上面这寥寥数语,已经大致包括了《甄嬛传》78集繁复情节的核心,但是古代史学家冷静的叙述是鲜明有力度的批评,是"揭疮疤"式的秉笔直书。而我们的一些电视剧在演绎这类故事的时候,反倒阉割了历史文本背后强烈的道德色彩:青春少妇的色相,宫廷园林的景观,酸甜苦辣的争宠,在环环相扣的悬念剧情中层层展开,再加上不伦之恋的加料调味,漆黑血腥的一面反倒被遮掩或者淡化了。

为了自己和家人的生存,甄嬛这个角色把心机和手段发挥到极致,其运作精彩处可见人头落地和对手撕心裂肺哭嚎。与她谋取成功的苦心孤诣相比,华妃的直接和赤裸裸,反倒有一点可爱。这种为了生存而忍耐并诉诸一切手段的人格,但愿只是编剧吸引观众的噱头，而不是刻意的"成功学"教唆。中外历史上的政治冲突和革命运动远比宫廷女人的争风吃醋复杂，那么为了达到崇高的目的，是否就可以无所不用其极？马克思和恩格斯在1873年与巴枯宁无政府主义者的斗争中，曾经严厉批判涅恰也夫这个野心家所鼓吹的政治"成功学"。后者写有《革命问答》这本小册子（晚近研究证明巴枯宁本人并非其作者），鼓吹革命不需要讲原则，要不择手段，要与"一切法律、礼节、惯例和道德断绝任何关系"。

涅恰也夫把谋杀和欺诈当作革命，甚至亲手杀死和他意见不一致的一位同志。马克思和恩格斯怒斥他把革命者写成冷漠无情者的论调："当同志遭受不幸，要决定是否搭救他的问题时，革命者不应该考虑什么私人感情，而只应该考虑革命事业的利益。"涅恰也夫在谈到妇女的时候写道：如果她们"是热情、忠诚、能干的人，但是不是我们的人"，那么革命者绝不能完全信任她们，不过可以"加以利用"。马克思和恩格斯将涅恰也夫所代表的倾向定性为用流氓和犯罪来替代革命斗争，以革命的名义放纵恶欲。

一些谍战剧把正面人物写得很狡黠，很有手腕，把反面人物写得有人情味，容易被蒙骗。这恐怕不仅不符合历史真实，也违背生活常识。戏说历史，戏说革命，戏剧化的处理是无可厚非的，但是不要看轻革命者的人品和人道主义。正如马克思和恩格斯所指出的，革命而没有与之配合的高尚道德，革命就会被野心家绑架为权力斗争，革命本身的基础就会被动摇。

现代社会与墨子的消费观

我喜欢"社会主义道德"这个提法。

美国前总统克林顿曾经说过，美国革命、南北战争以及20世纪60年代的民权运动，是美国历史上的三个转折点。我们应该注意到，即便是后面两次重大的社会变革也没有包含明显的社会主义元素，这与不少国家的历史发展有所不同。民权运动的女权、反越战和反种族歧视纲领基本排挤了社会经济改革的诉求。最近宣布参加总统竞选的美国国会参议员伯尼·桑德斯提出，由于严峻的贫富分化，美国正面临着"大萧条"以来最严重的社会危机，一场新的革命正在酝酿。如果其预言切中时弊，并且能够变成现实，那么这就是美国历史上第四个转折点了，而且这次，通常不敢或者不愿意把"社会主义"挂在嘴巴上的美国人，终于开始羞怯地谈论社会主义了。桑德斯自称是社会主义者，他的政治纲领除了加强对资本的监管和大力推动社会福利保障，还包括两项具体的民生工作：在政府增加对富人征税之后，让所有的州立大学免收学费，并拿出55亿美元为贫困青年创造100万个工作职位。

事实上，从19世纪后半期至今，美国只有断续不稳定的社会主义运动，而且多次使用针对左翼人士的高压政策，譬如在南北战争之后和两次世界大战之后。反社会主义力量的强大逼迫一些接受社会主义观念的美国学者更多从伦理道德的角度迂回批判资本主义。美国经济学会的创始人、著名经济学家理查德·伊利（1845—1943）就反复强调，经济活动的道德基础是造福所有人，而不是把绝大多数人变成少数权贵的工具，因此严重的贫富分化本身就是不道德的。他还由道德的角度把消费活动分成节俭舒适的健康生活和有害放纵的奢侈生活，主张以高额奢侈品税限制"个人生活的过度奢侈"。他指出，奢侈生活耗费的自然和社会资源并没有真正造福社会，因为它们原本可以投入更加有利于公益的生活必需品的生产。

伊利教授的一些追随者注意到，他所批评的崇尚奢侈是镀金时代美国的文化特征。这个时期大致从19世纪70年代到20世纪初，美国的科技、工业和都市化此时有速度惊人的发展。当时人们接受的时尚价值观其实就是无节制的物欲，一是拼命去挣钱以改善物质生活，二是无止境地和他人攀比、炫耀财富。伊利的一位学生在1908年曾经撰文讨论，合理舒适的健康生活到底应该如何来具体界定。他提出，当时在美国的大都市，普通人的六口之家每年有1 000美元就足以过上体面健康的生活，基本的衣食住行，教育、娱乐以及为伤病和养老储蓄的需求，都可以满足。问题是，健康生活需要的物质财富有上限吗？这位作者的测算是，即便是富有的六口之家，即便考虑到他们的社交费用和其他额外的开支，每年有6 500美元就足够。如果他们在这个数额之外再追求无节制的奢侈生活，相当一部分开支是用于攀比、炫耀和放纵，在健康、心理和道德上只会给他们带来伤害。对工人心狠手辣的"钢铁大王"卡内基后来做过不少慈善事业，并声称要以节俭生活为人表率。当时就有人质疑说，那你干吗不从你的豪宅搬到已然相当舒适的中产阶级街区？这样的话，你的生活不会受任何影响，而你的名誉和影响力会大大提升，你的心理和生理健康会大大改善！

这些受到社会主义思想影响的美国学者如果读过《墨子》，一定会惊叹。他们会发现这位中国古人提倡过相似的消费观和人际关系。墨子注意到"先民以时生财，固本而用财"，即发展生产和节省用度是相辅相成的。他并不主张刻意过苦修的生活，相信舒适、节俭、实用完全是统一的，有利于民生，也顺应人情和伦理。譬如说到饮食，墨子的标准是："足以充虚继气，强股肱，耳目聪明则止。"衣服能够冬天暖和、夏天清凉就可以。墨子也反对人与人之间的争斗、伤害、尔虞我诈，主张"强者不劫弱，贵者不傲贱，多诈者不欺愚"。

主导社会主义市场经济的价值观，当然是重视公益和勤俭的社会主义道德，而不是资本主义的贪婪和个人生活的骄奢淫逸。市场机制有利于创造财富，但是不应该被看作是凌驾于一切之上的神圣图腾；消费能够让生活舒适和美好，但是不应该被当作是生活目的本身。

"打破铁饭碗"这话太粗糙伤人

培养温良忠厚的品德和塑造团结和谐的氛围,是大家心中的真诚愿望,也是最有利于工作的,因此有些挂在嘴边的狠话和粗糙的话最好不说;实在要说,一定要非常慎重,做足认真细致的研究。我在这里所指的,就是"打破铁饭碗"这句话。

失业是大家害怕的,职业稳定是大家渴望的,我们谁有权利整天把"打破铁饭碗"这话挂在嘴边,在研究报告里和各类媒体上随意言说?说这话的人对自己的饭碗怎么看呢?社会在发展中总是会遇上各种困难和问题,最怕的就是公式化,最怕的就是丢失对人的关怀和体贴,结果把事情越搞越乱。在医疗、教育和其他很多领域,大家都觉得有改进工作的余地,希望做得更好。但是我们不要在改革与考核竞争之间画等号。如果劳动人事制度强调考核竞争是正确的,那么在操作上要尽量精细化,千万不要把考核竞争变成一个公式到处套用。有常识的人都知道,迷恋丛林法则,任性剥夺员工就业的安全感,肯定不是聪明的管理方法。

20世纪80年代,我去探望在未名湖滑冰骨折的一位同学,走在空荡的医院走廊里面能听见脚步的声音。我最近陪朋友去同一家医院看一个不大不小的病，发现挂号大厅变成足球场那么大了，无比嘈杂，挤满了各地来的病人。于是专家就出来提市场化的建议了。大医院拥挤不堪，不仅是因为医保的推广，也是因为乡镇和县级医院落后，患者不愿意去。一些专家把这些小医院的问题归结为医生和管理人员还在体制内混日子，没有进取心。他们提出，如果让基层医院去行政化，情况就会得到改善。也就是说，办法是打破"铁饭碗"。最近青岛市教育局颁布中小学教师管理改革意见，提到解除聘用连续两年考核不合格的教师。媒体在报道中径直使用了打破教师"铁饭碗"的表述。"去行政化"有多灵，"在体制内"有多坏，考核有什么积极作用，反对的人是否都是因为害怕竞争，这些都需要小心摸索和认真研究。

即便是工厂员工的高度流动性和职业不稳定性，对他们的技能培训和家庭生活，也有大家现在感到遗憾的负面影响。教育、医疗、新闻和出版等领域有重大的社会功能，使用大量高素质的专业人士，应该在人事上既有严格准入制度，又提供稳定的职业安全。譬如一些高校在长期稳定聘请副教授和教授之前，对助理教授实行淘汰机制。我想，在医院、报社和中小学也是同样道理，员工工作几年之后应该接受考核；通过考核，就应该终身聘用。专业人士年年考核，单位领导自然爽快，有做土皇帝的感觉。但是频繁考核削弱职业的安全感和稳定性，对培养职员忠诚感和敬业精神肯定是大大不利的，并导致他们仅仅关注短期目标。

事业单位当然不能养懒人，但是试图百分之百地清除懒人，不仅是乌托邦思维，恐怕也会把单位搞成"疯人院"。譬如一所小学里的老师总要有个性差异，大家不能都是同一种紧张程度。有勤奋刻苦的，也有懒散和放松一点的，多做一点与考核无关的事情。譬如数学老师愿意"浪费"一些时间弹弹吉他，语文老师痴迷于围棋，音乐老师热衷于广场舞。他们直接的业绩可能比不过一位专注于考核本身的老师，但是后者就一定是最好的老师吗？

市场机制对工商业的推动作用很确定，但是一旦进入到社会福利和文化教育领域，在世界上成功的案例并不多，失败的案例反倒有不少。西方各国习惯对俄罗斯刻意诟病，却从来不好意思在教育和公共医疗方面对它进行指责。古巴的经济情况一直乏善可陈，但是包括美国在内的很多国家都承认它在教育和医疗方面的成绩。古巴和俄罗斯在教育、科学和医疗方面都一直坚持公办，避免系统引入市场机制。各国的情况，值得我们对比和研究。

冷战期间，美国保守派学者曾经批评一些第三世界国家的社会主义政策，说"国有化"是白痴也会搞的改革，认为其结果一定是破坏经济。任何事情做到极端，都会有负面作用。医疗和教育领域的改革主旨应该是社会服务和社会公益，把竞争和市场化放到至高无上位置，破坏专业人士的职业安全，反倒会把事情办砸。"打破铁饭碗"这话，是白痴也会说的。

"打破铁饭碗"这件事，如果设计和实施得简单粗暴，是白痴也会搞的偷懒改革。

买卖妇女儿童其实就是买卖奴隶

对拐卖和收买妇女儿童的犯罪活动，司法机构一直坚持依法从严惩治的立场。根据日前提交十二届全国人大常委会第十五次会议的《刑法修正案（九）》草案二审稿，法院对收买被拐卖儿童的犯罪分子拟追究刑事责任。

《刑法》以往对收买被拐卖妇女和儿童罪的处罚偏轻，究其原因还是法律与社会实际生活存在一定程度的脱节。对拐卖和收买妇女儿童罪的严重性，尤其对收买方在精神和肉体上危害妇女儿童的恶劣性质，我们的法学界乃至整个社会的认识角度可能需要有所调整。我想，在这个问题上，法学界可能需要借鉴历史学和社会学对奴隶制的研究来重新认识和界定拐卖罪，尤其是收买妇女儿童罪，使得法律条文和司法实践更加贴近生活实际，进而起到更加有效地保护妇女儿童的作用，更加有效地惩处凶残的罪犯，保障社会的安宁和谐。

《刑法》第241条的内容是："按照被买妇女的意愿，不阻碍其返回原居住地的；对被买儿童没有虐待行为，不阻碍对其进行解救的，可以不追究刑事责任。"它的缺陷在于，没有把收买被拐卖妇女儿童本身看作是必须进行刑事处罚的罪行。绑架和强奸是量刑比较重的罪行。强迫被收买的妇女成亲，为何不是强奸？违背被拐儿童的意志和行动自由将之收养，为何不是绑架？这里进一步的问题是，按照联合国反奴隶制的一系列文献，收买被拐妇女儿童的行为实际上是对他们的自由和人格的完全剥夺，是一种买卖和压迫奴隶的暴行。这方面的一个基本文件，是作为联合国前身的国联1926年通过的反奴隶制公约。该文件对奴隶制的理解与罗马法相近，但是采纳反奴隶制的立场，将奴隶制界定为，人在所有或者某个方面被当作是他人所有物的地位，并因此丢失自由人的权利。

被收买的妇女儿童丧失了一系列根本的人身自由权利，包括迁徙、婚姻和家庭等诸方面的权利，失去与自己亲人和朋友团聚的权利，失去继承亲生父母家庭财产的权利，失去在原来出生地和家庭受教育的权利，失去沿袭自己父母原有宗教或者政治信仰的权利。这一系列权利的丧失足以构成被收买妇女儿童的自由和人格被剥夺，使他们实际上成为收买者的奴隶。收买者对被收买妇女或者儿童没有任何合法的夫妻权利或者父母权利，收买者在实际生活中对他们的占有，本质上是奴隶主对奴隶的占有和凌辱。被收买的妇女实际上是收买者的性发泄工具和生育工具，被收买的儿童是收买者随意处置的玩物，其享受原本应有生活方式的自由权利被残忍地完全剥夺。这些儿童的亲生父母所遭受的巨大心灵创伤同样是无法愈合的。

拐卖和收买妇女儿童虽然不是故意杀人罪，但是就剥夺他人自由和人格的严重程度而言，已然与故意杀人罪相近，而且在肉体上通常也对被收买人造成种种严重伤害。哈佛大学社会学教授派特森在对奴隶制进行研究的时候提出，自由和人格的剥夺构成奴隶的"社会死亡"，包括失去他们原有的一切社会关系，失去他们原有的一切社会地位，失去他们原有生活方式的一切方面。这不正是被拐卖和收买的妇女儿童的命运吗？

直接或者间接收买由父母出卖的儿童完全不能改变收买人将他们作为商品收购的冷酷事实。此外，出卖儿女的父母作为监护人的权利在法律上应该规定为自动丧失。

事实上，拐卖是人类历史上奴隶的主要来源之一，收买被拐卖者并在人身上占有他们是奴隶主的主要特征之一。在我们的人口拐卖罪行中，最黑暗的那个部分就包括把弱智儿童拐卖到黑砖窑做工，把被拐卖儿童冷血地弄成伤残者去卖艺和乞讨，这些不仅在实质上，甚至在形式上，已然是阴暗角落的一种奴隶制形态！所以收买被拐卖妇女儿童的人，在道德上，在对他人肉体和精神进行伤害上，在对家庭结构进行破坏上，在动摇社会稳定上，危害并不亚于拐卖者，甚至超过拐卖者，而且是拐卖罪行长期难以消除的根本原因！

对那些收买被拐妇女儿童的罪犯，我并不想就他们的量刑提出具体建议。我想提醒大家注意的是，拐卖和收买妇女儿童的刑事犯罪活动如果长期打而不灭，继续肆虐，会在社会上造成惶惶不安的气氛，严重损害国家权威和尊严，所以也是一个不得不正视的国家安全问题。

"穷讲究"既是美德,也是权利

我对"城乡接合部"这个说法很不喜欢。仔细想想,这里面的寓意太丰富,潜意识的东西太多。全国许多城市都有这样的部位,往往处在外缘地带,但是也有十分靠近繁华市区的。城乡接合部一般不是指郊外的田园风光,而是指城郊的那些"城中村"或者"城边村",多由原来的乡村宅基地组成。它们还没有被彻底整合进市政管理,保留大量乡民自己盖起来的简易楼房,交通相对方便,用比较低的价格出租给低收入房客,后者又以没有本地户口的打工者居多。官员和学者谈论这个问题时日久矣,觉得是个老大难问题。我纳闷有谁真的会到那里微服私访,或者到那里住上几天,与房主和房客们推心置腹地聊一聊,切身体会一下那里的拥挤和肮脏。我自己住在学校一个旧小区,有幸靠在一个"城中村"边缘,体验机会多多,很长知识见闻。

梁实秋当年写过他童年吃烧饼油条的故事,也写到做烧饼的豆浆店在露天摆放案板油锅,"满地油渍污泥,阴沟里老鼠横行",炸油条的人上身只穿背心,"脚上一双拖鞋,说不定嘴里还叼着一根纸烟"。这大致也是现在各地"城中村"的景象吧。我在自己的小区门口,常常看到一位小个儿的烧饼师傅,每每动心,因为他用一个大铁桶做烤炉,把搓成长条撒上芝麻的面团贴到炉壁上,和我小时候在杭州看到的做法完全一样。麻烦的是,他没有店铺,烤炉就在收破烂师傅的垃圾堆前面,破坏了我买烧饼的心情。

有了这些"城中村",城乡接合部就一定不能是美丽和干净整齐的吗?在道理上,和城市中心繁华地带相比,"城中村"没有理由一定要脏乱差。那里可以简陋,可以拥挤,可以没有星巴克,但是一定要污水横流、布满火灾隐患、一切基本的市政法规都缺失或者不执行吗?城乡接合部脏乱得不堪入目,我想,还是和我们大家心里的一些潜意识有关系。首先就是那个"拆"字。某一块城乡接合部到了生命的末期,沿街的墙上一定会刷上"拆"这个字,外面还会画上一个圈,很难看。不过按照大家的经验,这还是一段漫长等待的开始,可能还要过很长时间,当地的景观才会有大的变化。在刷上"拆"字前后的十几年甚至几十年的时间里,也就是在一座"城中村"被开发成标准的商业区和民居之前,此地很少会有细致入微的整顿和管理,更不可能成为城市卫生和管理的模范,因为居民和有关部门都在等待拆迁和开发,觉得乱一点没有关系。那么这十几年甚至几十年的脏乱怎么办呢?

所以大家心里的第二个字是"拖",也可以说是一种无奈的

"凑合"。我们一定要因为着眼于未来的开发而肆意忽略当下的美好吗？待开发状态为什么就不可以保持干净整齐？城乡接合部的当地民众自己建房出租，是一个全国性的现象，有民众自己的经济利益，有市场需求，也解决很多低收入务工人员的住房问题。在拖延和等待拆迁中凑合，让城乡接合部脏乱差的状况长期延续，使之成为都市景观的"瘌痢头"，既不尊重当地低收入的房客，也没有正视出租房屋者眼前的利益诉求。在对这类地方进行期待中的整治和开发之前，居民和政府应该有一个磋商，在做好调查研究的基础上，实施有效的卫生、消防和治安管理办法。

如果商人和当地政府不愿意开发或者一时没有足够资金来做事，为什么不可以梳理或者临时搁置土地产权问题，制定系统的办法，让城市周边村庄按照国家规范把自己建设成房租低廉的出租小区，创造出干净整齐、生活方便的百姓家园？"城中村"是一个汇聚五湖四海文化的地方，在里面可以听到南北方言，见到各种不同的生活习俗，也有往往做得不太考究的各地美食。我们应该让这里南来北往的男女老少有一个勤俭、舒适和安全的生活环境。

在"城乡接合部"和"城中村"这样的表述背后，有关部门往往在施行懒政，当地居民自己常常在展示不讲究生活品质的态度。那些地方本来可以是一个文化丰富、生活低廉并让人感到温馨的平民天地。"穷讲究"一般被当作是贬义词。其实，收入不高的平民，譬如"城中村"的房客，也有追求美好洁净生活的权利。"穷讲究"是一种美德，也是一种权利。

拿捏改革分寸感:"镀金时代"如何终结

商务印书馆在1965年就已经打好了英文版《嘉莉妹妹》的纸型,却因为种种原因将其付印拖延到1979年。这部书是当时大学生学习英文的主要读物之一,第一版第一次印刷就发行10万册。我最近在想,英文不错的学生们是否读懂了这一部内涵丰富作品的真正寓意?他们对美国资本主义历史上的贪婪和无情竞争是否因为阅读此书有了足够深刻的理解?

德莱塞这部初版于1900年的小说尖锐抨击了美国19世纪后期的经济制度和价值观念。这个被马克·吐温命名为"镀金时代"的快速工业化时期也是美国财富激增和贫富分化严峻的年代。紧随其后的进步主义运动(1900—1917)对放任资本主义的一系列问题有所修正。"镀金时代"在文化上和思想上留给美国社会的遗产,即便在今天也仍然拥有不可小觑的影响力,譬如很多美国人至今还认为好政府就是小政府,敌视政府对经济活动的干预。

在进步主义运动中，政府干预的意义绝非无足轻重，但是文学、教育、慈善和舆论呼吁显然起到了关键的作用。在整个改革过程中，细腻的文化和观念变化不绝如缕，对社会心理和心态有深刻的塑造，是20世纪历史上一个有分寸感的渐进社会改良的典型范例。

研究"镀金时代"的美国学者经常谈论到火柴厂的劳动保护问题。很多花样年华的青年女工由于长期接触火柴头上剧毒的白磷，会出现牙齿松动脱落、下颌骨骨质疏松坏死的症状，变得容貌衰老丑陋。在德莱塞笔下，漂亮的乡村姑娘嘉莉代表着女工的另外一种命运。她刚到芝加哥打工时，连过冬的鞋帽和外套都买不起。她喜欢观看百货公司橱窗里色彩夺目的衣服和首饰，很快辞掉低薪的鞋厂工作，做了推销员德鲁埃的情妇，后来又和酒店经理赫斯特伍德私奔同居。她是"镀金时代"典型的单身美女，受到富足生活和那些能够为她买单的男人的诱惑。当她成为一个明星演员之后，又无情地抛弃了失业的赫斯特伍德。

在细节上，德莱塞几次描写过嘉莉妹妹接触钞票的情景：她从傲慢粗暴的工头手里接过可怜的4块半美元的周薪；德鲁埃温柔地把"两张柔软、绿色和漂亮的10元美钞"放在她的手心；她第一次拿到明星的周薪时，"三张20元，六张10元和六张5元"，一共150元的一卷绿色纸币被出纳带着笑容和奉承递过来。她收到的一封粉丝求爱信赤裸裸地说："我有100万美元，我可以让您享受各种奢侈生活，让您能够获得您所想得到的一切。"和这种粗野金钱文化形成鲜明对比的，是进步主义人士敏感和细腻的社会改良诉求和活动。很多推动慈善事业和改革法案的社会活动家是受过高等教育的中产阶级妇女。在为穷苦孩子办的幼儿园里，她们在墙上挂满世界名画的复制品，期望用美好的艺术品来培育这些稚嫩的心灵。

仿效英国大学师生在伦敦运作的汤因比中心，简·亚当斯1889年在芝加哥的贫民区建立了赫尔社区中心，成为美国社会工作者的先驱。很多在中心工作的志愿者都致力于解决贫困劳工阶层所面临的具体问题。譬如艾丽斯·汉密尔顿医生倡导在火柴工业使用白磷的替代品，让众多女工不再受到磷毒性颌骨坏死症的折磨。亚当斯的朋友理查德·伊利是当时最有影响的经济学教授、美国经济学会的创立者，并且是进步主义运动的主要代言人之一。伊利对自由市场竞争有过一段著名的评价：像现代的快马一样，现代人是在跑马场上长大的，失去竞争力就会倒霉；竞争的危险在于，和跑马场上的情况一样，如果没有政府有效的监管，自由市场会把经济活动的道德标准压低到最卑劣者的水准。

"镀金时代"的美国法官们以维护放任资本主义著称，试图在司法领域贯彻耶鲁教授萨姆纳的社会达尔文主义格言：社会福利只会"增加好人的负担，让素质低劣者得到救助"。进步主义人士缓慢逆转了这一传统，敦促各州通过一系列改善劳工待遇的立法。到了20世纪20年代，美国大部分的州有了保护劳工的工伤保险立法。美国最早的最低工资立法是为了防止女工因为贫穷进入有伤风化的行业，带有鲜明的道德色彩。

为了走出粗野的"镀金时代"，美国经历了有分寸感的社会改良和思想文化嬗变。

福柯的"规训"与臭脚丫子

我算是国际广播电台轻松调频多年的粉丝了,这几天楼下邻居装修,不得不借助大声的音乐压住噪声,听得也就多了一点。节目里长期在播一条公益广告,告诉大家在丢垃圾的时候,不要把刀片、碎玻璃和其他边缘锋利的东西随便裹夹在里面,以免伤及清洁人员和做回收工作的人。一定有很多人已经注意到这条广告,我这几年,阳台上废旧不能用的刀片已经积攒了若干。这是一条实用、不张扬、让人温暖和感动的简短广告,播出时并不说出谁在赞助。可能就是电台的工作人员吧。我想,它实际上也在教育我们:我们不仅要在扔垃圾时考虑到他人,我们更要在生活的诸多细节上对社会、对所有人有一份关爱的细心和热心。

一个人内心的善良总归会通过外在的行为表现出来,有时候可能只是一个微小、容易被人忽略的动作,譬如处理好垃圾里面的锋利物件。那么人心的冷漠和自私是否也会在不经意间自然流露出来？最近我因为出差频繁坐飞机和高铁，最奇葩的遭遇是左右乘客纷纷脱鞋，臭气熏人。当然也经常听到声音好的乘客聊天或者打手机，被迫听明白了他们最近的人生轨迹以及和上下级的恩怨是非。在京沪高铁各个等级的车厢里，吼着嗓门打手机谈生意的乘客不是小数目，俨然都坐在真正的商务座。近日更有新闻报道说，有些人在地铁上为争座位大打出手，互相撕烂对方的衣服。有一次在高铁上为消磨时间，我读着福柯的《规训与惩罚》（刘北成、杨远婴译），车厢里的景象让我对福柯的这部名著产生了异端的读后感。

福柯是敏锐和激愤的。刘北成教授在翻译时精心选择了"规训"这一中文词语，以表达福柯的核心观点：为震慑臣民，中世纪和近代早期欧洲国王用酷刑将重大罪犯碎尸万段。与之不同，现代社会对人民进行的训练和规范渗透到一切日常活动中，工厂、军队、医院、学校和监狱都在这一规训过程中扮演角色，而人的个性和自由则受到不断的挤压，甚至被消灭。福柯特别反感现代机构的观察和督促，认为其目的就是造成社会成员的整齐划一，以便最大限度榨取人的"力量和时间"，为此工人、士兵和学生都在这一系统的奖罚体制内受到严密的考核和压制。这种现代社会控制机制的确有其猥琐的一面。

但是福柯的见解又是偏激和片面的。他所忽略的是，在规训这枚钱币的另外一面，是秩序严明的社会造福平民百姓的重要作用。垃圾遍地的贫民区倒是缺少规训，那里倒是可以随地吐痰和大小便，但是在那里过悲惨生活的不正是社会底层的男女老少吗？杂乱无序的社会环境无法保障基本的安全和人权，人与人之间的关爱又从何谈起！在无秩序的社会环境里，受伤害最大的往往是平民百姓自己。富豪和国王自有专机和专车，并没有在旅途上遭遇臭脚丫子的可能，也不会在捡拾垃圾时被别人丢弃的小刀割破手指。大家经常注意到西欧和日韩秩序井然的环境，包括街道的清洁整齐，人与人之间的礼让和关照。这样的规训社会对民众的幸福感最有效果。平民百姓很多处在相对拥挤的环境，要达到简朴、精细和有尊严的生活境界，严格的自律和法纪、互相的谦让和忍让是必要的前提。当然，只有在去除压迫、特权意识并与社会公益结合之后，规训才是平民百姓的福音。规训不能没有爱心和善良的灌输。

良好的道德教化是建立有序社会的最有效手段，儿童少年在学校接受的规训正是其中的关键部分。他们在走向社会和继续深造之前不仅需要掌握知识和学习能力，还应该学会讲礼貌、爱卫生、遵守纪律和关爱他人。这样他们就不会成为在飞机和高铁上忍不住脱鞋和大声喧哗的乘客。他们也应该学会将爱人和关心人变成心灵的习惯，会为了避免伤害他人，不随意丢弃锋利物件，把它们与普通垃圾分开处理。

每次在国内乘飞机，当航班抵达和滑行完毕的时候，我总是看到乘客们匆忙站起来拿行李，并在过道里争先恐后。大家为何不能按照座位顺序先后下飞机，为何不能尊重和礼让他人？这样，万一有个故障或突发事故，大家才可能安全撤离，不至于踩踏和乱作一团。

任性显然不是现代文明的选项。爱心和规训，可能真的是缺一不可。

现代社会治理需要些许"强迫症"

我的一位老师曾经和我说过，中世纪研究的史料相对残缺，研究成果又复杂丰富，很多还登载在欧洲各国难找的小期刊上，所以每下一个结论一定要紧张和小心，甚至需要有一点"强迫症"的毛病，来回查看，这样才不会错过蛛丝马迹，譬如某个脚注提到的一篇文章。那是我头一次听人说，"强迫症"还可以有积极建设性的作用。其实在日常生活和工作中，很多人都有一点轻微的"强迫症"，譬如考试写好卷子后总要来回看几遍，锁房门之后有时会拉一下确保锁住。与这样的紧张甚至"病态"心情相对照的，自然是做任何事情都马马虎虎差不多的精神，也就是胡适在《差不多先生传》这篇小品里写到的应付做派："他小的时候，他妈叫他去买红糖，他买了白糖回来。他妈骂他，他摇摇头说：'红糖白糖不是差不多吗？'"胡适和鲁迅等人都曾经感叹过流行于我们传统社会的这种态度。

放松、随便、不走心，这些私生活中可以原谅的习惯和态度在现代社会治理和生产的要求之下都会成为不可饶恕的弊病，嬗变为疏忽、马虎、不负责任。一些重大的自然灾害或者生产事故，事前往往有细微的迹象和苗头，甚至可能有非常明显的预兆，但是往往被有关人员看轻或者忽略。事后大家总是热衷于问责和检讨监管不力，忘却了更加基础的问题可能是我们历史悠久的"差不多"文化及其背后的深层次原因。这可能也是为什么马克斯·韦伯这位社会学家在研究现代社会治理的时候刻意把文化和心态放到极端重要的位置。

韦伯对现代国家和企业内部的威权结构有系统的研究。他由威权合法性的建立和人们对威权的服从入手，探讨了社会组织的运作。在现代社会，劳工法律上的自由身份使他们免除了直接的暴力胁迫，不过他们为了谋生不得不服从雇主的安排，遵守公司纪律，按照指令和规则工作。他们在工作没有达到要求的情况下还会被扣除工资或者遭到开除。如果员工和公司之间仅仅是这样一种建立在冷冰冰工资契约上的威权和服从关系，员工与公司将完全没有情感联系，他们在心理上会严重缺乏安全感。当下在一些企业流行的临时工、合同工和劳务派遣制度大致就是这样一种缺乏温情的劳动关系。韦伯谈到，在这种情况下，员工在机械完成自己的分内工作之后不再关注企业的发展，甚至对整个社会的福利和安定失去兴趣，容易受到煽动家的劝诱和蛊惑。在这种情况下，差不多和马马虎虎的工作态度会成为常态，员工不会为了企业利益产生强烈关注和急迫感，更不会紧张和细心到出现"强迫症"的症状。

简单、直白、通常吝啬的物质利益驱动，按照韦伯的看法，只能建立缺乏稳定性的社会关系，在这个基础上人们对威权的服从仅仅是波动和表面的，也不会积极从事创造性的劳动。中世纪欧洲研究过去有一个错误见解，认为限制竞争的行会组织以及行会人士之间充分的互助合作关系不利于市场经济和技术进步。而晚近的学术研究证明，拥有职业尊严和安定生活的中世纪行会人士不独极端重视产品的质量和生产效益，而且在引进和发明新技术方面十分积极，是西欧科学技术发展的重要社会基础。韦伯在谈到现代社会管理的时候还曾经指出，职员对体制的效忠和负责任态度有几个重要的原因，譬如破除封建传统之后建立的人人平等、任人唯贤、按照既定法律和规则办事的风气。此外，体面的薪酬、稳定的职业和优厚的福利保障也造就了他们对机构的忠诚感以及精细和专业的工作态度。韦伯在这里主要说的是西方官吏的情况，但是他也指出，相同的道理其实也适用于现代工商企业。

临时工、合同工和劳务派遣等制度在当下十分流行。这类的劳动关系不利于现代社会经济和政治组织的稳定与顺畅运行。这些偏重考虑劳动力成本节约的做法对企业和我们整个社会是否弊大于利？是否应该长期延续下去？这样聘请的员工缺乏长期打算，对所在单位工作中可能出现的问题，他们会焦虑到夜不能寐吗？会以几近"强迫症"的坚持、敏锐和紧迫心情来对待手中的工作吗？

人性化地对待员工才可能促成他们精细和敬业的工作态度。

简约：适度舒适的幸福生活

美国前总统比尔·克林顿曾经谈论过发达国家在全球化时代的责任。他注意到，在全球化经济中脱贫的人群在数量上是空前的，不过仍然有半数以上的世界人口生活在贫困之中，有四分之一的人甚至无法获得清洁的饮水。他提出，当下各国的互相依存对整个人类究竟是有利还是有害，取决于"生活在富有国家的人们是否能够与他人分享现代世界的福利，是否同时能够减轻地球在当下所承受的压力"。与之形成对照的，是一些美国保守人士的立场。他们信奉激进的自由资本主义观点，推崇无节制的个人奋斗和国与国之间的竞争。他们认为，互信互惠的国际合作虽然不是不可能，却是很难实现的，美国应该利用在各个领域已经取得的压倒性优势来维护自己的地位，借此来保障甚至进一步改善本国民众已经大大超过世界绝大多数国家的富足生活水平，并制定相应的对内对外政策来完成这一战略部署。

前些年我和一位研究国际政治的美国名教授兼时事评论家聊天，谈及中国飞速发展的经济。我们都觉得，人类对适度舒适的幸福生活需要有一定程度的共识。美国人怕是很难接受物质生活水平的降低，譬如改变目前很多家庭拥有独栋房屋和几部汽车的状况。如果那样，选民会迁怒于政治家，可能会逼迫政治家去掌控更多能源等战略资源，政治家可能会为此动用武力和进行对外扩张。而中国人民也有正当理由大大改善自己的生活，希望尽快地达到小康以上的富裕程度。很难有人能够说服大家放弃这一奋斗目标。我们两人最终都意识到，如果中美这两个大国的人民都单纯把物质富足当作是幸福生活，都不去改变对金钱和财富的偶像崇拜文化，都没有与全人类分享资源的慷慨胸怀，中美关系和世界和平都会受到负面影响。

由环球大格局回到自己身边的百姓生活，其中的道理也是一样的。我多年居住的学校旧小区，是建造于1994年的房改房。小区周边有一个城中村，环境也因此有些杂乱。但就面积而言，我的住所有80多平方米，已经远远大于我一度在巴黎借住的一位法国教授的50多平方米公寓；就新旧程度而言，建造至今不过才21年。在旧小区，温馨的一面在于还能看到本单位员工互相认同和关照的痕迹。譬如楼下朋友过去在门口一直挂着一块精心制作的小木牌，上面写着"本周我值日"。这是以前各家都是北大员工时候轮流打扫楼梯和过道的安排。后来一些老师搬走了，有时候他们的孩子成家会住进来，有时候社会上的租户会住进来。大家见面还是很热情地打招呼，但是不知不觉之间，这块牌子消失了，楼下朋友最近也搬迁走了。我和一些邻居现在还是经常用抹布擦一下扶梯，打扫一下楼道。

20世纪90年代房改房安装的简陋铁框玻璃窗完全没有密封性，和原来木框的窗户差不多。之后各家装修时逐渐都换成塑钢窗。最新的窗户不再是在凹槽中推拉的，而是向外推开，关住的时候严丝合缝，可以挡住雾霾。楼道里面的所有窗户多年是老样子，不少已经关不上，玻璃也有不少破碎了。学校前几年粉刷了楼道的墙壁，使之雪白整洁；后来又在楼道里装上了考究的塑钢窗，并细心安装了防护栏，让楼道的面貌焕然一新，有一种简约和适度舒适的感觉。

居住在这里，我也学会了适度的节俭，学会了抵抗购买宽大新房的诱惑。联想到各地屡禁不绝的暴力拆迁，以及不停拆旧盖新的匆匆忙忙，我们的确应该批评和抵制无节制追求富足和富足表象的粗鄙奢靡生活方式。旧房屋和旧小区，如果得到悉心尽力地维护修缮，尽管狭小一点，是可以满足舒适生活的。我和居住在这里的老师们仅仅还有一个没有实现的"奢望"，那就是这些旧楼房能够加装上电梯，方便老人们上下楼。

我和那位美国教授讨论的适度舒适生活其实就是这样一种简约生活。简约不是浪费和奢靡，但是也不是简陋和逼仄。简约是朴素的优雅和明快，是有尊严的节制和分寸感。中美两国在积极发展经济合作的同时，也需要克制对物质财富的偶像崇拜。在资源终究有限的当今和未来世界，过有内涵的简约生活，是今天地球村的各国居民们不得不做出的唯一正确选择。

子曰："君子居之，何陋之有？"

个人奋斗与社会达尔文主义

大家都认为古代中国的科举制度有优越性，认为人才向上的流动因此有了通道。在西方学术圈，人们往往认为，如果以地位升迁为标志的向上社会流动，不被先天的出身遏制和阻拦，而是取决于个人的能力和品质，那么一个社会就存在有利于和谐发展的能人制。问题是，把个人的卓越能力看作是博取地位和财富的手段，是否在道德上无懈可击？

社会流动是现代社会学的术语，有一定的遮蔽性。人们往往忽略，社会流动实际上不过是竞争和淘汰的委婉说法。真正成规模和普遍的社会流动是在现代社会才出现的。社会学学者注重研究工业化甚至后工业化时期人们社会经济地位的变动，而且他们一般会在价值观上肯定富有流动性和奉行能人制的社会。当然，他们也注意到，社会流动从来都包括向下的、让人们陷入更加贫困和卑微状况的变化，而且脱离贫困并不是单纯依靠个人能力就可以轻易达成的一个目标。我们还需要指出，没有批判性地颂扬能人制和个人奋斗，容易导致人们在不知不觉之中接受社会达尔文主义，让这种自私自利的个人主义观点悄悄由"后门"进入。

在19世纪末和20世纪初，马克·吐温和杰克·伦敦这两位美国作家都曾经接受社会达尔文主义。前者因此改变了他早年热心呼吁社会公平的立场，后者最终放弃了他多年信奉的社会主义。达尔文本人不仅鼓吹自然界的"物竞天择、适者生存"，他对救济穷人的社会政策也有保留意见。他认为，救济智障、残疾和疾病缠身的人群在道德上是不得不做的，但是违背了自然法则，会造就病弱的民族，因此理想的情况是，贫病交加的弱者应该选择不生或者少生孩子。斯宾塞则更加赤裸裸地提出，违背竞争和淘汰的自然法则会带来糟糕的后果，因此政府只要保护财产就可以，不要保护失败者，不要去干预市场的自由运行。

马克·吐温熟读达尔文和斯宾塞的著作。这位在11岁就因为父亲去世而不得不开始做报童、学徒和水手的成功人士，最终还是狭隘地以自己艰辛的奋斗经历来塑造自己的社会观点。他在晚年的作品里悲观地认为人只能顾及自己："并没有所谓的道德；有些事情并没有什么不道德，譬如老虎吃狼，狼吃猫，猫吃鸟。这不过是它们的生意。"他甚至说："一个国家用武力侵占另一个国家也没有什么不道德；一个人如果足够强壮并且有那种意图，那么他去抢占另一个人的财产和生命，也没有什么不道德。"

作为美国社会主义运动的重要代言人，杰克·伦敦做过童工、罐头厂工人和盗捕牡蛎的船员，但是他同时也迷恋社会达尔文主义。其自传体小说《马丁·伊登》描写了一位饥渴、有才华的青年工人作家。伦敦承认，他的主观意图是批评个人主义，让马丁在获得成功和名利之后走向绝望，而小说的实际效果是把主人公刻画成了个人奋斗的英雄，刺激了读者在资本主义环境中博取财富和地位的欲望。马丁自称信奉"捷足先登、强者必胜"的生物学道理，认为人们错把他看作是社会主义者。对这位打架从不落下风、凭借自修成为名作家的青年而言，人生的信条是："怜悯和同情原是地下的奴隶营中产生的，无非是聚集在一起的伤心人和弱者的那份苦难和血汗生活的产物罢了。"（吴劳先生中译本）

杰克·伦敦习惯于把人世间看作是弱肉强食的丛林。他迷恋青春力量，万分恐惧衰老：社会是一个"大坑"，年轻强壮者都使劲从低处爬向高处，年老病弱者滑落到黑暗的坑底。即便在他直接倡导社会主义的时候，伦敦仍然不能摆脱对竞争和强者的崇拜。他把社会变革理解成大英雄个人主宰的残酷斗争事业，而在此过程中"某些不足道的人会被夺去生命"。

孟子的社会理想恰恰是关怀弱者，反对强者为了人世间的地位和财富不息争斗。他说："老而无妻曰鳏，老而无夫曰寡，老而无子曰独，幼而无父曰孤。此四者，天下之穷民而无告者。文王发政施仁，必先斯四者。"强者本来就安好，那些孤独衰老的人才是需要格外怜惜的。温习这一古老的道理，有益于我们摆脱对竞争的偶像崇拜，有益于我们抵制社会达尔文主义。近年来媒体上不断有关心年老进城务工者的报道，担心他们的医疗和养老，担心他们难以承受繁重的体力劳动。在这些担忧背后生长的正义感，让大家的心里充满了希望。

安全感：竞争社会丢失的核心竞争力

人到中年，感慨和抱怨就容易多。现在大家最经常听到的一种说法，就是小时候吃的肉香，小时候吃的好多东西都比现在的好吃。我自己也是这种感觉。这是怎么了？前几天我正好遇见了一位多年不见的小学同学。他聪明绝顶，又经营餐饮业多年，所以我就问他，真的是肉没有从前的香了吗？吃什么都不香，是食材还是烹饪的问题，还是大家吃好的吃多了？

老同学给了我一个解释：对广式月饼这样油腻甘甜的点心，现在很少饥饿的人们大概是真的没有胃口了，所以厂家不加改变地制作，实在是愚蠢和浪费的事情。然而很多家常饭菜，大家总是要吃的，譬如包子和炒菜。不过大家到餐馆去吃饭，的确感到味道不如从前了。高档餐馆总能高薪聘用几位大厨，维持几道拿手的好菜。普通的小饭馆，譬如包子铺，很难有严格的监管，依靠的主要是低薪员工，其中很多是临时工或者合同工，可能也没有周到的福利和社会保险。他们会安心和尽心地在一家餐馆做一辈子包子吗？自己做过包子的人都知道，包子这样看似简单的家常食品，从和面、调馅、捏制到火候，哪一道工序可以随便，可以没有长年累月的经验和感觉！

我的同学总结说，包子和炒菜不好吃了，因为没有人在安心尽心地做包子和炒菜。

人是不可能在惶恐之中快乐和有效率工作的。能这样工作的人已经失去了人性，所以这样的人种永远不可能进化出来。工作质量的保证只能是安心和尽心的工作态度，而这种优良态度只能来自员工在自己职业上获得的安全感和满足感，不可能来自大棒的威胁（扣除奖金甚至解聘）和胡萝卜的诱惑（奖金或者升迁）。在人事管理中采用大棒和胡萝卜式的考核，是现在很多的企业和事业单位领导热衷和喜欢的，几乎已经成为他们不经过大脑的本能反应，给人一种痴人说梦的感觉。职业精神被商品化腐蚀，"打破铁饭碗"再加上低薪的压抑和高薪的利诱，难道不是认真细致工作态度的最大杀手吗？临时工、合同工、劳务派遣等形式的用工制度片面强调劳动力成本的节约，忽视员工的尊严和安全感。这些制度被大规模滥用已经有很长一个时期，是到了反思、总结和调整的时候了！

晚清以来，内忧外患的我们努力和专注于救亡图存事业，对自己和对他人在宏大目标的激励下要求很严、很苛刻。现在我们可能把这种心态转移到了经济建设和财富积累上，对个人的福利仍然比较看轻。在企业和事业单位，突出成员之间精诚合作的精神和相互体贴的关怀，为员工提供长期安全的就业和福利保障，才能够在更加根本的意义上调动他们的积极性，为创新的工作成绩提供人事保障。即便是做包子和扫地保洁的工作，一个心满意足的员工全心全意地做，在效果上肯定也大大不同于没有安全感、做一天和尚敲一天钟的员工。

达尔文在《人类的由来》里不得不承认：在人们懂得互相照应，甚至弱者得到额外看顾的部落内部，勇敢善战的优秀成员常常为保护弱者牺牲自己。这样一来，优胜劣汰的原则似乎被违反了，因为强者容易阵亡，弱者反而生存下来并繁衍更多后代。但是作为一个集体，这样充满利他精神的部落往往能够打败成员们热衷于自私内斗的部落，因为道德高尚、集体主义精神强大的部落为每个成员提供了充足的安全感，让大家能够同心协力、共同奋斗。

对自己的部落，对自己的单位，对自己的国家，人们的认同和忠诚在很大程度上取决于他们在那里获得的安全感。在现代社会，就业的长期稳定和社会福利的坚实保障是人的安全感的最主要元素。对自己的那份职业，当人们有了充分的安全感，他们才能养成高度的专业精神，他们才可能细致精心地对待工作当中的每一个细节。失去了安全感，人们往往会对工作采取冷漠和敷衍的态度，甚至失去对团体的忠诚，养成背叛成风的文化。

也就是说，安全感是一种核心的关键的竞争力。如果我们吝啬于社会福利，又在人事制度上滥用临时工合同工制度，滥用考核和竞争机制，我们的企业和事业单位，以及我们的社会作为一个整体，会失去同心协力的团结精神，会失去安全感这一核心竞争力。

人事制度改革:"搞活"的是与非

与文教卫生领域的其他行业不同,演艺界很早就走向市场,取消了事业编制,而且整个运营也完全商业化。这一变化背后的一个基本思路就是"搞活":人们在20世纪的"下海"氛围里急于改善物质生活,国家一时又很难大幅度提高投入,借助竞争拉开从业人员之间收入差距被认为是有利于文艺生活繁荣的。

现在看来,明星大腕的收入无疑是增加了,但是炫富媚俗风习盛行,而编剧、灯光、后期制作等其他业务的劳动者酬劳极低,作品粗糙庸俗的问题长期得不到解决。对此局面,广电总局最近不得不通报批评,提出整改意见。也就是说,将市场机制引入文艺界未必不可行,但是涉及非常复杂的规范和引导。改变传统和断裂式的改革,如果不得不做,对改革者的驾驭能力会提出很高要求。他们应该对负面效应有充分的估计,预设稳妥的应对方案;对改革中遭遇的所谓"失败者"和小人物,也应该有真诚的人性关怀。

画家、作家和音乐家的工作可能比较适合采用自由职业的方式。即便如此,公立的大学、美术学院和音乐学院仍然是许多艺术家教学和创作的重要平台。他们的存在和发展并不单纯依赖市场。

与演艺界不同,新闻出版、科技教育以及医疗卫生等行业是关系到社会公益和社会控制的关键领域,很难以个人工作室或者"走穴"的方式进行。专家如果都唯利是图,纷纷游走江湖去追逐高端物质好处,整个社会秩序容易陷入乱局,社会公平很难得到保证,弱势群体的状况会进一步恶化。在这些领域取消事业编制和引入市场机制是需要慎重小心的,需要瞻前顾后,有周全系统的设计,不应该受制于"搞活"这一简单粗暴的思维。

在过去的若干年里,人事改革的步子持续不停,但是我们是否应该就此展开更加深入的讨论和辩论,更加清晰地梳理相关的基本思路呢?文教卫生领域人事改革的初心是为了把工作做得更好,但是现有的两条核心原则能够经得起实践的检验吗?其原则一是大范围地弱化和去除事业编制,引入市场化机制;原则二是加强竞争与考核,将教师和医务人员这些传统上具有高度职业安全的岗位变成"合同工"。

与世界上绝大多数国家一样,我们的文教卫生专业人士的待遇过去是比照公务员来处理的。民国和中华人民共和国成立初期有"公教人员"一语,即公务员和教师,意思是说,二者属于一个范畴。他们的待遇未必很高,但是体面和就业安全是他们职业的共同特点。当下的问题是,如果现行的人事制度改革思路不加任何调整地推行和得到完成,我们的教师和医生等专业人士将更加彻底地去除身上原有那部分"公务员"色彩，他们所在的行业将更加彻底地市场化，形成与世界上众多国家完全不同的格局。

很多西方国家新闻出版机构的记者和编辑的确不是公务员，但是他们是替私人老板工作，而不是为国家和整个社会服务。欧洲很多国家和日韩等亚洲国家将教师列为公务员，或者有教师终身聘任制。即便在美国，州立大学和公立学校教师和职工待遇也比照公务员标准来处理，并且拥有牢固的就业保障。不少国家公立医院的医生也是公务员。

由于复杂的历史原因，我们在最近的几十年里有一种诡异的"妖魔化"公务员倾向。大家仍然认为公务员是体面职业，尤其看好其就业安全稳定这一优势。与此同时，不少有话语权的人对公共权威、对国企和政府工作人员成见很深，把改革开放机械地等同于一切都靠竞争机制，等同于弱化国企和其他公立事业，等同于削弱或者取消事业编制。这种倾向与先进市场经济国家的成功经验是背道而驰的。

其实马克斯·韦伯早就说过，在以法治为基础的现代国家和其他社会组织中，为了做好他们的服务工作，官吏和专业人士需要有安全的物质生活保障，同时必须脱离市场上直接的物质利益追逐。这就是为什么这些国家都建立了现代公务员制度，并且将教师等专业人士直接加入公务员序列，或者给他们公务员待遇。

依照我们自己的国情，记者、教师和医生等专业人士到底是上升进入公务员编制好，还是都下降成为"合同工"好？我真心希望，大家能够对过去一段时间以及当下的人事改革思路进行更多的反思和讨论。

"社会化"切忌断裂和粗放

在历史上，某种程度上也在今天的生活中，我们有所谓的单位传统，即一些部门和国有的企事业机构对所属成员的生活有比较细致的关怀和照应，譬如会实行终生有保障的聘用，还会分配住房，机关会办有食堂和幼儿园，甚至会有自己的小学和中学。在晚近的一个时期，在所谓"社会化"的思路支配下，这些福利在不同程度上被削减，甚至被取消。问题是，在我们这个发展中国家，单位弱化职工福利之后，社会上是否有妥善匹配的机制来弥补？似乎更加切合实际的思路不是取消单位之福利，而是在社会福利不足的农村和其他地方加强同类的民生保障，逐渐让整个社会上的人都享有同质同等的关怀和照应。举幼儿园这一紧缺资源为例，如果单位的幼儿园被取消，社会上价格亲民的幼儿园能够满足大家的需求吗？如果不能，当务之急应该是兴办更多的幼儿园，而不是先急于削减已有的幼儿园。"社会化"不是天然的好东西。它究竟是好是坏，取决于能否造福更多百姓。

单位传统是我们的历史遗产，自有其社会功能，有缺点也有优点，绝不是我们社会的恶疾，对之产生"必欲除之而后快"的心情就大可不必了，那样既不合情理，也令人费解。对单位传统的负面看法可能多半来自对市场化的偶像崇拜，觉得一切非市场自由调节的事物都是错误和有害的。其实这种荒谬的认识违反了社会学和政治学的一个基本原理：基层的事情只有依靠基层的社会组织才能做好。单位至今仍然是我们社会最强固、人际关系最团结和密切的基层组织，也是党政领导能够最有效实施的场所。废止或者削弱单位，而没有相应的替代机制，直接就损害到我们社会的凝聚力。

市场化的机制引入之后，我们的经济建设充满活力，取得了举世瞩目的成绩。很容易被忽略的另一个情况是，由市场经济繁荣和物质财富增长发展出系统、有序、完全社会化的民生体制，是一个漫长的、必定充满坎坷和曲折的过程。把个人生活的方方面面都急速和匆忙地交给中央集权的庞大政府职能部门，或者交给民众只能见到电话号码的私营保险机构，有谁敢说心里有把握、有安全感？如果某个企业的职员英年早逝，他失去主要生活来源的家人由谁来抚养？即便他个人或所在企业的保险计划能够解决经济问题，孩子的道德教育和心灵安抚由谁来负责？传统的单位往往是一个温馨和充满同志情谊的场所，对遭遇不幸的职员的家人能给予无微不至的关心。在那里共事多年的同事往往是可以托付家人的好友。

这些年大批事业单位被企业化，用工制度严重依赖合同工和劳务派遣，终身雇佣机制日益弱化，单位传统受到打击。不少经济学专家倾向于认同这些举措，认为这是充分市场化的表现，有益于加强企业用人的灵活性，有利于削减用人成本和改善盈利。重视经济效益固然重要，忽略社会效益却十分危险。其实在发达国家，甚至在自由市场风习最流行的美国，企业、学校和政府机关都十分重视就业安全，解聘是非常严重和不同寻常的事情。很多职业，例如中小学教师，基本上都实行终身雇佣制。

日本作为最成功的市场经济社会长期依赖终身雇佣制。所谓的"日本式经营"传统与我们的单位传统有类似之处，被看作是日本经济发展长期稳健良好的主要原因之一。李卓教授的《日本近现代社会史》专门谈到劳资关系的演变：日本近代企业一开始就有模拟家族血缘关系的特点，在职工中间培养"家族主义观念和主从意识"。企业对职工则抱有"温情主义"的态度，强调企业与职工之间"施恩与报恩的关系"。企业为员工提供医疗、伤残和养老福利，并且奉行"不解雇主义"，保障长期就业。李卓教授认为终身雇佣制安定职工人心，不仅造就了和谐的劳资关系，也非常有利于创新产品的研发。她引用了东京商业会议所会长藤山雷太1919年的文章来说明日本经营的特点：企业家今后"必会将日本独特之良好习惯——完美的家族制度应用于雇员，以家长般的温情亲切对待雇员，或照顾其家庭、子女，或在其遇到不幸时加以安慰"。

在继续推进改革开放的进程中，我们应该认真评估和慎重保留好的单位传统。

"高大上白金卡限时申请中"

　　这几天在手机上的新闻频道里，我读到了某银行的插播信息：高大上白金信用卡限时申请中，不仅额度高，"更是您身份的象征"。这样的广告多年前在美国我就见到过，我也预感我们有一天会遭遇类似的消费文化：金钱不仅促成生活的便利，更被看作是人的价值本身。在社会各阶层对房价和房地产的复杂心情中，我们也听到了下面这样的言论：房价将成为一线城市"筛选人口素质"的主要因素，所获薪酬难以满足日常消费和高房价高租金的"非人才型人口"进入大城市的数量会骤减，会流向二三线城市。上面提到的这两种冰冷表述，也许还算不上很粗暴和粗野，但是在直白和不经意遣词造句的假冒天真之中，传达了恶俗和谄媚财富权贵的生活态度。如果我是大城市扫大街的低收入清洁工，我"身份的象征"怎么办？我作为人的"素质"又如何？城市经济结构的宏观调控无疑是重要、必要与合理的，但是将之理解和表述为用经济杠杆来接纳某些人和排斥另一些人，特别是使用"筛选人口素质"这样的社会达尔文主义用语，是社会主义核心价值观可以容忍的吗？

建立一个健康、尊重财富和市场经济活跃繁荣的环境不能认可粗俗和金钱至上，反倒是很需要对生活有一个更加仁义和脚踏实地的看法。在改革开放初期，我们曾经不习惯一部分人先富起来，后来大家慢慢地逐渐地适应了"万元户"的出现，甚至有了"谁发财谁英雄，谁受穷谁狗熊"这样粗糙朴素的言论和心态。"时间就是金钱，效率就是金钱"这样的话也被涂刷到墙上作为励志的口号。配合协调市场经济的文化和道德在今天必须更加复杂和更加系统，需要更加严密地建立私人利益与社会公益之间的和谐关系。无论依靠借鉴传统文化的精华，还是通过学习外国的先进经验，我们迫切的任务是为市场经济的运作建立一套更加切合实际、有利发展的社会主义经济伦理学说，在市场运作的过程中分清合法合理利益诉求与资本主义贪得无厌的界限，分清互惠的劳动雇佣关系与冷漠忽略工人福利的界限，在器重个人能力和贡献的同时，提防无良的恶性竞争观念以及无尽扩大个人利益的自私观念。

社会主义的伦理是以人为本的，反对金钱高于一切，提倡不分穷富人人平等。一家美国的银行或信用卡公司可以说："本信用卡与其说是给您购物的方便，不如说是彰显您本人的成功，我们认为现在您应该加入携带本卡的这一精英团体。"我们社会主义者不能这样说，因为在我们的眼里，人的价值并不在于他或她所拥有的财富或者所占有的社会地位。为什么要这么说呢？财产私有权和个人利益在法律上受到社会主义国家确切和坚决的保护，私有经济与公有经济一起为社会主义市场的活跃和繁荣提供了基础。但是起源自古罗马法、延续至近代资本主义的绝对和个人主义的私有权概念，并非社会主义伦理的组成部分！私有权甚至在现代资本主义社会也不被无限制地认可，反而要受到所得税和其他制度的规范，膜拜金钱和财富的态度更受到许多人的鄙视。建设社会主义道德的一个关键工作，是对社会主义市场经济下的私有权在伦理的层面上进行更加清晰和准确的界定，尤其要明确认识到拥有大量私人财富意味着重大的社会责任，意味着关心、关照劳工及其家庭的义务，要认识到私人企业从来不是个人随意追逐私人利益的工具，而是人们服务社会、实现自己社会价值的途径。

如果说无良贪婪是资本主义社会的特征，包容市场经济的社会主义社会提倡的无疑是珍惜每一个人的人格尊严，反对以集体和社会的名义伤害个人利益，但是同时又特别重视公益与社会和谐，特别鼓励人与人之间的互助与团结，特别反对膜拜金钱、权力和荣耀的拜物教。在这样的社会主义伦理标准下，弱势的穷人永远是需要特别照顾的，贪得无厌、巧取豪夺地谋取不义之财永远受到社会的谴责和法律的制裁；人们绝不会把自身的价值与金钱的价值颠倒，把金钱作为自己的符号，丢失自己为人民服务和造福整个社会的人生目标。

"高大上白金卡更是您身份的象征。"按照社会主义的伦理标准，这类话语是恶俗的。

教授与卖茶叶蛋的老太太

被某医学院遗弃的实验狗惨状近日引起大家的关注。实话说，看到这些被破开肚子后丢弃在天台上等死的狗狗——为科学献身的人类朋友，我不禁想为它们怒吼一声，我也开始为做实验的医学生们担心，因为他们的老师竟然没有首先教导他们尊重这些狗狗的生命。"衣食足而知荣辱"是句老话了。专业人士和知识分子最近十数年的收入有比较大的提高，不过物质的富裕很难自动转换为道德的优良。

自从20世纪80年代以来，各类专业人士的地位和待遇与早年的情况相比有了很大的改善。我还一直记得90年代为争取改善知识分子待遇发出的一些声音，其中包括对民国时期教授高工资的回忆和艳羡。这方面说法比较多，有些是大学者说的，譬如讲教授一个月工资有数百大洋，而一个学生或者小职员月收入和生活费用只有几个大洋。这些赤裸裸谈论钱财的言说似乎不合文人之身份，不过在当时可能是一种无奈，是对知识分子收入过低提出意见的一种方式。那时的一位餐馆服务员的收入未必比大学生少，甚至可能更多，流行的顺口溜是，"造导弹不如卖茶叶蛋，拿手术刀不如拿剃头刀"。其实在市场经济环境下，脑体倒挂的状况很容易修正，而且一不小心，专业人士的收入就远远高于体力劳动者，带来另一种社会问题。

当年谈论民国时期教授大大高于工农以及小职员的收入，是希望以此来改善知识分子的待遇。现在我们应该更加清楚地意识到，这样的思路不仅过于简单化，过于媚俗，甚至不利于社会公平和谐。如果做更加深入的思考，我们需要探讨，专业人士和知识分子的收入到底应该优厚到什么程度，他们中间的收入差距到底可以有多大，他们与政府公职人员、与工农群众的收入差距到底可以有多大。我曾经与挪威奥斯陆大学的一位教授喝咖啡，谈到大学教师的收入。他说他税后的现金工资不到2 000欧元，与一般的蓝领工人差别不是很大，但是周全的福利制度让每个人都有充足的安全感，住房、医疗和教育都有保障。北欧模式未必完全适合我们的国情，未必一定要全面照搬，但是不失为我们可以参照的和谐社会建设和运作的模式。

发展科学技术与文化教育的重要性，再强调都不过分。不过看门的保安，建筑工地的男女工人，卖茶叶蛋的老太太，他们的小康生活和生活梦想如何来实现？与医生、律师、教授和科学家相比，他们的收入到底多少才合适？对专业人士和知识分子，对从事科学研究和技术开发的人员，到底什么样的制度最有利于激发他们的创造力？只是一味地依赖金钱的刺激和激励吗？

理查德·托尼是英国最杰出的经济史专家之一，担任伦敦政治经济学院教授，创办了顶级刊物《经济史评论》，同时又是一位社会主义者。早在20世纪初他就说过，学术界有"自然天成的平等主义"，研究工作才会有最好的气氛。他以为，经济利益的激励和"逃避饥饿与贫困"的动机不足以保证人们愉快地进行创造性的劳动，"训练、传统和习惯"以及对自己从事专业的自豪感才是必不可少的要素。

托尼当然不是说，专业人士和知识分子可以拿清风和月光当饭吃。他说，一个人有一份重要的工作，有充足的闲暇和收入保证他能够顺利从事这一职业，那么他就拥有人人都应该羡慕的幸福。创新的和创造性的劳动主要靠职业道德和献身精神，直接牟利的动机只能让医生、教师和科学家最低限度地发挥他们的才能，导致他们的猥琐化，因为物欲是人类的低级追求，单纯满足物欲的活动不过是"奴隶的劳动"，而不是"自由人的劳动"。缩小基本工资在收入中的比例，将科研项目直接与研究人员的主要收入挂钩，在学者中间、在知识分子与体力劳动者之间制造过大的收入差距，这些都会伤害专业人士纯粹的敬业精神，妨害科学研究和学术创新，甚至可能诱使少数人丢失最基本的做人分寸和良知。

教授当然应该有符合其身份的体面生活，而卖茶叶蛋的老太太也有资格享受生活的安逸。任何人的健康舒适生活都应该是节俭的，而不是奢靡和挥霍的。这样来看待脑力劳动和体力劳动的收入差异，可能比80和90年代的看法要更加平和、理性、中庸。

第三辑

"小民不识官府之难而天下治"

循吏困境的现代破解

2015年6月1日以来在北京实行了最新禁烟法规,由民众、媒体到执行部门,大家上下一心,做了充分的准备,注意到很多细节,终于让一项难度很大的工作有了好的开端。这件事让我想起20世纪前半期的美国政治学家查尔斯·梅里亚姆。他阐释过一个重要见解,即成文的法规需要无法成文的态度和文化来配合,否则制度和法律就会像折断的芦苇一样软弱无力。他举例说,无须在形式上改变体制,只要民众自己不反感贪腐的政治文化,听任投机者控制国会、白宫和最高法院,一个寡头统治的腐败合众国就会出现。法律和制度是否具有实际意义,取决于是否有乐意接受它们约束的社会心理和大众文化,因此教化始终是一项政治任务。

司马迁当然不会使用现代社会科学语言,但是他和其他中国古代史学家早就懂得梅里亚姆所讲的道理,即孔子说的"导之以德,齐之以礼,有耻且格"。《史记》有儒林、循吏和酷吏列传。

司马迁很清楚意识到，政治统治不能单凭权术和"刑名之言"，要用礼乐来教化民众，朝廷要为天下先，要首先重视文人对礼仪和伦理道德的讲习，还要借重文人来提倡学习和引导百姓。在政治实践中，勤勉、守法和亲民的好官，也就是循吏，不是靠苛刻的执法来威慑民众，而是"奉职循理"，用自己的榜样和言辞来教育他们，进而达成有效和良善的社会治理。司马迁举李离为例。这位晋文公的司法官员因为轻信下属言辞判错了案子，误杀了人，于是自己判决自己死刑，并婉拒晋文公对他的宽恕，"遂不受令，伏剑而死"。

循吏的自律固然重要，但是他们所面临的真正挑战来自属吏的懈怠和百姓的愚昧。《汉书》循吏传对吏治的记叙比《史记》更加详细，其中宣帝时期担任地方要员的黄霸很有代表性。循吏的特点之一是兴办学校，培养和举荐人才，甚至不惜为此减省官府的其他开支。黄霸教化民众的办法，是把皇帝的诏书以及官府的其他规定尽可能广泛地发布到民间。另外，他对百姓生产和生活的指导细致到了令人惊叹的地步，所谓"米盐靡密，初若烦碎，然霸精力能推行之"。譬如他会指示地方的小官养鸡养猪，以此赡养鳏寡孤独。当有孤老去世的时候，黄霸会告诉小吏哪里有棵大树可以做棺木，哪里养有小猪可以用来办丧事。

作为地方大员，循吏的困境在于，他们对百姓细密认真的管理未必都能够落到实处。黄霸要百姓在家遵守孝悌，耕作时谦让田界，平日男女有别，路不拾遗。他当然不可能亲自去督促民众如何生活，他所能做的是要求手下的官吏去执行，而属吏实际上却做不到或者不去做。所以当时就有人指责黄霸和其他地方大官,说他们的这些指示和要求"多为虚名",逼迫下属谎报民情和捏造政绩,反而把风气搞得很坏很虚伪。黄霸也无法真正通过小吏获得下面的真实情况。有一次他偶然听说,下去考察的官吏吃饭时被乌鸦抢走了手里的肉,于是就把此事告诉这个官员,让后者觉得自己的一举一动都被监视了,不得不毫无隐瞒地说出实情。

酷吏"如狼牧羊",在治理地方时优先用严刑峻法。譬如做过汉武帝时定襄太守的义纵,为控制当地的乱局,一到任就杀罪犯及其宾客等四百余人。然而和循吏一样,当时的酷吏也无法真正掌控基层。譬如他们发现属下官吏并不认真捕捉盗匪,只好规定,如果剿匪不净,官吏也都要处死,结果"小吏畏诛,虽有盗弗敢发",治安反而更加混乱。司马迁和班固等人都敏锐地注意到,民间的教化做好了,即便法纪宽松,"网漏于吞舟之鱼",也可能出现太平盛世。然而他们都意识到,即便是重视道德教化的循吏也很难真正去改变基层社会的道德、文化和态度,因而也无法真正有效动员和规范那里的社会治理能力。

古代循吏所面临的困境当然有现代的破解之道。如果把社会比拟成人的身体,只有现代的交通和通信,尤其是现代的国民教育,才可能把正确的道德和文化推送到每一条毛细血管,甚至每一个细胞,因而足以在民间广泛确立一种与清明政治匹配的态度和文化。

有了正确的态度和文化,禁烟不难,万事不难。如何有正确的态度和文化,才是最难的。

"小民不识官府之难而天下治"

环球网最近有一篇感人的采访，谈到格列卫在中国的昂贵价格。这种医治慢粒白血病和胃肠间质瘤的特效药，由瑞士诺华研制，几乎是患者延续生命的唯一希望。该药品在中国的单盒售价是2万多元。在实行优惠售价的前提下，中国患者一年使用12盒的负担是7万多元，一般不可以医保报销。而在印度，因为强制诺华实行专利许可，一盒价格可以低至200元人民币。该药品在各国的价格都低于我国，譬如澳大利亚享受医保的居民如果需要服用，每盒的价格不到200元人民币。在这一状况下，无锡的陆勇先生为自己和其他患者从印度购买该药品。因为购买未经国家批准的"假药"和不规范使用信用卡，陆勇先生已经被湖南沅江市人民法院起诉。陆勇的300多名白血病病友联名写信，请求司法机关对他免予刑事处罚。检察机构最终撤回了对陆勇的起诉，法院也对撤回起诉做出裁定。陆勇虽然是被放了，但是该事件背后所反映出的问题值得我们深思。

法律保护制药公司专利本无可厚非，因为随意侵害专利权最终不免影响新产品的研发。但是专利保护的法律条款不是"上帝"，社会生活中存在比法律更加重要、在道德上足以导致法律本身进行修订的力量，那就是对人的生命的尊重和珍惜。我国的专利法已然规定，在公共健康出现紧急状况的时候，允许制药厂仿制有专利权的药品，以降低药品价格。那么围绕格列卫这一特效药以及需要它的中国患者群体，到底在哪个环节出了问题？在读完环球网这篇采访之后，在我脑子里面挥之不去的，是苏轼1061年探讨吏治问题的策论《决壅蔽》。其题目的意思是说，要破除国家治理中的"堵塞遮蔽"，保证政府管理中的顺畅沟通，让百姓的诉求能够及时得到回应和处理。他也在文章中谈到了官员应该如何良善地运用法律，包括告诫他们不要以细微的律法条文来扰民和谋私利。

　　苏东坡在这里并不是泛泛地讨论吏治和大官的表率作用。他在这里主要关注的是"属吏"，也就是小官，批评他们懒惰和自私，成为高层官员和百姓之间沟通的阻碍，也成为政事不舒畅、拖延不决的堵塞环节。中国传统政治的理想境界是，天子与百姓互相关爱，能够共忧患，遭遇急难能够伸出救援之手。苏东坡说，人有一颗心和两只手，当身体任何一个部位有轻微痛痒，心里会感受到，然后手会很灵敏地去抚摸。他指出，中国是一个幅员广大的国家，有一个庞大的官员群体，了解处理社会问题的首先是低级官员。只有小官优良称职，社会问题才能够得到及时处理。而实际的情况是，大官经常不管具体的事情，而属下的小官只有见到贿赂才会勤快办事，否则就拖着不办，"举天下一毫之事,非金钱无以行之"。

小官们还有另外一种破坏江山社稷的伎俩,那就是玩弄繁复严密的法律条文。当他们不想办事或者坏事的时候,可以挑选适合的法律来拖延或者拒绝;当他们想给人好处的时候,同样可以找到相应的法律来做借口:"所欲排者,有小不如法,而可指以为瑕;所欲与者,虽有所乖戾,而可以借法以为解。"苏东坡最担忧的事情是什么呢?是天下太平的时候,大官们都奉公守法,不敢营私舞弊,而基层的小官却猖獗无忌惮,随意玩弄法令,或者为私利而大胆妄为,或者行懒政而不作为。小民在与官府打交道时处处感到困难,这与苏东坡理想的良政是背道而驰的:"一介小民,不识官府之难,而天下治。"

现代与古代社会的政治是很不一样的,但是吏员的良知和勤勉却同样重要,另外媒体的作用现在也非常突出。在围绕格列卫这一专利药品和其他类似药品的一系列事件上,医政部门或者专利部门的一个公务员如果能够敏感地体察到人民疾苦,及时把情况上报,其上级部门又能够尽心尽力地处置,那么陆勇和其他成千上万的患者就会比较妥善地从困境中解脱出来。

环球网采访中有这样一个片断:"环球时报:说了那么多,您到底有没有买到印度药,担心病情吗?(我不得不插一句,这位病人听到我的问题,眼里迅速流下了两行泪水,表情很痛苦……)患者:我到处问人,托人从印度买药,但是我现在还没有找到人。"

当事情成为媒体焦点的时候,很多人已经受苦了。不过我还是要赞美这位采访的记者。

电动车后视镜里的古罗马政治

电动车与古罗马政治能有什么关系？

绿灯一亮，汽车司机如果有基本的良知，第一个动作不是踩油门，而是紧张起来。紧张什么呢？当然是眼前如飞动的箭一样穿越的电动车。如果男人还带着老婆孩子来个三人行，那就更让人紧张了，生命的确可以脆弱如玻璃。脚踏的自行车很少闯红灯与汽车抢路，首先速度就不够快。电动车的旧国标是时速20公里，据说讨论中的新时速标准是26公里，足以让勇猛的车主见黄灯加速，乃至闯红灯，尤其是成群结队在路口的时候。

人群的掌握从来就不仅仅是交通管制问题。人群常常由弱势民众组成，但是人群是一种强大的社会力量，其姿态很少是弱势的，而且一般会成为不可忽视，甚至难以驾驭的力量，就像红绿灯前拥挤的电动车群。在人类文明的历史上，古罗马政治充满了不同阶层的力量博弈，在共和国时期尤其如此，被学者看作是研究人群的一个好素材。

弗格斯·米勒写有《共和国晚期的罗马人群》（1998年），深入研究了罗马政治的运作细节。他首先怀疑的，是亚里士多德在《雅典政制》里对政治的范式化理解，认为很难把罗马的政治生活纳入到特定制度的框架里面，因为实际情况是活生生的、流动的，流传下来的史料都是在叙述一个过程，是一方在说服另一方，是直白和暗示的交织，绝不是用几个概念就可以解读和阐释的。到了20世纪，政治和政治制度研究传统里面一直有夸大精英影响、低估民众力量的倾向，这在古罗马历史研究里表现为把共和国说成是以元老院为核心的贵族寡头政治。这是国内世界史教科书里面流行的看法，而最早提出这个观点的是写作《罗马共和国贵族》的瑞士学者马蒂亚斯·格尔策。他的核心见解是，罗马的统治阶级对百姓的关键控制手段是门人制度。民众在形式上有多种政治和立法参与权，不过他们是以元老院贵族为代表的有权势者的门人，他们的立场完全受制于自己的主人。米勒不赞成这种简单化的看法，并指出这种思路的结果是，学者被门人制度的范式"一叶障目"，长期忽略研究罗马政治家是如何影响、说服和控制人群的。

如果古罗马共和国不是贵族寡头制度，那又是什么呢？米勒认为，用机械的分类来理解政治生活是错误的，正确的思路应该是探究多样具体的细节以及运作的整个过程。他提出政策演讲影响罗马民众的重大作用曾经被长期低估，而且指出这些演讲会被抄写下来，在一两天内流传到离罗马很远的意大利其他地方。口才出众的政治家能够轻易说服民众，不善于沟通的贵族则因为态度或者言辞不当而惹怒他们。古罗马史上有很多这样的范例。普鲁塔克的《名人传》有一章，以及莎士比亚的历史剧有一部，写过大贵族出身的科利奥兰纳斯（公元前5世纪）。他军功卓著，但是蔑视穷人，老是反对以粮食接济饥饿的百姓和赦免他们的债务。他在演讲时尽力展示自己身上的作战伤痕，希望以自己的军事功绩感动民众。普鲁塔克描述说，他的个性直率刚愎，在演讲时往往疾言厉色，所以听过和听人讲述过他的演讲的民众对他越来越气愤。在他又一次反对免费发放粮食给大家之后，他被民众大会判决流放，最后他甚至被迫投向罗马的敌人。而与科氏同时的另外一位罗马元老阿格里帕却非常善于沟通，他劝说民众与富贵阶层妥协的演说后来甚至成为西方的一则寓言。他言辞恳切地说：四肢因为食物都到了肠胃那里而不高兴，而元老们虽然富有，实际上他们的财富就像是肠胃接受的食物，最后被消化之后成为四肢的营养，也就是说，还是会被大公无私地分配给众人。

到了共和国后期，有几次失败的政治沟通激化了罗马的社会矛盾，公元前2世纪的提比略·格拉古改革就是其中一例。其实包括元老院贵族在内的社会各阶层当时都支持解决无地贫民的问题。格拉古改革方案开始是得到各方面支持的，然而他急于求成的政治野心驱使他匆忙加快改革的步骤和激烈程度。他凭借多年刻意训练的演讲才华有效地在贫困人群中间组织起来力量，反对和打击温和派。最后，他与整个中上层阶级的决裂不仅破坏了罗马长期的和谐局面，也延误了本来可以顺畅、按部就班进行的土地改革。格拉古讨好底层民众的激进言论被传递得非常有效。他往往用谦卑语气和他们交流，不时流下感动的眼泪，并耐心说明改革的目的是为了保护他们的利益。只是他忘却了，鼓动一部分人去损害另外一部分人的利益，同样是失败的沟通。

在任何社会，沟通都必须是善意和无私的。其实妨碍对电动车进行规范的一个主要借口就是情绪化的：这是平民的出行工具，过于严格的规范让民众不方便了。这背后难道真的是对民众的关心吗？电动车骑行者在快车道上面临被汽车撞的危险，在慢车道上又往往威胁和撞倒自行车与行人，而且在许多地方已然成为道路事故死亡比例最高的人群。在征求意见和科学调查的基础上制定电动车时速和重量等方面的新国家标准，当然是有益的。不过真正能够消除电动车乱象以及行人和其他车辆频繁违章现象的有效沟通，可能并不是强制限定车辆的时速，更不是利益的争夺和妥协，而是触动人们彼此关爱和热爱生命的心。只有善意和无私的充分沟通才能传递这样的信息。

质疑"上梁不正下梁歪"

如果我们希望认真建设一个充满正能量的法治社会，我们不能一看见社会问题就说"上梁不正下梁歪"。环顾四周，刁难欺负寻常百姓的一些基层小科员自己难道不就是百姓成员吗？新年伊始，新华社报道了一起特大制售病死猪和地沟油的犯罪案件，涉案人员大多为基层职工。食品安全问题卷入的很多责任人，譬如那些在街边摊头向寻常百姓出售假劣烤肉串的小贩，不是自己也处在社会底层的位置吗？

统治者或者社会精英做好社会大众的榜样，无疑是健康社会发展不可或缺的条件。问题是，如果人们以"上梁不正下梁歪"来为陋习开脱，以上行下效来为败坏的民风开脱，那就是不讲理的说法了。这种说法可能已经潜移默化为深层的社会意识，不时表现在社会底层的沉渣泛起。在这种口头禅背后，其实就是流氓和滚刀肉的心理及行径。

我们这一代人在中学还看《古文观止》。这部自清朝就开始流传的古文课本至今还在用，许多语文课本的古文也出自那里。这些文章传递了很多好的价值观念，当然难免也包含一些糟粕。唐代韩愈的《圬者王承福》和明代刘基的《卖柑者言》分别谈到了两个老百姓对上流社会的看法，这两人的结论和做法是完全不一样的。王承福出身农民，立有军功却不要封赏，做泥瓦匠谋生。他做工只要求足够自己租房和吃饭的工钱，把多余的钱分给残疾人和没饭吃的人。他给人修建房屋几十年，见过很多权贵的兴衰，并不羡慕荣华富贵。韩愈对他的评价是，王承福没有去模仿一些权贵的贪婪邪恶，能够独善其身，安心做一个踏实的好人。一个社会有很多王承福，整个氛围会变好，官场的风气难道不会因之有所改善？

刘基所记录的那位卖柑者经常卖外表处理得光亮新鲜的腐烂柑橘。刘基指责他坑害顾客，他反而笑着说，天下到处是骗子，当大官的坐高堂，骑大马，吃香喝辣，却不为百姓谋福利，我用骗术卖几个烂柑橘又何妨呢？刘基的结语写得不好，当然他可能是在借题发挥。他不仅没有接着去驳斥这个街头的骗子，反而说：嗯嗯，有启发，他这是在讽喻当时的社会啊。《古文观止》是小孩学古文的课本，我不知道有这么一篇文章，对社会心理是什么样的影响。批评权贵"金玉其外，败絮其中"，难道就意味着百姓可以随便坑蒙拐骗了吗？卖柑者浑身带着流氓和滚刀肉习气，岂不正好是贪官懒官的社会基础？

民众当中的读书人如果玩世不恭，谋求攀升和钱财，更容易败坏社会风气和政治文化。《古文观止》里面有《苏秦以连横说秦》(《战国策》)，刻画了一个贪图富贵的野心家以及他的家庭。苏秦是个读书人，家境贫寒，家里人都信奉工商致富，看不起他，讥笑他试图玩弄政治求发达，活该受穷。他在游说秦国失败后被妻子冷落，嫂子不给做饭。后来他发奋读书，困了"引锥自刺其股"，最终以合纵说服各国联合抗秦。他挂六国相印，并常常为私利变换立场。苏秦富贵有钱之后不可一世，到家乡大把馈赠钱财给亲戚朋友，他老婆低头侧着耳朵听他说话，嫂子趴在地上向他认错。苏秦感慨地说，人生在世，贫贱了连父母妻嫂都不理睬，读书人就得设法博取权势和财富啊！

《战国策》和《史记》的记载都强调苏秦一家原本住在穷巷破屋。司马迁同情他，觉得他贫寒出身而取得如此成就，一定有过人的智慧。其实这个带有"励志"色彩的故事是在传播为升官发财而读书的功名思想。这一贫寒之家有能力，势利厚黑，没有廉耻心。司马迁说好多不是苏秦干的坏事也附会到他身上，可见当时这是普遍的问题，已然是一种起于基层的文化。这群出身低下的寒士宛若虎狼，教唆着当时的君王，造就了乖戾和凶残的战国政治，也留给后人影响很大很坏的价值观。

上层的榜样作用固然重要，一个良善社会的扎实基础还是得从基层的道德和文化建设做起，否则下梁不正，上梁肯定歪。这个意见听起来对下层民众很苛刻，但是大家都行动起来，把民间的风气细致地切实地建设好，最大的受益者不正是民众自己吗？

民意与民心之间不是等号

民心不仅是来自民众的意见和意愿,还必须合乎天理人情。

不是所有民意都天然是道德的,即便是大多数民众的意见也未必都是健康和促进社会公益的,所以不是所有民意都可以称为民心。不道德的民意曾经引发古希腊人头痛的所谓"暴民政治",现代社会也不时陷入同样的陷阱。美国中等生活水平以上的相当一部分人通过私营保险公司获得良好医疗保障,不愿意增加税收来改善贫穷者的医疗保健,反对奥巴马带有协助贫困者性质的医保改革计划——这就可以算是现代"暴民政治"的一个案例。

民意有可能很深地伤害到民众自己,譬如严格规范地管理和使用电动车是最符合低收入阶层利益的,因为他们是使用电动两轮和三轮车的主要群体,是非法改装和违章驾驶电动车的最大受害者,但是他们又对严格管理意见很大。被电动助力车冲撞和伤害的行人绝大多数也是普通民众。诡异的是，经常受害的行人是目前在问题讨论中发声不多、声音不大的一个群体，而骑车的民众和相关利益方却往往占据舆论优势。

类似的历史和现实的案例实在很多，不必一一列举。民意的确是一个复杂现象，且涉及复杂的利害关系，在被当政者作为重要施政参照之前，在被提升到民心之高度之前，必须过滤和提纯，必须使用天理人情标准对之进行分析判断。如果放任民意左右社会政策，一个社会的健康均衡发展会受到极大不利影响，甚至一个社会的基本秩序都难以维持。

王小甫教授最近出版了《资治通鉴选注》，一部有特色有思想的译注选本。小甫教授在前言里面提到了《易经》里的一句话："汤武革命，顺乎天而应乎人。"天意和民意虽然有一致的时机，两者之间并非总是顺应和谐。书中头三章依次是"三家分晋""秦并六国"和"豪杰亡秦"，都是乱世故事。司马光编撰《资治通鉴》的主要目的是总结国家兴衰的经验教训。在谈到上述事件的时候，他注意到礼崩乐坏、天下大乱的一个共同原因，就是最根本的价值观被动摇了。在道理上，除非发生"桀纣之暴"这样的非常情况，"君臣之分当守节伏死而已矣"。君臣之间的统治与服从这一基本的纪纲，在君主制下是绝不可轻易动摇的，"礼之大节不可乱也"，因为这是最起码的社会秩序的基础。古代乱世故事的叙事逻辑让人们注意到，民众并非天然德才兼备。董仲舒说："夫万民之从利也，如水之从下，不以教化堤防之，不能止也。"当然教化肯定不仅仅是从上到下灌输的。

《选注》第七章"移风易俗"说的是汉武帝建设传统政治文

化的事迹。董仲舒对汉武帝的明智劝告是，教化需要由社会基层做起："设庠序以化于邑，渐民以仁，摩民以谊，节民以礼，故其刑罚甚轻而禁不犯者，教化行而习俗美也。"而且好的习俗一旦养成，几百年都不会败坏。而民间风俗一旦沦落薄恶，天下治理就困难了。排除掉古代专制社会一切都由帝王统领的成见，则教化责任也应该被看作是人民自己的事情。我们身边民风恶劣的事例比比皆是，民间的生活态度肯定不会全都符合天理人情，民众的意见和意愿不会天然地符合社会主义伦理，而且汹汹而来的民意并非没有可能扭曲和削弱正确的价值观。我们比古人更加清醒的看法是，百姓并非生活的被动因素，民间败坏的习俗还会反过来负面影响吏治和政治文化。因此，达成天下大治的局面一方面需要各级政府做好深入基层的教育工作，动员组织好人民中间的正能量；另一方面需要谨慎仔细地听取民意，而不是被民意所左右。

现在遇上重大的社会问题，媒体会做民意测验。问题是，这些测验和统计出来的民意，这些群众意见以及网民的言论，是不是民心？判断标准只能是社会主义伦理的原则。譬如涉及电动助力车使用和规范的群众意见，对其正当性的判断需要考虑到：人民的人身安全是否得到保障，人民的生产和生活如何能更好地进行，社会公益和特定群体的利益之间如何顺畅地得到协调。严格和规范地管理电动助力车的工作是否做、如何做。决策者不能因为谁的声音大就听谁的。

"天不变，道亦不变。"民众的意愿并非天然正当，其正当性来自社会主义伦理的认可。

"保守主义"未必不是好东西

《现代汉语词典》(商务印书馆)对"保守主义"一词的解释为:"落后于客观事物发展的思想。特点是墨守成规,不能接受新鲜事物,对困难估计过高,对有利条件估计不足。"我们整个文化对保守的态度一般就是这样一个批评的看法。鲁迅在其著名文章《我观北大》里似乎也是这样的心理:"北大是常为新的,改进的运动的先锋,要使中国向着好的,往上的道路上走。"非常有意思的是,西方语言对"保守主义"的理解通常是中性的,并没有明确的贬义。手头一部英文大辞典的解释为:这是一种愿意保留既定传统的倾向,强调传统和社会稳定,支持逐渐的稳健的变革,反对激进的突变。

一个社会,一个机构,一种制度,总是需要有生命力,保持持续的发展,诚如鲁迅在赞扬北大时所讲的,"凡活的而且在生长着,总有着希望的前途"。在整个20世纪,我们的社会心理基本上是倾向于频繁的变更。变动不居在很多时期成为常态；常态而又时常变迁，很难在结构上和文化上稳定下来。社会进步和改革在启动之后其实需要长时段的落实，需要有成长和成熟的宽阔时间、空间，让鲁迅所说的"活的生长"有少受和不受干扰的机会，避免古人所说的揠苗助长。所以保守、沉稳甚至略显守旧的生活态度不一定就是消极不作为，因为发展不仅需要启动，还需要耐心和长期的养护培育。

我此刻想到说上面这些话，是因为这几天读到了美国最高法院大法官斯卡利亚去世的消息。斯卡利亚强调要尊重法律条文的本意和立法者原初的意图，不赞成轻易就变化了的社会语境对宪法做出大幅度的重新解释。在涉及种族、性别和性取向等争议问题时，他多半采纳保守的立场，譬如不赞成限制公民携带枪支，不赞成就特定的族裔身份设立入学和就业的优惠政策，不赞成将反歧视的法律运用于同性恋者。美国司法界在历史上诸多改新举措深得民心的时刻给变革减速，阻遏激进的立法，颇有保守主义的风范。从长时段看，这样的保守并没有终止进步，只是使得变革带上渐进和温和的性质。

19世纪后半期，尤其是在南北战争之后，是美国历史上的"镀金时代"，现代工商业迅猛发展，社会财富急剧增加，联邦政府和州政府对企业和商人的规范相应加强，但是这些规范受到资本的抵制。此时的各级法院，包括最高法院，往往被认为是资本家的代言人，是在支持"放任"资本主义的贪婪和野蛮。很多法官反对政府和国会干预企业的自由经营权利，严格限制工人的罢工活动。不过长时段地看,从整个社会的成长来看,保守的司法裁决未必没有因为稳健而产生积极影响。

这些法官的执着理念是捍卫美国传统的经济自由和个人权利,而不是简单地维护资本的利益,因此他们认为铁路等私人企业获得政府补贴等于是获得了特权,对自由竞争不利。基于同样的理念,他们不允许罢工者阻止企业另外雇人,也禁止各地工人联合起来抵制企业,并且严厉弹压工人的暴力行为。最高法院在1895年支持了下级法庭对组织铁路大罢工的社会党人尤金·德布斯的监禁判决,典型地展现了这一时期美国司法对社会冲突的处理方式。这一时期紧张的劳资关系还促成了无政府主义者的活跃,而后者试图以暴力作为宣传和动员手段,反而疏远了人民群众,连带破坏了整个工人运动。恩格斯及其认可的美国社会主义党派在原则上都反对无政府主义者随意诉诸暴力的行为。

保守的法官和政府所维护的既定秩序为美国的现代化提供了基本的保障。美国公立免费的基础教育此时有了很大发展,所容纳的儿童由1870年的700万增加到1920年的2 200万,入学比例由57%增加到78%,公立的高中则由内战前的100所左右增加到19世纪结束时的6 000所。国会在1862年和1890年先后两次通过莫里尔法,以国家的土地和资金资助免学费的州立大学,并强调这些学校发展农业和工业教育的使命。社会和经济持续向前发展的基础得到良好的准备。

"镀金时代"的美国法官普遍对劳工阶层的困难处境缺乏感受和同情。但是他们保守的立场维护了基本的社会安定,为他们之后更加注重平等和民生的进步主义时代做了铺垫。

温润有度不是极端之调和

极端暴力和恐怖袭击活动在全球范围内升温，让人担忧。在2016年的法国国庆日，有人开着卡车在尼斯冲入观看焰火的人群，造成80多名无辜者死亡。这类事件这些年在中东和世界其他地方层出不穷，学者们不得不对之加强调查，希望就问题的根源找出原因。在研究恐怖袭击的时候，学者和专家容易形成一种流行思维范式，即认为暴恐分子们丧尽天良一定有其特定的经济和社会原因，认为他们的罪行不一定都是他们的邪恶造成的，因而人们需要做很多工作来改变滋生恐怖主义的土壤。这样的思路并非完全没有道理。但是我们需要非常明确和坚定地申明：恐怖主义暴力及其思想文化基础本身绝没有任何合法性，绝不能被看作是解决社会问题的一种对话方式。假如中东和世界其他地方的经济状况有了良好发展，或者社会福利和就业情况有所改善，是否恐怖主义活动就会自动消退或者消停绝迹？是否暴恐行为是一般的社会经济和政治问题变异与变态的一种表现形式？

这样的认识不仅天真糊涂，而且完全不符合真实的现实和历史。过激的思想和行为，在德国历史学家利奥波德·兰克（1795—1886）看来，本身就不包含任何真理的元素。滥用暴力的罪恶及其背后的思想文化本身不具备任何合法性。社会整体环境的进步和改善会在一定程度上导致暴恐行为的减弱。但是清除恐怖主义的真正条件之一是在原则和理想的层面上毫无保留地剥夺其合法性。过激本身就是一种谬误，就必须被坚决摒弃！这是兰克作为历史学家和政治思想家的一个重要观点，也是他常常被忽视的重大贡献。

兰克在中国学术界被看作是近代西方史学的大师和奠基者。兰克和19世纪的西方史学家不仅开始系统地使用档案，也形成了一套运用史料来推翻成见和提出新见解的方法。他们重视基于史料的个案研究，但是同时也试图通过深入了解历史人物和历史事件的个体性来探讨社会发展的整体性，譬如兰克的《教宗史》和多部国别史都旨在解释欧洲历史乃至世界历史发展的精神元素和总体进程。所以兰克曾经抱怨说："人们说我缺乏对哲学和宗教的兴趣实在是太荒唐了，哲学和宗教思考恰恰是我转而学习和研究历史的唯一原因。"

政治史是兰克的主要兴趣。他对欧洲历史的思考在相当程度上表述了他的政治观点，而且一般是与他的历史叙述糅合在一起的。不过他曾经写过《政治问题对话录》，在理论上阐释了他自己的政治思想。兰克的立场有时候被说成是保守主义的，而在实际上他支持温和的社会改革，反对僵化和停滞不前的态度。弗里德里希·冯·卡尔·萨维尼是兰克的朋友，担任柏林大学教授，注重由历史进化的角度研究法律，是所谓法的历史学派的代表人物。他认为一个民族及其制度是缓慢地在其内在精神文化的影响下成长起来的。兰克和萨维尼对启蒙运动和法国大革命以后流行于西方乃至全球的自由主义并不全然排斥，但是他们都注意到自由、平等、博爱这些革命的理想并不是可以随意套用的抽象公式，只有当它们和活生生、有血有肉、特定的民族国家历史结合融合在一起，获得独特的、适合这个国家的具体形式，这些理想才真正能够成为社会和人民的精神财富。兰克对历史档案文献的着迷就是因为他希望借助认识个人、团体和民族的鲜明个性来展示，这些个性如何在特定语境中蕴含和调试理想原则，并最终形成各个国家发展的脉络和方向，最终影响世界历史的进程。

关于过激政治和顽固保守，兰克在《政治问题对话录》里有一个精辟的论断：真理和温润有度的建设性态度不是中和极端见解和立场的结果。调和或者中和不同的、甚或对立的极端见解绝不会帮助人们认识真理，因为在极度激进和极端保守的观点里面往往没有了真理的精神。极端本身就是对真理的否定。这种来自对历史深刻研究的智慧是兰克对现代政治思想的宝贵贡献。

很可惜的是，兰克坚持温润有度看问题的习惯和立场并没有从一开始就遏制住德国的军国主义和沙文主义。不过回顾他的思想在今天并非没有意义，因为温润有度的思想和行为在原则上是对恐怖主义这种极端激进的否定。

假如兰克观看了影片《今天我休息》

美国的警民关系并非像当下媒体所报道的一些轰动新闻那样完全负面。安迪·格里菲斯自1960年开始制作和主演以他姓名命名的电视连续剧,描写北卡罗来纳一个小镇的警长安迪以及居民们的温馨生活。小镇上没有严重治安问题,警长有时要训斥私自酿造烈酒的居民,捣毁他们的造酒器具,还要应对一下流窜罪犯。他最繁忙的事情是调节邻里纠纷,或者照顾醉卧街头的酒鬼朋友,把他带到警局睡一夜。小镇的理发店是警长和众人社交的一个场合,可以聆听街坊们的小道消息。安迪是个鳏夫,和自己未婚的年老姨妈一起照看淘气的儿子奥佩,经常带他去钓鱼,技术很差,老是出洋相。这样接地气的警民关系在美国并不稀奇,折射了基层社会的和谐与有序治理。

这部电视剧的制作是在民权运动已然兴起之际。包括北卡罗来纳在内的美国南部各州受到那场风暴的很大冲击,但是安迪并没有拍摄一部介入政治生活、突出政治正确的作品，也没有直接触及当时热门的反越战和反对种族歧视等问题。该剧在当时的受欢迎程度并没有因此受到影响，而且至今还是怀旧频道不时播放的节目，因为安迪这部电视剧所肯定的是美国社会主流的价值观。民权运动提出的社会批评并没有切断美国制度和文化最基本的传统，安迪的作品能够长久受到欢迎当然与这种社会发展健康的连续性有关系。

其实在安迪这部剧作出现前不久，国内备受欢迎的一部电影就讲述了一个欢乐幽默的警察故事，即仲星火主演的《今天我休息》（1959年）。今天回头去看这部电影，我们当然会看到一些明显的时代印记，譬如镜头里面闪过的公共食堂和在上海弄堂里面大炼钢铁的情景。在银幕之外，我们也可以想象到当时不少让大家痛苦和不愉快的事情。问题是，我们是否就该忘却民警马天民以及他身边那些人的善良和热情，是否就该漠视那个时代人们的纯真：工人和农民是值得尊重的，为了公众利益做出额外的付出是值得大家赞美的，自私和不守规则是应该受到批评的。

鲁韧导演的这部影片充满了平民生活的气息。其主线是，同事的夫人给户籍警马天民介绍了一个对象，他趁休息那一天去约会，不过在路上几次遭遇需要帮助的群众，耽误了见面。其中主要的一次，是一位老农代表生产队给某钢铁厂送小猪，感谢工人们对农村建设的支持。马天民不仅救起了落水的小猪，还帮助迷路的老农找到了钢厂的地址。在去对象家吃饭的路上，他又忙着寻找丢失钱包和第二天火车票的失主，后者恰恰是他批评过的违反交通规则的一位出差干部。幸亏在几次约会迟到之后，大家发现，他协助的老农恰好是他对象的老父亲，于是电影有了皆大欢喜的结局。

德国历史学家兰克在《政治问题对话录》里阐释了他的历史和政治观点：一个民族国家的制度和文化是无法由外部植入的，好的制度和文化需要由一个国家自身的传统里面生长起来。他还坚信，一个健康的社会一定不能缺失地方社团的活力，因为国家无法单纯借助中央集权来管理社会。只有"分层次"的社会治理才能让整个国家充满活力，大脑、躯干、四肢和每一根手指脚趾都需要保持活力。只有地方社团和每一个公民感觉到自己得到了国家的关照，整个国家的团结才能够实现。在这个意义上，兰克必定会高度评价马天民这样的公共仆人，以及他的基层工作对形成坚固社会凝聚力的重大贡献。在兰克看来，缺失历史和传统的连续性，一个民族就失去了灵魂。所以他一定会留心，让马天民的精神传承下去。

上周本市雨水频繁。在我居住的小区，有一天晚上，暴风雨吹倒了好几棵大树，其中有棵树还堵住了小区出口的道路。正好回家的我碰巧在雨中看到，小区的民警匆忙地打电话召集工人来清理和拖走那些树木，忙得自己都没有打伞。我们小区居民和民警是有一个聊天朋友圈的，这几天看到民警在那里表扬几位他领导下的保安：一位拄拐杖、行走困难的老人在路上跌倒了，在监控室屏幕上看到情况后，保安们立即赶到现场救助，把老人扶到家里。

今天能够与这样的民警为邻，我很幸运。

马天民和他的时代是不能被忘却和全然抛弃的。

春天里的圆明园西路

原本我给这篇短文写下的标题是,"该开除的是那位校长,而不是怀孕女教师"。我在这里想议论的确实就是河南中牟县第一高级中学让女教师排号怀孕的奇闻。不过我仔细一想,这一类的事情不应该老被看作是因为某些领导跋扈专断,显摆土皇帝的神气。真正的问题还是在文化和态度:校长和整个学校是受党委领导的,女教师身后还有本单位的工会、妇联和共青团组织。对话、协商和提意见的制度渠道都是现成的,为什么没有人来启动讨论和对话?为何非要在网络舆论和媒体最终介入之后,有效的讨论和错误纠正才得以开始?所以我不想指责和妖魔化那位校长,我想他应该也是一位通情达理的父亲和丈夫。如果有一场心平气和、深入透彻的讨论协商,我想他会听从大家的正确意见。但是他所处的消极不作为文化氛围助长了他的专断,让他以及他的决定游离到了人之常情之外,伤害到了只不过想怀孕生孩子的女教师家庭。

该中学的领导们想出这么一个出格做法，是为了保证学校的教学不因为过多教师怀孕受到影响。如果他们有焦裕禄的那种服务敬业的精神，多花点心思，多费点劲，和教师们耐心商量协调，和上级研究对策，譬如适当增加代课老师的名额，赢得一个皆大欢喜的局面并非什么难事。然而我更想说的是，领导能否养成好的工作习惯还有赖于他们所处的文化氛围，有赖于他们自身的素质以及他们领导什么素质的部下和群众。不可一世和专横跋扈的基层领导毕竟是少数，即便是这些领导也得看周边的环境行事。如果中牟县第一高级中学的文化不仅是尊重权利的，而且是善于沟通协调的，那么排号怀孕的故事就不会发生。如果绝大多数老师能够认真同时平和地把反对意见告诉学校，如果学校的工会、妇联和团委能够听取群众呼声，并且与校长等人耐心讨论和协调，用更妥善的办法来缓和女教师怀孕造成的师资紧张问题，教师生孩子这样的大喜事只会让这所学校充满春天的欢乐气氛。

在每年4月的春天里，我居住的圆明园西路正是花树亮丽灿烂的时候。这条辅路并不宽敞，周边绿化却很精心。丁香花气息清幽地飘过了燕北园，而在雪白的梨花热闹落地之后，粉红和深红的碧桃也争相开放。在明媚阳光照射下，花树下却时时有行人遗落的大量塑料袋和小食品包装盒，煞风景，刺目难看。对行人，尤其是老人，在观赏鲜花盛开之际，最危险的是身后悄悄冲来的电动自行车和三轮车。因为路窄，圆明园西路的电动车几乎都在人行道上行驶，而载重的电动三轮车在遭遇步履蹒跚的儿童、老人或者怀孕妇女时，根本刹不住，只能靠行人自己灵活躲闪。

且不说电动车管理这样的大问题。这样一小段道路的问题，或者附近小区的拥堵和停车不规范问题，很难依靠交警或者上级政府部门来解决，除非是出了重大事故。那么日常的清洁和交通秩序，居民委员会在有关责任部门的指导下，可否通过组织和领导居民来协调和治理呢？如果周边的每一个居民都在意自己所居住环境的安全和美丽，关注每一个细节，一切难题都会得到有效的解决。譬如说周边道路的卫生，难道居民和居委会可以说这是上级政府的责任，因此就与自己无关吗？

韦伯曾经注意到现代社会组织的庞大严密所带来的管理难题。他认为，行政权力趋向于集中在上级机关，下级人员的主动积极性趋向于弱化，容易导致上下沟通受阻、基层治理涣散，在文化素质偏低的环境则情况更加糟糕。这一问题在日本得到一种特殊的缓解，即社会组织的"日本模式"。安东尼·吉登斯在其所著的《社会学》（北京大学出版社，2003年）里曾经指出，日本社会倾向于强调上级与底层人员的积极会商，加强就业安全和减少相互竞争，压抑个人主义，形成强固的团队合作。这样的社会善于"由下而上"地形成决策和执行决策，让很多基层问题在基层就地解决，而不是在恶化和演变成轰动新闻之后，借助上级干预才得到应对。

无论是避免女教师怀孕排号这样的荒唐事情，还是照料好我们每个人身边的生活细节，都需要有集体主义精神，有每个人的积极参与，有上下级之间的顺畅沟通。

虚构故事：一个社区的凋敝

这几天关于打开封闭小区的热议，让我想起我的一位学生的话。他多年在江南某地工作，心细敏感，和我说过他很接地气的人生感悟："最近我们单元里的住户建立了一个微信群，时常就楼道的问题议论和商量，有的邻居看见一个烟头也会发表意见。遇到单元的打扫和灯泡置换等琐事，大家有了一个顺畅的沟通渠道，也定期在楼外草坪上有个自由的聚会，原先冰冷疏远的关系现在改变了。我发现邻居们其实都是热心肠的，而且微信朋友圈是很有分寸的便捷联系形式，不大干扰大家的清静和隐私。"这位学生最后的几句话给我留下深刻的印象："现在大家老是谈论体制改革，却不愿意认真做好自己身边的小事情，连自己居住的公寓都不好好关心，邻居之间缺乏团结合作，也没有有效的文明沟通方式，真是太可悲了！"

封闭还是开放，似乎都不是小区管理的要害；建立有效的沟通机制可能才是关键。

春节期间我探访了几个城市的朋友，有了一些感想，糅合进我自己的居住经验，写成这篇小小说，描写虚构的小区哨子村的故事，希望故事也有一定的典型意义。故事人物包括李白（大学天文学教授），王红（大学人类学教授，李白之妻），老王头和张大姐（王红父母，大学后勤职员，已退休，与女儿女婿居住同一小区，王母还在居委会任职）。故事地点哨子村是大学的房改房小区，一度禁止外部车辆进来停车，其他方面没有任何封闭措施，也还没有物业管理，小区边上是本地著名的城中村之一赵庄。下面就是他们平凡的一个下午：

老王头这几天蛮开心的，白天是蓝天白云，晚上还看得到星星月亮。西方远处长寿山的那一抹青黛色，让他联想起老伴五十来岁时还满满的黑头发。不过他拿起电话跟女儿说话的时候，还是口气很难听："小红，你儿子放学后我已经接他回来了。刚才保安不让我的捷达进来，说我没有交停车费。我们退休住户反对停车交费，听说李白他们几个很反对我们。凭什么我们要交钱停车，学校其他小区不是都免费的吗？"

王红："爸，你们天天不上班，车子又不会晚上开出去，你们省了一个月120块钱的停车费，小区停车不缴费管理，全是外面的车子。李白他们晚上从实验室回来，哪里都没有地方，你干吗和他们为难啊？边上的赵庄那么多人，不管理，多少车会进来啊！"

王老头："反正我们就是不交钱。你告诉李白，我们退休的人也不是省油的灯。要停车方便，他自己多挣钱买新房，住高档小区去!"

王红:"好啦,他回来了,你先别唠叨了。"

走出居委会办公室大门前,张大姐就感受到户外明媚的阳光,知道风也会比较大,所以紧了紧围巾,匆匆走到小区的花园小道上,去南边的菜场买菜。忽然她听到前边有人喉咙咕噜咕噜响,抬头看到前边陈大妈一口痰往地上吐。疾风之中,唾沫星子全飞到陈大妈身后几米远的张大姐脸上。"陈大妈,你怎么老是随地吐痰啊?""对不起对不起,老毛病了,下次一定改。"买了一大把韭菜,张大姐回家准备了猪肉饺子馅,招呼外孙过来:"李果,做好作业了吧,把这一半韭菜馅带给你爸爸妈妈包饺子去。"

因为是周五,李白下午4点就回家了,走进小区的时候路过垃圾集散地。几天前刚下过雨,淋湿的无盖大垃圾箱在阳光曝晒下散发出一阵淡淡的恶臭,地上斜躺着一只刚刚被扔在那里的死猫。"幸亏天还不热!边上楼房的住户们这么多年怎么不提意见呢?大家怎么就不能把环境搞好一点?"李白想着想着就进了自己住的那栋楼。他听老婆说岳母会让儿子带饺子馅过来,所以就和好面醒着,沏了杯茶喝起来了。

"老公,学校新盖的'理想国'小区传说快交定金选房了,我们和老爸他们都搬过去算了,哨子村这边是越来越乱了。""唉,不搬怎么办,老爸他们住六楼,以后连下楼都没办法,现在提个西瓜上楼都苦哈哈的。我看南边堆放垃圾的地方老是那么臭,看着都烦。"

王红自从和李白结婚后就一直住在这里,也有十好几年了,看着窗外小区花园里的滑梯和石桌石凳,心里不是滋味。"说起来这个小区才刚刚20年,我去年在巴黎访问住的公寓,1830年革命时就是一位名人的住宅,现在还是好好的。"

"你们学文科的就是想法多,我们搬走了,让新搬来的人去操心好了。包饺子吧。"

损坏的单元门和破碎的方便面

1911年4月,整整105年前,《美国经济学评论》发表了美国经济学会第23届年会的论文和讨论记录稿,包括学者们就如何理解社会主义所做的发言。我们可以很容易借助数据库找到这篇文献,不过我们现在的很多学者未必会深切关注这样的宏观社会问题。当时美国的资本主义经济正蓬勃发展,劳资关系日益紧张,企业家对社会主义的主流态度依然是不屑一顾的轻视和反对。而此时的美国经济学界却有比较浓厚的进步主义倾向,甚至不乏对社会主义的同情和欣赏。

在美国经济学年会围绕社会主义进行的那次讨论中,学者们对社会主义有温和的同情,试图说服学生和普通民众:社会主义不是他们想象的那种可怕事物,他们应该首先正确理解什么是社会主义,承认其中包含的乐观主义、社会正义感以及普天下皆兄弟的团结精神。其中有些学者谈到,在社会主义社会,尽管公有经济会涵盖交通和能源等命脉部门，私有经济依然可以是活跃和丰富多样的，而且无论是哪种所有制都需要有意识地关注社会公平，譬如支付公平的工资。而另一些学者则认为，在美国既定的经济社会体制内，也并非不可以有公有的或者政府严格管控的行业，譬如铁路、邮政、电力、自来水以及公立学校。学者们承认，集体所有制的合作社也是历史上和现实中流行的社会主义经济形式。

这场讨论的一个关键部分是提醒人们，理解社会主义需要考虑到它与个人主义的对立：个人主义强调的是人与人之间的竞争和争斗对社会发展的作用，怀疑或者看轻人与人合作的积极意义；而社会主义的本质不能脱离互助合作的精神，社会主义者不相信竞争是社会发展的最好途径，试图尽可能缩小竞争的冲击力，相信合作与无私行为的重大社会功用。

其实在任何社会，互助合作以及匹配的制度都是生活和生产必不可少的元素。百姓生活需要的安全感来自很多细节，一不小心就会丢失，带来无尽烦恼，而这种安全感最好最有效的来源和保障就是人与人之间的信任和互助合作，就是社会主义的道德风尚。

在20世纪90年代中期推行住房改革之后，住户所在单位不再那么尽心地维护业已出售的公寓；在有些地方，以赢利为目的的物业公司成为公寓和小区所依赖的管理方，在运作上弊端丛生。由很多报道来看，作为城镇社会最基层结构的许多小区不再具有良好有效的治理，人心松散，住户之间宛若路人，一些很简单的事情无人过问，更谈不上居民之间的互助合作了。20世纪70和80年代，男女青年幽会，往往担忧邻居或者居委会老太太那犀利的目光，这样的紧张兴奋感现在肯定没有了，没有人会在意隔壁发生了什么事情。现在的苦恼是，如果公寓楼房单元的门禁和大门坏了，如果顶层住户遭遇雨水渗漏，由谁来组织修理？居委会和业主们自己没有很好地组织起来，没有了社会主义互助合作的精神，依赖营利的物业公司并不能建设凝聚力强固的社区。

在工商业活动中，如果竞争和谋取私利的个人主义占了上风，互助合作的社会主义价值观同样难以深入人心。一个工人认真热情的劳动态度不仅来自体面的工资收入和就业安全，还出自他对职业的自豪感以及对所在公司的归属感。我经常买回几包装的大袋方便面，下锅时老是发现，面块早已破碎。后来我在某超市看见工人装卸方便面，把箱子直接由十几米高的楼梯翻滚到地下室仓库，好像孩子们在恶作剧。这自然解释了面块为何老是破碎的。如果雇主和工人都把职业单纯看作是各自的谋生手段而没有互相关心与帮助的情感，谁又会认真工作和重视自己工作的社会服务意义呢？

在民营经济、公有经济以及政府调控三者和谐并存的前提下，社会主义市场经济所要建设的当然是美好的社会主义社会，因此其主流的道德和价值观应该强调互助合作和社会公益，应该对竞争有审慎和警惕的态度，应该对社会达尔文主义进行严厉和立场鲜明的批评，应该避免把竞争和物质利益满足片面地看作是人生和事业的目标。这其实就是社会主义市场经济需要的上层建筑元素，也是市场经济在社会主义中国健康发展的思想和精神保障。

这是毫无疑义的。

旧楼加装电梯难在模糊的物权观

值此"五一"劳动节之际,我想为年老退休的劳动者们说几句话,尤其是为那些收入不高、仍然居住在没有电梯的高层旧公寓里面的居民。为了帮助这些年老体衰的退休工人和普通干部职员解决爬高楼的问题,各地政府一直在政策上鼓励旧公寓加装电梯。出乎政策制定者和期盼电梯的白发老翁老太太们的意料,这一惠民举措在许多地方落入了寸步难行的困境,变成了难于上青天的工程。其原因竟然是一层或者低层住户的拼死反对!

现代物权观起源于罗马法。注重保护私有财产是罗马法重大特征,但是罗马法也明确强调"所有权之限制",包括"以保护社会公益为目的之限制"以及"以保护相邻关系为目的之限制"(参见陈朝璧著《罗马法原理》)。自从20世纪90年代住房改革以来,人们对所购买住宅的所有权显然得到了法律的承认,但是楼房住宅的使用涉及左邻右舍的各种利益,邻居之间的互相协调和妥协意味着公寓所有权在许多方面必须受到限制。由于缺乏经验，我们在这方面法律法规细则长期滞后。大家遭遇的很多麻烦都来自房主对自己所有权既粗放又执着的执行，很多人以为自己可以为所欲为：脏乱不堪的群租现象，此起彼伏的装修噪声，一楼住户对旧楼加装电梯的强硬抵制。

公寓楼或者由公寓楼组成的小区，是一种特殊的房地产，在国际上被普遍认为是基于一种共同所有权的。目前大家普遍认识到，楼房的公用部分以及小区的公共空间是业主共有的，业主有共同维护的义务，譬如楼道、电梯和绿地等。那么住户对自己的房间有绝对的支配权吗？在公寓物权法比较成熟的一些国家，甚至户主的出租和装修改造权利也受到严格限制，譬如业主委员会规定，户主不能未经同意出租住房或招揽房客；只有一定比例的住房可以出租，譬如10%，一旦达到这个比例，小区的其他业主就不能再将自己的房间出租，需要申请和排队等待。另一项常见规定是限制居住人数，譬如两居室至多只能住3口人。

再举例说，假如某户有狂躁的精神病患者，日夜敲打和大声呼喊，近旁邻居的生活受到严重干扰，邻居们应该怎么办，有什么法律法规细则可以依凭？国家在2003年颁布、2016年3月修订的《物业管理条例》，重点放在业主与物业公司的关系，并未就业主自身所有权的特性和有限性做出清晰明确的规定，造成一系列关乎生活细节的复杂具体问题无从解决。低层住户对旧楼加装电梯的阻挠只是其中比较突出的一个案例，引起了大家的关注，但是所涉及的物权问题反倒一直被法律专家和民众忽略。

我们不能简单抱怨一楼和低层住户的自私。这种抱怨没有触及问题的根本。在这一怪象的背后是我们对公寓楼房物权模糊的理解。这里说的公寓不是出租楼盘，而是住户各自拥有所有权的楼房。在世界各主要国家的物权法中，公寓物权法是一个比较新的分支，兴起于20世纪60年代。在字面上，西文里的"公寓"（condominium）就是指"共同所有权"或者"分享的所有权"。就单个的户主而言，这是一种受限制的所有权。在公寓物权作为共同所有权的框架里，公寓小区各家居室之外的空间是所有住户不可分割的共有财产，但是其使用和处分权在业主大会或者业主委员会，后者经过多数业主赞同做出的决定，个别或者少数业主是无权否定的，譬如一楼住户不可能违背多数住户利益抵制电梯安装，不可能以此让其他人束手无策。

我国应该是世界上公寓楼房和公寓居民最多的国家，但是我们尚没有公寓物权法；法律不仅对业主物权的受限制方面没有清楚界定，对业主大会和业主委员会的功能和权利也没有明确认可。由此对居民生活造成的困难当然不限于旧楼加装电梯受阻这一件事，还包括小区物业管理普遍无力，难以杜绝群租等脏乱现象，以及隔三岔五响起的装修噪声。

一楼户主的个人利益如果因为加装电梯受到了损失，协商和补偿当然是合理的。但是按照世界通行的物权法，他们没有权利以"一票否决"的粗暴方式来阻止这一惠民政策。我们急需颁布我们自己的公寓物权法，界定清楚户主所有权的受限制特性，维护好邻里之间的和睦关系。

装修噪声与社会末端管理

我们的都市生活有一个奇特的现象，即已经交付使用的公寓经常被重新装修。拆墙、开凿电线和管道的埋藏沟槽都需要大量使用电锤和电钻，那种刺耳和震动的高分贝声音，全国无人能够逃脱。重新装修首先需要清理原先铺砌的墙砖、地砖或者地板，往往还丢弃旧家具，导致大量垃圾和污染的产生。全国一年因为重新装修产生的垃圾，肯定是一个天文数字。一般民居在装修头一周会有严重噪声污染，之后的工程会比较安静一些。最近某著名音乐家被邻居投诉，因为其公寓装修的高分贝施工竟然长达三周，甚至将楼下住户的玻璃水壶由高处震落。

这位受害者向物业投诉无用，结果只能在微博上发声。发微博3小时之后，这场大噪声的施工才停止。我好奇的是，假如施工方不是名人，而是有滚刀肉脾性的邻居，这件生活小事将如何收场。这类事件再次提醒我们：物业不是基层政府，更不是执法和维护社会秩序的权力机构；在社会末端的管理中，居委会和派出所民警应该有更加靠近和贴心的存在。面对琐碎和千千万万日常生活的细节，近几十年以来，我们有一种非常模糊、似是而非的提法，即所谓的"社会化"，好像城市基层社会不需要政府的介入，好像生活中很多具体问题可以凭借营利的物业公司来照料和解决。

高楼大厦并非天然就是陌生人社会，那里的左邻右舍并非天然就应该形同陌路。在这一都市社会的末端，理想的情况是，邻居之间应该有便捷良好的沟通，细节的管理应该有可靠灵敏的手段。而做到这一点的可能途径之一，就是公共权力应该有温柔和无微不至的存在。西方社会的一些传统，譬如强调"小政府"和"社会化"的英美文化，未必适合我们，未必在我们这里能够成为社会末端管理的有效办法。

由装修噪声引发出来一个重要问题：居委会和派出所这些最基层的政权机关是否只应该管治安和类似的"大事"，而离居民日常生活的"小事"远远的？过去我们的社会文化里有热心民警和好事居委会大妈的形象，他们甚至会告诉家长，家里孩子在街上打架和说脏话了。我们应该继承这样一种文化，丢失掉它只会让人们感受到社会末端管理的疲弱。

其实在我们深厚悠久的政治文化传统里，最基层的政府，甚至比较高级的官员，本来就应该去体贴百姓日常生活的细枝末节。《新唐书》里说到官员韦丹做江南西道观察使，发现茅草和竹子建造的百姓房屋在天气干燥时容易失火，就找来工匠教那里的人们制作陶瓦，还用减赋税、赊账和资助贫民的办法鼓励人们修造防火的新屋。韦丹的儿子韦宙后来在湘西做官，曾经组织当地村民集资购买耕牛，每二十家一起凑钱，然后抽签决定哪家先买牛，解决缺耕牛的问题。那里人结婚有大摆酒宴的风俗，动辄宴请数十或数百人，使得摆不起酒席的贫穷男女不得不私奔以逃避负担。他为此订立新规矩，逐渐破除了这个陋习。

在历史上，我们有保甲制的传统。北宋理学家程颢在做地方官时曾经推广五家互保的伍保制，"使之力役相助，患难相恤，而奸伪无所容"。传统上的伍保制，以及后来在民国时期还曾经推行过的保甲制，都强调治安功能。其实在程颢的思路里，这种制度有很鲜明的末端社会教化和管理作用，包括组织民众照看孤寡残疾和生病的过路人。他在乡村设立学校，召集乡民到学校谈话，帮助他们制定村社规矩，还审读儿童的课本，督查教师的工作，"择子弟之秀者，聚而教之"。民国施行保甲制偏重其治安功能，效果不佳，不过已经注意到城市社会组织的疲软问题：城镇邻居多不相识，外地人众多，相互之间没有联络，给社区建设带来很大困难。

"恢复保甲制度"听起来是很夸张的说法。不过在根本上加强街道和小区建设的确是我们社会末端管理不可或缺的环节，关系到人民的幸福和社会的安定。人民生活中的诸多小事是基层政权不可推卸之责任，必须有精细、体贴的关注和介入，不可放任不管或者粗枝大叶，更不可以"社会化"的借口任由营利的物业公司取代基层政府的职能。

这个问题的存在，是隔壁邻居装修的震耳欲聋声音，时时在提醒我们的。

让人忧虑的"父母官"情结

改革开放以来，经济和社会的进步是有目共睹的。有些改革举措成效显著，对社会结构有重大影响，譬如农村的家庭联产承包责任制。包产到户实际上有多种多样的形式，未来也会有新的发展。事实上，各地已经开始将之与合作社或者类似的其他制度有机结合起来。乡村建设需要更多地加强村民之间的协调与互助，根据各地多样化的社会条件因地制宜，最大限度地调动个人和集体的积极性，而不是一刀切。乡村社会建设是一个艰难的系统工程。如何防止偏远农村出现一盘散沙的局面，需要深入细致的经济政治考量，是优化和深化改革的必要工作。在这方面，青年团、妇联和乡村学校在基层社会应该能够做出更多的成绩。

高效、廉洁和执政犀利的现代官僚体制是我们所面临的一系列困难问题的解决之道，而我们社会尊重权威和法律的传统也是一笔宝贵的财富，是我们建设法治社会的一个出发点。公共权威的缺位，尤其是公共权威在基层和乡村社会末梢的疲软和力不从心，往往成为人民群众追求幸福生活的严重障碍。社会学研究注意到，基层公权力软弱会导致两种极端的后果：一种是非主流的，甚至非法的社会组织力量会应运而生，获得社会影响，其中最坏的情况就是群体犯罪组织和所谓"黑社会"的出现。譬如西方社会的"黑手党"一般都出现在贫穷、与主流社会疏离的移民社区。另一种情况就是基层社会相当程度的放任自流，群众日常面对的困难和苦难无人过问，或者过问流于形式，冷漠成为难以治愈的社会病。

上个月在甘肃康乐县发生了"杨改兰杀死四子女"案。之后当地县、镇、村三级工作失职的责任人员被问责、处分，说明当地政府进行了认真的调查和负责任的处理。

干部的工作当然可以做得更加细致、更多温情体贴，不过基层社会千差万别的情态实在不是靠官员们自己就可以应对的。离开了群众和群众组织的积极性，官员在那里履行职责肯定是万分困难的。面对一个真实具体的村庄，尤其是在经济文化落后的地方，县长和镇长，甚至生活在百姓身边的村长，都在管理工作中需要民众和群众组织的有力支持。杨改兰的邻居们可以和应该做很多善意的事，而他们似乎没有做。村里的小学、青年团和妇联组织也可以做很多工作。如果有爱心满满的老师、团支书或者妇联主任，如果他们能够积极地协助当地的各级政府，那么关心和照顾困难家庭和问题家庭的琐碎事务，肯定能够办得更好。

在我们的传统文化里，"父母官"情结既是一个优点，也是一种缺憾。民众对官员有很高期望，后者有很重的责任心，这些都是优良的政治文化。问题是，如果民众自己缺乏组织和治理能力，缺乏互助和互相友爱的精神与诚意，老是指望上级官员像"及时雨"一样赶来帮扶救济，那么他们压在官员肩膀上的担子就沉重得不现实了。

宁海人方克勤在明初做济宁知府，减免百姓的劳役，结果感动上天，在大旱季节下了一场大雨。济宁的民歌唱道："孰罢我役，使君之力。孰活我黍，使君之雨。使君勿去，我民父母。"明代的另一位好官翟溥福是东莞人，曾任青阳知县。当时九华山有虎为患，翟写檄文给山神，老虎就消失了。在各朝代的正史里面，类似的故事不胜枚举。古代民众对官员寄予厚望，把他们看作父母，甚至指望他们扮演神的角色。而现代国家的人民自己应该有更多的责任感和组织能力，能够配合政府做好基层社会的治理。

在最基层的草根社会，宗法关系在历史上曾经担当过一些起码的组织功能。在今天的乡村和基层社会，青年团、妇联和乡村学校是最现成的群众组织，也可以是最有效的，应该成为政府和各级官员的"耳目"和"四肢"，把社会关怀的温暖送到每一个百姓的家里。依赖几十里甚至数百里外的"父母官"事无巨细地关照百姓生活是不可能的。依赖民众自发的积极性来组织和管理基层社会也会有种种风险，尤其是在经济文化落后地区。如此看来，让青年团、妇联和乡村学校的成员及干部在社会基层有效发挥作用，协助地方官员关心人民日常生活的细枝末节，是建设社会主义小康社会必不可少的环节。

住房限购摇动的家庭婚姻

离还是不离？在当今住房限购的各大城市，这是小百姓心头的一个大问题。

在历史上，并非由于夫妻反目造成的离异有两种原因。一是驱使配偶一方或双方遁入空门的出家人理想，或者是类似的出世动机。"孟子恶败出妻"（《荀子·解蔽》）只是一个传说，不过郭沫若先生就此写过生动活泼的小说《孟夫子出妻》，描述贤淑动人的孟妻扰乱了夫子追求学问和为天下讲解大道理的责任和义务：夫人的气息"似香非香，似甜非甜，似暖非暖"，像千重的束缚使他一点也动弹不得，也让他没法保存住做圣贤的清朗神气。孟子担心自己在美色之前不能心静，于是就动了休妻的念头。据说夫子被他妈妈大骂一通之后就作罢了，继续享受天伦之乐。在儒家文化熏陶下，重视和珍惜家庭当然是我们的古老传统。

另一种原因与物质利害有关，往往比出世理想更有力量，所以设计失当的财经政策对婚姻和家庭更具破坏性。研究中国史的朋友提醒我说，魏晋南北朝时期，赋税制度偏重人丁和户口，对应一夫一妻（即"一床"）所缴纳的粮食和布帛，未婚者减半，仅需"输半床租调"。其结果是民众为了减轻自家负担，尽量隐瞒自己的已婚状态。他们是否也会诉诸假离婚的办法呢？譬如在当时的河南："阳翟一郡，户至数万，籍多无妻。"严重的时候，这种欺诈行为可以导致国家丢失过半的赋税。

同样因为欠妥的政策和出于物质利害的考量，当前社会也有不少人觉得单身状态有好处，动了休妻或者离弃丈夫的主意。现行的大城市住房限购政策一律以家庭为单位，以提高首付比例和贷款利率等方式限制单个家庭购置第二套或者更多的住房。此外，目前仍然存在的多种带有福利性质的半商品房分配，也都以家庭为单位来进行。结果是，有些夫妻会使用假离婚的方式来突破限购，以单身无房户的身份享受优惠条件，再购置一套商品房，或者再获得一套带有福利性质的住房。

这一假离婚现象是大城市小百姓的悲哀，因为富豪是不会在意首付多少和利率高低的。一项政策如果在相当的规模上冲击了基本的家庭伦理，其合理性、合法性就需要被质问。住房限购政策，如果在大城市有必要实施，应该以成年居民个人为对象，而不是以家庭为对象，避免推动破坏家庭的房产离婚。韩国一度为抑制房价而实行的限购政策就是针对成年居民个人的，而不是针对家庭。

现代社会一些动机良好的政策和法律,貌似精心设计,却会有事先意料不到的后果。譬如有些学派的国外法学家很鄙视婚前协议,认为这类保护婚前财产的协议说明当事人尚未结婚就考虑到离婚,对婚姻怀抱玩世不恭的态度。也就是说,这种安排足以证实夫妻双方对婚姻和家庭严肃甚至神圣的性质没有足够认识,他们的婚姻因此缺乏稳固基础。这当然是具有理想和道德色彩的法学思维。

现行住房限购政策对家庭的打击破坏作用要远远大于婚前协议。在房价高涨的压力之下,夫妻离婚,包括进行形式上的假离婚,会因为这一政策获得巨大的物质利益。对有些人,这里面的诱惑是难以抗拒的:离则物欲满足,不离则心里感到吃亏,而且不少家庭还由此类假离婚发展到真解体。如果我们统计和公布房产离婚的绝对和相对数量,大家可能会惊讶,会意识到这是伤风败俗的严重社会问题。

房产离婚家庭的子女又会如何看待自己的父母呢?他们对自己将来的婚姻还会当回事吗?但是我们又如何忍心去责怪这些夫妻?他们毕竟不是那种幸运的地产商,可以拿赚一个亿作为"小目标"先做起来。

在工薪阶层收入与一线城市奇高房价完全无法匹配的情况下,房地产市场成为金融运作的主要平台。限购政策以家庭为对象,其目标却不仅仅是真正压低房价,而且往往还包含减少土地供应量的举措。其结果不仅没有有效抑制房价,还为下一轮涨价进行了铺垫。所以这一整套思路和做法不仅让很多普通民众产生不安全感，甚至还催生房产离婚这样的奇葩现象。在我们这个礼仪之邦，假若我们还能保持住我们看重家庭的文化传统，这段故事一定会引出未来历史学家的严厉指责和批评。古代圣贤若地下有知，不知会不会辗转反侧，愤然坐起？政策可以调整和更动，但是不良政策引发的后果会有示范和榜样的作用，最终造成的思想和道德退步，很可能如同打碎的瓷器，再难修复。

改革开放之前，单身职工在分房中很吃亏。各单位在资源匮乏的情形下只能先照顾结婚有子女的家庭。在当时价值观和生活方式极度单一的局面中，单身人士不多，大家一般没有尊重和关怀他们的迫切感。这种缺乏人性关爱的心态和做法，不仅令人遗憾，甚至刻薄可憎。避免房产离婚现象不应该以限制离异人士的权利作为代价。所以有关政策的制定和调整只能实事求是，坚持大家业已接受的对个人权利的尊重，废止以家庭为单位限购和分配的思路和办法，改成以成年居民个人为单位来限购，去除房产离婚这一怪现象的源头。由限制家庭购房数量改为限制成年居民个人，不论其已婚还是未婚或离异，长远来看并不会对房地产市场造成过大的冲击，尤其是考虑到政府提出和实施限购政策的本来目的就不是大幅压低房价。

住房作为民生基本和不可或缺的需求，与医疗和教育一样，本来就不宜作为市场经济骨干和命脉的组成部分。不论经济学者如何争辩和诡辩，世界各国的历史经验都指向这一认识，除非我们能够违背所有常识，创造出人类历史上一个独一无二的奇迹。房地产的建设和价格调控应该与精细和强调城乡均衡发展的国民经济规划有机结合，警惕以城镇化的名义进一步加剧城乡资源布局的差异化和不平衡。医疗、教育和其他各种资源更多地流向农村和中小城镇并不需要以削弱大城市的实力和竞争力为条件，而且能够加强经济的纵深腹地，为中心地带的健康和长远发展提供坚实的基础，能够在根本上拉动内需，扩展国内市场。

最关键的是，只有这种均衡的城乡布局才能促成最广大人民群众的幸福，满足他们追求美好生活的愿望。近日各地民众因为担心限购新政排队离婚的辛酸，不是八卦新闻，不可一笑了之。在限购的大城市，将限制每个家庭的购房数量改为限制每个成年居民，势在必行。

由丰子恺先生漫画《瓜车翻覆》说起

民航局近日发布通知,将严惩旅客在飞机上吸烟、打架、滋事等非法干扰行为。紧接着又有新闻说,大陆一位女游客在桃园机场抱怨有人插队,一位山西男游客以为是在骂自己,出手就拳打该女子。让我印象深刻的另一类新闻是,在南北贯通的某条高速路上,货车出事故抛锚,附近的村民常常来把货物搬走,攫为己有。记得某一次的报道说,村民们在搬东西的时候还笑盈盈的,觉得很好玩。再有就是关于食品制作和出售时候的种种作假和欺诈,好像把有毒产品卖给他人去吃,良心上也没有什么过不去,不会晚上睡不着觉。

我们最近几年似乎是淹没在这样的新闻里了,我们一般不假思索就得出结论说,当下是一个世风日下的年代。与之匹配的一个逻辑就是,在往昔的某个时候,譬如说在值得人们怀旧的民国,似乎一切都不是那么糟糕。真的是如此吗?这就让我想起丰子恺先生在20世纪20年代画的一幅漫画,他在上面的题记是:"瓜车翻覆,助我者少,啖我者多。"画面上是一部架子车倾倒了,装载的西瓜滚到地上,人们走过来,捡起瓜来吃,还有一家大小,每人抱了几个瓜,慢悠悠地拿着走开,而拉车的老者只能无奈地看着。我本人不是民国粉,但是一直是喜欢民国文学的,喜欢那种典雅的文风。不过因为读很多民国作品,我也有很多并不一定具有史实价值的坏印象,也仅仅是印象。就像丰子恺先生这幅画,当然有一定的代表性,不过我们很难在科学的意义上据此判断说,民国时期的民风也不怎么样。

萧红的《呼兰河传》写得很好看,完成于1940年,回忆她童年在东北的生活。有一些有趣的段落:冰雪天卖馒头的老头"跌倒了是不很好的,把馒头箱子跌翻了,馒头从箱底一个一个地滚了出来,旁边若有人看见,趁着这个机会,趁着老头倒下一时还爬不起来的时候,就拾了几个一边吃着就走了。等老头挣扎起来,连馒头带冰雪一起拣到箱子去,一数,不对数。他明白了。他向那走不太远的吃他馒头的人说:'好冷的天,地皮冻裂了,吞了我的馒头了。'行路的人听了这话都笑。"张爱玲的散文《公寓生活记趣》写于20世纪40年代,描画她在上海的生活:"说到公德心,我们也不见得比人强。阳台上的灰尘我们直截了当地扫到楼下阳台上去了。"看来住洋房的都市人也不是那么有教养。

其实萧红在同一本书里还写过那个年代的食品安全和人们对此的态度:做粉条的时候,有人爬到粉房的顶上摘蘑菇,一只鞋踩破屋顶掉下来,一直就掉到做粉的大锅里,"锅里是正在翻开的滚水,鞋子就在滚水里边煮上了。锅边漏粉的人越看越有意思,越觉得好玩,那一只鞋子在开水里滚着,翻着,还从鞋底上滚下一些泥浆来,弄得漏下的粉条都黄乎乎的了。可是他们还不把鞋子从锅里拿出来,他们说,反正粉条是卖的,也不是自己吃"。

现在那些关于中国游客土豪和粗俗的故事,到底能够说明什么?如果我们翻阅一下民国时期的社会新闻版面,我们能发现一个让人赞叹的知书达理斯文社会吗?恐怕不会。记得十几年前在北大的邮局、食堂和附近的公交车站,大家是不太排队的,现在的青年人大多知道安静整齐地排队。一些让人欣喜的变化在悄悄发生。我们还是看到许多人在随地吐痰,这个自蔡元培以来一直被大家批评的陋习,改变起来真是很难。这一切说白了还是教育问题。

看来我们需要做一些认真、细致和系统的调查研究,看看与民国时期相比,我们今天的民众涵养,到底是进步了还是退步了,今后应该如何改进。我还是那句老话:假如我们让全国的每一个儿童都能接受同样优质的小学和中学教育,从小学会懂礼貌、讲卫生,我们就不会有游客跑到外国制造负面新闻的问题。而这一点,如果我们能够重视基础教育如同重视奥运金牌,我们一定很快就能够做到。

我梦想有一天在北京公交出行,公交车喇叭不用再说"先下后上",地铁的门上也不用再贴这个提示,而大家自动和本能地都会这么做。

牙膏皮换麦芽糖的美好时光

世界历史上的社会改革运动都议论到乌托邦，其中我最喜欢的是一种乐观的理解，即乌托邦不是指空想，而是指比眼前的状况更加美好的境界，是可以通过人的努力来达成的美好现实，是一个安放美好心灵的地方。而且乌托邦里面也不一定全是未来才能实现的真善美，也可能有一度被遗忘丢弃的美好传统，一些过去的美好时光。

写这些话是因为我想起小时候拿牙膏皮换麦芽糖的惊喜了，故事的确有环保的意义。

过去流行的是中华牌牙膏。这个品牌早就被联合利华收购了（据说只是"永久租赁"），没有听见太多不高兴的声音。我自己有点小气，觉得这比一些妇女专门跑到美国或者其他地方去生孩子要严重得多了。换位思考，有点像麦当劳被华为收购了一样。听说为了向海外发展，北京市的白玉豆腐品牌也早就和韩国合资了。每当我在超市拿起一块豆腐的时候，两眼总是躲不开那个鲜艳彩色的"希杰"标志。展望未来，如果因此能够让我们的白玉豆腐像肯德基进入中国一样风靡韩国和国际市场，那也是不错的。不知这一好事是否在进行中。

　　与豆腐和牙膏皮有关的故事反映出以前良好的生活习惯。20世纪90年代之前，我的老家杭州还没有太多的高楼大厦，沿街和街边小巷里布满了两层的砖木民居，大多很老很破旧，有些路段还是青石板铺就的。卖豆腐的小店就在这样的街边或者巷子里，过去"豆腐西施"的说法，就是这样的情形：后院在做豆腐、豆腐干和素鸡，前面是老板娘在站柜台。后来有些店面显然变成国营豆制品厂的门市部了。豆腐是好东西，60和70年代时是要凭票限量购买的。那个时候没有一次性的塑料袋，花生米和烧饼等食品用旧报纸包。湿漉漉的豆腐怎么办呢？通常是用钢精（铝）的锅子或者饭盒装，然后放在手臂上挎着的竹篮里面。现在回想起来，大妈大嫂这样上街，就是一个绿色环保的形象。

　　白玉豆腐在合资以后，光在包装上就很有些变化，之前容易坏的白干和香干现在都有真空包装，不用冰冻就可以在冰箱里保鲜一个月。现在太多副食品是有密封包装的。可乐和牛奶瓶子可以放到可回收物品的垃圾箱里，包豆腐、豆腐干、老鸭脖、方便面的塑料小盒子和小袋子，火腿肠外面的一小片薄膜，小的酸牛奶盒子，应该算是厨余垃圾，还是可回收材料呢？一位由德国来北京教书的同事就问我这个问题。我反过来又问他，在德国这些油腻腻的食品包装如果放到可回收垃圾箱，之前需要清洗一下吗？他说这是在德国引起热烈讨论的问题，因为清洗就要额外用水了，所以争论后的决定是不要去冲洗。

理论上北京采用和发达国家差不多的垃圾分类法。大家抱怨居民没有按照分类放好垃圾，其实都忽略了一个基本的情况。在很多小区，所有能回收的瓶瓶罐罐和其他物品，倘若在垃圾箱里，都会被一些生活困难的大爷大娘捡走。起码在我居住的学校宿舍是这样。居民一般也不会丢弃报纸杂志和各种瓶罐，会卖给收废品的商贩。真正难做好的，是回收小酸奶盒子、火腿肠外衣和牙膏皮那一类的东西。环保做到这种程度需要很仔细的态度。

我小时候对牙膏皮有特殊感情。那个年代的牙膏皮是锡合金制作的，有比较高的回收价值。牙膏快挤完了，我就算计积攒的牙膏皮有几个了，可以换多大一片麦芽糖。卖糖的人挑着担子过来，箩筐上面放着一整块圆形的麦芽糖。小朋友口口相传，转瞬间大家都拿着牙膏皮出来了。心动时刻，是盯着卖糖人用一个凿子把坚硬的糖敲打成小块。现在的牙膏包装是廉价塑料做的，小而不起眼，应该如何回收呢？社会应该做好宣传，让大家知道。

过去各地都遍布国营的废品回收店，里面的从业人员很专业，各种废品的分类整理井然有序。现在据说整个行业都是外地打工者自己在做，集中在城乡接合部，把那里的环境也搞得很乱。这本来是一个需要专业素养和严格管理的重要行业。旧办法显然比现在的新办法好。

但是我敬佩那些捡瓶罐的大爷和大娘。有时候，他们看见有人过来会不好意思，会转过脸去。他们靠自己的辛苦挣些补贴生活的小钱，还保护了环境，是最干净、最光明磊落的人。

一件琐事：更换电饭锅内胆

2015年天津"8·12"爆炸事件发生之后，朋友同事相见都会议论，其中想到一个情况是：假如瑞海公司堆放的不是易爆易燃的危险化学品，而只是一般的有害物品，譬如电子垃圾，那么那里的违法违规经营会拖延到什么时候才被发现？被发现之后是否会及时得到重视和整改？如果没有这场爆炸，该公司的乱象是否会5年乃至10年甚至更长期地持续下去？又譬如大量国外电子垃圾走私进入港口和拆解加工场地。这些都是媒体早已报道和批评的严重问题。现在这些不会爆炸的电子垃圾的走私、堆放和污染环境状况还在继续吗？绝大多数生产和经营过程中的粗放、短见、贪婪和贪腐弊端未必会遭遇一场大爆炸带来的曝光，但是这并不意味着我们的社会应该对之熟视无睹、不予理会。

在这里，我想以更换电饭锅内胆这样一件生活琐事为例，来说明我们在社会治理上应该做而没有尽心尽力去精细操作的一项工作。主流媒体在几年前就曾经报道说，随着生活现代化程度的提高，手机、电脑、音响、冰箱和彩电等都有新旧置换的问题，而中国作为人口大国产出的大小家电垃圾早已达到了惊人的数量。在此之外，国外大量的电子垃圾也流入国内。多家媒体在2013年6月都曾经有报道提及，很多国外废弃的电子产品通过走私的渠道进入南方沿海地区，进入那里处理加工电子垃圾的工厂，在给这些企业带来丰厚利润的同时，也造成河水、土地和空气的污染，并危及工人和附近居民的健康。也有报道说，电饭锅是家电垃圾中很独特的一种，因为相当一部分废弃电饭锅本身并没有坏，只是其内胆涂层磨损。购买替换内胆十分麻烦和困难，结果很多消费者由于担心用磨损内胆煮饭不利于健康，不得不再购买全新的电饭锅。在主要电商网站上，各大电饭锅制造商只卖新产品，不销售用来替换磨损内胆的新内胆。出于节俭和环保的考虑，为什么我们不能在这方面改进一下工作？有关部门是否可以要求制造商生产充足的用以更换的内胆，并创造条件让消费者方便地获得？

由我个人的经验来看，一个电饭锅内胆由完好到出现磨损也就是两到三年的时间，其他人可能有略微不同的说法。在过去大约15年时间里，在我用过的5个电饭锅里面，只有一个是买来不久电路就坏了，其余都是因为内胆不方便更换而丢弃的。这样的浪费使我个人很有负罪感，因此在第五个电饭锅内胆磨损之后，我决定改用普通的不锈钢锅煮米饭了，尽管这样会麻烦一些，有时不小心会有米汤煮沸溢出来。除了这个个人的决定之外，我有两个小小的疑问，希望电饭锅行业内的专家和做深度调查的媒体记者帮助解答。

第一个问题是,内胆磨损之后继续使用是否无害于健康?如果回答是确切的无害,那么我们应该让消费者明白,不需要动不动就更换磨损内胆,不需要在搞不到新内胆的情况下去买新的电饭锅。这样的话,电饭锅销售可能会受到一定的影响,废弃的家电垃圾却会减少。

第二个问题是,每年我们国内到底销售多少个电饭锅?每年废弃的有多少?我想这两个数字肯定都是天文数字。一个媒体记者如果追踪调查一下100个家庭使用电饭锅的情况,应该可以弄清楚,其中有多少个家庭因为磨损内胆不方便替换而购买新的电饭锅。这位记者也应该去弄清楚,购买一个用来替换磨损内胆的新内胆到底有多困难?有哪些厂家在这方面做得比较好?厂家是否有意制造这方面的困难?厂家是否以此变相地推动新产品的销售,而不顾及资源的浪费和环境的污染?

《黄帝内经》提倡人们在日常生活的细枝末节上注意养生和防病:"圣人不治已病治未病,不治已乱治未乱。"为什么要这样呢?因为"病已成而后药之,乱已成而后治之,譬犹渴而穿井,斗而铸兵,不亦晚乎"?精细的社会治理也是同样的道理。切实减少电饭锅这种普通家电垃圾的数量,看起来是不起眼的琐碎工作,可是如果我们能够做好,如果我们在其他日常工作上都养成同样细致和负责任的态度,那么我们在精细社会治理的前进道路上就能够迈出稳重和踏实的步子,就能够避免大问题和大乱子的出现。

上亿个废弃电饭锅堆积成山的样子,是一幅丑陋的图画。

"您要咖啡还是要茶?"

早年学英文时,我用过的教材里面有一段空姐端茶送水时候的对话。空姐在过道里一路走过来,问各位乘客说:"您要咖啡还是要茶?"教材上的顾客则回应说:"请给我咖啡,谢谢!"现在大家经常坐飞机,不过让人遗憾的是,我们的乘客很少对空姐说"谢谢"。飞行途中,一位空姐要对几十个人来回问"您要咖啡还是要茶",以及"您要牛肉面还是要鸡肉饭",有多少人会对她说"谢谢"呢?"我要咖啡"之后应该还有一声"谢谢您",而不是戛然而止,留下一个让人揪心的省略号。这是一个让全民粗俗化的省略号!

我们多年来很有热情谈"制度""体制"以及"改革"。即便有时候我们谈"精神文明",往往也是和"物质文明"并列,总觉得只要富裕了,一切其他问题就迎刃而解了,因此对生活态度的改良不是很着急。现在大家可能已经意识到,人心良善不是富裕生活自动造就的，需要点点滴滴去培育，需要环境的熏染和自觉的修炼。这时候我们容易失去耐心和感到悲观。

丰子恺和李叔同两位先生都是有很高佛学修养的艺术家，对生活都有敏感和美好的感悟。他们都曾经希望艺术可以改造人心和社会，最终却意识到甚至连宗教都未必能够轻易改善人性。丰子恺先生在《佛无灵》里面写道：许多人"念佛吃素，全为求私人幸福。好比商人拿本钱去求利"，真正信佛应该"屏除私利"，而不是"求自己一人一家的幸福而不顾他人"。在实际生活里，很多不文明行为的根源是私心。在《车厢社会》一文里面，他列举过一些民国时期人们坐车旅行时候的自私无理动作，和今天一些人出门的习惯差不多：明明只买了一张票，有的人总是横躺在几个人的座位上，或者用行李占据自己身边的位置，不让其他旅客坐下。没有行李的时候，有人还会用屁股和大腿占据两个人的位置，装作看不见前来找座位的人，让那些老实谦和的旅客无所适从。

李叔同先生后来皈依佛门，做了弘一法师，并做了很多劝人向善的演说。他多次谈到"惜福"，要求自己，同时也恳求大家，珍惜日常所用的衣物饭菜。他提到印光法师的一个故事。后者看见客人用餐后的碗里面有一两粒米饭，于是就大声呵斥道："你有多大福气，可以这样随便糟蹋饭粒！你得把它吃光！"珍惜不是吝啬，懂得珍惜的人才不会去贪多，才会注意到生活的价值不在身外的财货。李叔同先生对在家修行的教徒们说，杀、盗、淫、妄这四戒中，最难做的是不破盗戒，因为很多贪婪行为大家并不以为是盗罪。他指出，偷税漏税其实就是犯了盗罪，但是一个人在与他人一起做生意的时候，合伙人希望少报税，就不好意思再坚持原则。公家、公司或者他人的东西，小至寸纸尺线，顺手牵羊贪小便宜也是盗窃。他举例说，汇款是要专门缴费的，而许多人为省钱，把钞票夹寄在平信中，实际上也犯了盗窃罪。一个文明社会的养成，其实就在于我们能够用心在无数细节和小事上克制私心和贪欲。

其实粗野无礼就是一种极恶劣的贪欲，只不过贪图的是人们自己的任性和方便，而人们还往往以为自己只是率性了一点。李叔同先生深信，人的教育以矫正坏习惯为主，尤其要注意改正"细微之习惯"，要战战兢兢正视缺点，不可傲慢随意。礼貌是一种好习惯，但是任何社会都很难用制度来强迫人们彬彬有礼，见人就把"谢谢"挂在嘴巴上。就像造假售假和随便制作不安全食品，岂能光靠加强监管来纠正？我们总不能在每家作坊和所有的田间地头安装监控摄像头吧！这一切问题的解决，最终还是要靠人心的良善和做事的认真，要靠人们养成和保持良好的习惯。

丰子恺先生曾经用一个"渐"字来谈论人生。经营一段美好的人生和造就一个美好的社会，就像是养花，得慢慢来。我们不可能时刻守候鲜花的开放，因为每天的进展可能是不起眼的。反过来说，在十几亿人当中，如果有十分之一的人每天都有一小件不文明不礼貌的行为，那会积累成多大的负能量？细节决定生活的美妙，细节也会让生活变得丑陋。

在"五一"假期旅行的时候，对空姐、列车员或者其他服务人员，您说"谢谢"了吗？

为什么狗狗是万万不可伤害的

很多人都反感广西玉林的狗肉节。为了保护狗狗,我们在科学上和伦理上要把道理说透。

有些成语总是让人芒刺在背,譬如"兔死狗烹"。这是范蠡劝说文种赶紧退隐的话。范蠡警告他说,与越王勾践可以共患难,不可以同安乐:"蜚鸟尽,良弓藏;狡兔死,走狗烹。"这话反映了古代政治功利主义的毛病。专制君主把大臣当作是御用工具,对功臣处处防范和牵制。不过这样的成语长期流传在民间,对辛辛苦苦帮助百姓讨生活的猎狗也有不利影响,让人们觉得狗不过是一种协助谋生的器物,是可以随时抛弃的,甚至可以被杀掉和吃掉。

绝大多数人对狗都有温暖真切的感情。可爱的狗狗和绒毛的玩具狗不一样,因为它们的眼睛总是亮晶晶有灵动感,有一种含泪欲滴的柔情和依恋,有一种对我们人类纯真的信任和信赖,充满着良善和急切的沟通愿望。以前有报道说，医生发现，如果男人和他自己的狗狗在一起，血压总是最平稳的。我的一位大科学家朋友提醒我，2015年4月17日的《科学》杂志有两篇重要的文章，研究人与狗之间的前世今生情缘。人与狗之间难舍难分的朴素情感，因此就有了科学理性的解释。读完这两篇文章，我和科学家朋友说了我的感想：如果延伸一下这些研究里面的道理和逻辑，那么吃狗肉可以看作和食人肉一样残暴和违背人性。

把虐待和屠戮狗狗的行为理解为类似"人相食"的残暴，在科学上和伦理上都有道理。上述科学研究表明，狗在与人沟通时的心理和行为与人类儿童极其相似。其原因在于，由于被驯化和长期与人类共同生活，狗已经习惯在遇见困难时寻求人类的帮助，就像很多人也得到过狗的帮助，譬如圣贝尔纳山地犬擅长在阿尔卑斯山雪地里面救人。人狗之间的朋友关系已经在二者的生物进化上留下了永恒的痕迹：科学家发现，在人和狗相处的时候，人和狗的内分泌都会发生健康的反应，譬如会分泌更多有利于社交的脑下垂体后叶催产素（男女都有的一种荷尔蒙）。人和狗这种生理上的互动，与母亲和婴儿之间的互动类似。

更有意思的是，这种生理反应会表现在人与狗之间目光的交织上。换言之，科学已经证实，狗狗的眼神让人感到温馨和爱怜，不是我们在自作多情，而是实实在在发生的情感交流。狗狗和它们的主人在用眼睛交流时，或者当主人抚摸狗狗的时候，人和狗的荷尔蒙分泌会有相应的变化。也就是说，人和狗的朋友关系业已通过生物进化进入各自的基因。前述的《科学》杂志文章还谈到,当狗眼巴巴地看着主人的时候,它们要的可能不是狗粮,而是爱抚和温存。人对狗的感情也是一样。学者在研究脑影像的时候发现,当人类母亲温情地看着自己的婴儿和自己所养狗狗的时候,她们脑部的反应是相似的。

希望科学家的研究还能够扩展到人与猫的关系。在伦理的层面,如果我们人类虐待和屠戮猫狗和其他动物,我们的残忍还会不可避免地延伸到人与人的关系中去。南北朝时期的颜之推著有《颜氏家训》,在那里谈到杀生的因果报应:"好杀之人,临死报验,子孙殃祸,其数甚多。"他举例说,在永嘉郡守王克准备招待宾客时,将要被宰杀的羊跑到一位客人面前下跪,拜了两拜,并躲到他的衣服里面。但是这位客人竟然没有告知主人此事,也没有为这头羊求情,结果在吃了一块羊肉之后,发出羊一样的叫声,紧接着就死去了。颜之推强调说,儒家君子懂得要远离庖厨,因为见到活物就不忍心见其死,听到宰杀的叫声就不忍心吃肉。这种怜恤之心并不是一种虚伪。人们对弱小的家畜没有发自内心的仁爱之心,一不小心对弱小的邻人也会痛下狠心去残害。

北京大学历史学系是有系猫的,但是我们的照看也许还可以更加周全体贴。原来的小白自从历史学系搬迁到人文学苑之后,留恋静园二院,不愿意跟过来,不幸在2015年寒假失踪了。现在的新小白是一位单身母亲,育有4只小猫,在历史学系所在5号楼地下有安居的处所,在楼门前有饮水和喂食的盆碗,有讲究的品牌猫食,天天用悠闲懒散的目光迎送进出的师生员工。可惜的是,新小白的儿女之一,最近据传被流浪狗抓走,去向不明。

城市的香：桂花和臭豆腐

对一个城市，人的嗅觉往往获得第一印象，因为下了飞机或者出了车站，闻到的气味是最直白和不可遮掩的，而各个地方的气味又总是那么微妙地不同。

我喜欢自己的家乡杭州，又不常住那里，回去总有温馨感触。前几天我直接由火车东站坐地铁到武林广场站，一出站就遭遇细细一缕桂花和臭豆腐的混合香味，知道是到家了。在11月的秋雨之中，哪里还有满树金黄的桂花，仅有零星开剩的几簇狼藉；臭豆腐的味道也很淡，可能是由远处的店铺飘过来的。李渔在《闲情偶寄》里面写桂花说："树乃月中之树，香亦天上之香，但其缺陷处，则在满树齐开，不留余地。"这位居住杭州多年的文人行文一般是有些油滑的，不太用心。他可能没有留意到，桂花即便凋零了，香气依旧绵长。人们时常看不到桂花树，闻到的也是断续的轻微的香气，那一株或者那几棵花树可能远远地躲在一个公园里，或者在一处街角，或者在一堵高墙后面。桂花的香沁人心脾，当然没有臭豆腐气味那么世俗和草根，然而两种气息在远远地飘过几条马路之后，在江南秋雨的湿润和温润之中，都是一样的恬淡阴柔，挥之不去，缠绕在路上客人的四周，软化他们的心。

柔和温良的确是杭州给人的真实感受。全国各地的人到了这里，都赞叹马路上大小汽车礼让行人的景象。我自己有好几次在斑马线上出了"洋相"，在主动让我先过的公交车和小汽车面前，因为不习惯而止步不前，然后又感动得一塌糊涂。特别值得一提的是，杭州的公交车行驶非常文明有礼貌，很少看见抢行和闯红灯的情形。公交车带头严守交通规章，不仅风格高尚，还有很好的示范作用。在其他城市常常忽视信号灯的行人和电动车在这里却比较规矩，大多会在红灯面前耐心等待。其实七八年前的杭州还有富少在街上飙车伤人的新闻，而在此后的数年里情况就完全改变了。我的一位小学同学说："现在我过马路，总是遇到车停下来等我，我都赶紧小跑过街，心里暖暖的。"我自己探亲或者出差回家，也有一模一样的感觉。杭州还有满街便民的橘黄色公共自行车，私人自行车失窃的情况也十分罕见。这的确是一个因为和谐而富有竞争力的城市！

"东南形胜，三吴都会，钱塘自古繁华。"杭州是一个富裕的城市，但是我历来不很赞成"仓廪实而知礼节"这样蔑视和误导民众的庸俗道理。"穷山恶水出刁民"是个习语。是先有穷山恶水，继而有刁民呢？还是因为民风败坏造就或者无力改善穷山恶水？我不相信好的民风需要等到富裕之后，我相信普及的教育和改良的民风能够改天换地。杭州的很多事情做得很漂亮，体现了正面的风气和社会治理。"重湖叠巘清嘉，有三秋桂子，十里荷花。"富有旅游资源的杭州，多年前就免费开放了所有公园。杭州还是一个悉心照料老人的城市，有许多细致体贴的举措，譬如免费发放手机给80岁以上的老年人，上面带有每月600分钟的通话时间，还有紧急求救的呼叫按钮。街道每天会派人来探望独居的老人，帮助他们处理家务事，甚至提供免费的护工，每周几次带残疾人出门呼吸新鲜空气。

杭州话是很有特色的官话，而晚近的一些词语很典型显现了当地人的温顺善良。譬如下岗在纺织工业曾经发达的这个城市一度是严重问题。这是许多北方城市也曾经遭遇的困难，但是杭州市有保证夫妻至少一人有稳定职业的政策，而百姓则很含蓄温良地把下岗用方言叫做"回来喋"，意思是回家了，保全了面子和尊严。这就像杭州人称呼离婚这样的生活悲剧为"走开了"，意指配偶有一方离开了，形象而又不失体面，不论是说自己还是说别人。

我对很多城市的记忆都与气味有关，譬如巴黎空气里的薰衣草味道，波士顿北区的意大利面酱味道，河内街头的咖啡味道。在巴黎居留期间，我很喜欢面包房的奶油奶酪香气。我也很好奇，为何所住公寓楼下有两家几乎相同的面包房。法国朋友跟我解释说，这样的话，两家店铺的员工可以轮流关门休息，又能保证居民每天就近买到新鲜出炉的面包和甜点。

杭州有桂花香，巴黎有薰衣草香。尤其让人感到美好的，是这两座城市对人的体贴。

咸鱼和匮乏的辛酸

吃里面也可以观察到社会进步。

肉饼蒸白鲞是杭帮菜经典。肉饼内有姜末,如果考究,边上会打上两个鸡蛋一起蒸。这道菜咸香味浓郁,下饭,不甚合当下人的口味,因为大家现在吃菜多,只吃一点点米饭。白鲞是剖开风干的咸鱼,但是不便宜,因为是用好的大黄鱼制作成的,就是现在已经被捕捞殆尽不见了的那种真正大黄鱼,所以20世纪70年代的价格就比较贵了。和金华火腿一样,鲞属于"馈赠佳品",呈白色和金黄色,外观吉祥,有时用细竹条框套着,有红色贴纸在外面,是可以过年过节时候作为礼品送人的。

杭州人过去还吃另外一种咸鱼,即水产店白瓷水池里堆放的湿漉漉的便宜货,卖相很难看,颜色灰暗,用海里略大的杂鱼做成,工艺简单,用盐腌渍就可以。买回家后,一般需要在清水里泡上一夜,否则咸得无法入口。这当然就不是饭馆里用的材料了，却是以前寻常人家节约度日的一道菜。几分钱买一大捆小青菜，切成小段一炒，再把两毛钱的咸鱼洗干净，讲究的话涂点料酒，上锅一蒸，七八口人甚至十来口人大家庭的一顿饭，就可以对付了。一筷子咸鱼可以下一大碗米饭，加点青菜，维生素和蛋白质似乎都覆盖了。不过如果天天顿顿吃这个，难免会苦恼，也是现在大家难以想象的。

我小时候有一户邻居，做父亲的去世早，子女众多，母亲无业。家里年幼子女还在上小学中学，年长的子女们都在工厂工作。70年代大家工资都不高，就业的子女还要接济母亲和弟妹，所以他们的母亲习惯节俭。一天我正在他们家盘桓，见他母亲买菜回来。已经就业的三哥上前突然把菜篮子里的咸鱼翻出来，使劲摔在地上，怒斥说天天吃这个，"烦死了"。他母亲立刻默默地哭起来。这是我生平第一次看见女人的眼泪在一瞬间喷溅出来。那以后我才知道，眼泪不仅可以流淌下来，还会喷溅出来。这情景让我很慌张，回去和父亲讲了对三哥的不满，所以一直难以忘记。这件事也教会我，在贫穷之下维持一份尊严是多么不容易，三哥的母亲是多么值得敬佩。当然，穷困者也不一定都可爱，这位三哥就有点不可爱。现在回想起来，他是交给他母亲伙食费的，可能觉得吃得太差了。

改革开放以来的市场经济的确改变了人们以前的匮乏生活。在房价略微低迷的杭州，商业租金比较理性适中，百业兴旺，餐饮业尤其发达。普通民众现在时兴去的新型连锁中餐馆，实行标准化经营，菜肴丰富多样，环境清洁整齐，有杭州传统的家庭烹饪特色，而且其亲民的价格完全没有影响菜肴的质量。肉饼蒸蛋、糖醋排骨、千张包竟然在10元以下，西湖醋鱼才25元！这类餐馆另外一个特点是酒水的价格与超市差不多，譬如三年陈的一大瓶加饭只卖15元，比星巴克的一杯咖啡还便宜。这样的连锁店如果开到欧美去，可能真的会掀起一场推广中餐的革命！我知道三哥今天的生活算得上小康，再不会为了吃不上美食苦恼了。

约翰·伯德·萨默（1780—1862）是19世纪英国重要的经济学家，热切地肯定市场经济，认定这一天赐的经营模式是人类的福音。这一看法在今天的中国也已经有了众多的信徒。萨默并不是毫无保留地接受他所处年代英国的放任资本主义。他关注市场经济的侧重点，是如何让它能够健康发展。与马尔萨斯悲观的见解不同，萨默将人口增长形成的资源压力看作激发人们努力劳作和促进财富增长的积极因素，同时他也注意到市场经济的繁荣往往带来贫富分化和一部分人的穷困窘迫。这一弊病，在萨默看来，是可以通过人的努力消除的。他开出的关键药方是教育，而不是济贫：教育不仅向穷人传播知识和改善劳动技能，还提高他们分辨善恶、沟通交流的能力。所以"贫困永远是远离良好教育的"。

在20世纪的欧美诸国，英国是福利国家制度的重要先驱之一，偏重加强社会保障，但是它的教育平等和普及并不是做得最好的。所以到了20世纪末和21世纪初，布莱尔工党政府改变消极的救济福利，在新的语境下再度强调教育和自我完善是改变个人命运的关键，将政府的社会投资集中于教育，有效解决了社会贫困问题，进一步增强了英国市场经济的竞争力。

一碗虾片儿川提示的社会思想

1887年和1888年担任纽约市长的艾布拉姆·休伊特（1822—1903）曾经禁止慈善组织在市内设立出售一美分套餐的廉价午餐亭，认为过度降低生活成本并不能从根本上改善劳工处境，反而会变相促成他们收入和生活质量的下降。19世纪末和20世纪初是美国资本主义异常活跃的"镀金时代"，不过在大学通用的经济学标准教科书却是理查德·伊利教授的《政治经济学导论》（1889年初版）和《经济学概论》（1893年初版）。这两部著作是当时美国进步社会思想的组成部分，对社会主义做了大体正面的理解和叙述，教育了美国的知识分子和上层精英，为后来纠正野蛮资本主义的社会改良运动进行了思想准备。

伊利解释说，休伊特的这一举措触及了现代商业社会的一个原理：工资水平受制于人们公认的基本生活水平，提高工资的一个重要前提就是提高一个社会在文化上认可的生活标准。用马克思的话来说，决定劳动力价格的要素除了工人生活和繁殖所绝对必需的生活资料，还有"每个国家的传统生活水平"，即"历史的或社会的要素"。伊利举例说，缩短过长劳动时间，提供工伤和人寿保险，保障退休金和子女受教育机会，都是工资劳动者起码的体面生活所必需的，社会改革思路就是让社会普遍认识到这些元素应该包括在基本生活水平里面。

虽然伊利并不主张全盘国有化和计划经济，他也不赞成市场经济脱离政府调控。他认为，即便在市场经济为主流的前提下，公有经济也是必要的，譬如公营的邮政、铁路、巴士、水电、煤气等公用事业。当时美国坚持公用事业私有化的一方与呼吁公有化的一方争论激烈。伊利撰文指出，这些公用事业重要的社会服务宗旨不可能由私营企业单纯通过市场机制来完成。做好服务的办法要么是公有公营，要么是在政府严格监管之下让私有企业来承包。而后一种办法的风险在于，经营公用事业的庞大私营公司拥有强大的政治力量，政府对它们进行监管会十分困难。这些公司甚至可以支持自己的候选人进入政府，让他们成为自己的代表。一个城市公有公营的水电和巴士等公用事业要运营顺利，不仅政府要清廉无私，这些公司的管理人员和员工也必须有专业水准和敬业精神，而满足这些条件尽管麻烦，并非不可能。

在"镀金时代"的美国，伊利教授对公有经济还是持谨慎的乐观态度。而在今天的中国，我们有时候却把国有企业与腐败和低效率简单粗暴地联系在一起。这应该不是一种理性的态度。最近我回过几次杭州老家。和以往回家的惯例一样，每次我都去官巷口的奎元馆吃一碗面，去仁和路的知味观吃一次小笼包子。杭帮菜当下风靡北京和全国，不过在外地见到的多不正宗。奎元馆的片儿川以及略微高档、撒上些许白润虾仁的虾片儿川，从浇头、面条到汤汁，几十年来都保持原样，再加上一份腐皮青菜、一杯二元一角钱竟然有三两的加饭酒，让我乐陶陶，醉醺醺，有点不想回北京了。像奎元馆、知味观这样鲜香四溢、服务周到的国有餐饮业，其实在北京也有不少家，譬如旗下有全聚德等众多老字号的华天饮食集团公司，在产品质量和食品安全上有他人难以匹敌的骄人成绩。杭州的知味观不仅没有在民营店家的激烈竞争面前衰落，反而逆势成长，成为浙江省最大的连锁餐饮品牌。

在这些国有的餐饮店家，我们还依然能够见到中年的本地人服务员，想来还是原来的单位员工。我没有觉得她们的服务有任何问题。我相信，在这些国有企业，员工会得到比很多私有企业更好的福利，有更加稳定的就业保障。这使得她们在成为大妈之后还快乐地坚持在端盘子的岗位上。国有企业员工的待遇如果能够持续高出同行业的民营企业，那么国有企业还有助于提高人们对基本生活水平的期望，间接拉高社会上其他劳动者的收入。

就像伊利教授在19世纪末的美国就已经意识到的，企业国有还是民营的属性并不自动就决定它们是否有效率和运营顺畅，而且在许多情况下，公有公营的企业更容易把社会公益作为自己明确和坚定的目标。尽管特定的国有企业会有自己特定的薄弱环节，妖魔化国有企业肯定不是科学和负责任的态度。

宝石山春天里的满山红

身处夏天,我反倒很想念杭州春天的满山红。

我有三十多年没有见到宝石山里的满山红了,因为离开杭州到北京读书和教书以后,只有寒暑假才能回家乡,而满山红是杜鹃花科植物的一种,在春季开花。我甚至都不知道,保俶塔下的山坡和小道两边、巨大的岩石之下,现在还有没有那浅浅亮丽的紫红,一簇簇蔓延到高低起伏的远处,隐隐消失在芳草绿树之间。白堤苏堤桃柳明媚,是外地游客知道去看的。我心里留下的最深杭州印象是春天的满山红。登不高的山,看寻常的花,是在杭州做平凡人的一种境界,外地过客很难体会其中的乐趣,除非他们静下心来,逗留几年。

张岱写《西湖七月半》,写到看西湖月色的五类人,写到人们除了看景还捎带看那些看景之人。关于杭州的文字,我最喜欢的还是吴敬梓写的马二先生游西湖。年轻的时候,给自己的导师当助教，聊天会聊到《儒林外史》的这一章节，两人会无缘无故会心一笑，快乐半天。也可能我们不约而同联想到了，文人生计窘迫而又能乐观善良，是特别招人喜欢的。马二先生是编选科举范文的，做的是"高考"辅导的事业，不过自己在考上秀才之后就再没有进步了。在嘉兴替书商忙碌一通之后，马二先生又跑到杭州的书店，觉得到"西湖走走，那西湖湖光山色，颇可以添文思"。除了差点落入一个江湖骗子的圈套，马二先生在西湖边的游览还是有滋有味的。我尤其喜欢的是下面这段文字：在净慈寺，他遇见"那些富贵人家的女客，成群逐队，里里外外，来往不绝，都穿的是锦绣衣服，风吹起来，身上的香一阵阵扑人鼻子"。马二先生身材高大，"穿着一双厚底破靴，横着身子乱跑，只管在人窝子里撞。女人也不看他，他也不看女人"。尽管手头很紧，马二先生泡泡茶馆，烧饼、牛肉、粽子、黑枣和芝麻糖什么的还是吃个一饱，估计女人也是看了的。

在杭州，平民可以过得很舒适。张岱写西湖边看月的几种人，不论是楼船箫鼓的富贵人家、短衫打扮的劳工粗人，还是素瓷饮茶的文人墨客，都在月下拥有自己自在开心的空间。所以这就是杭州：在有意无意之间，超越了绝对的平均和单调，包容了社会阶层的差异多样，又在生活细节里处处让人有各得其所的平等感觉。海内外其他一些大都市的森严等级和势利小气，在杭州不易寻觅踪影。

我近日回到故乡，像马二先生那样跌跌撞撞，四处随便走了一走。杭州不算大，逐渐四通八达的地铁所带来的便捷让人欣喜，毕竟只要半个小时就可以到达城市最边缘的地区。这让本地居民的出门和上下班变得非常顺畅。我还突然发现，不仅大小汽车在人行横道线停下让行人先过，甚至右转弯的车辆也停下来礼让步行者。开车的人，尤其是公共巴士的司机，所表现出来的礼貌让行人很感动，很受教育。一个大家原先没有想到的结果是，行人和自行车，甚至在其他城市横冲直撞惯的电动车，越来越遵守交通规则，闯红灯的人越来越少。一个城市的市民文明如此，当然是因为他们普遍地感到心情舒畅；一个城市政府能够引导民众、切实创造出这么一个优良环境，只可能是因为官员们对每一个人都有真正的关怀，并对资源进行了相应的配置。

我走在杭州的街头，难免也会想，在同样的体制下，为什么杭州能够做到的事情，在许多别的地方却做不到，或者做得不尽如人意？我在西泠桥附近的路边遭遇过一辆除尘降温的洒水车。人行道内侧是篱笆，所以洒水车喷着水过来时我很难躲避，准备好被浑身淋湿。突然司机把水关掉了，车子在经过我之后，才又开始洒水。我呆呆站立了一会，意识到这位司机是随时在观察路上行人的。普通人之间比较多一点互相关心，绝大多数人都生活得舒适安逸，有安全感。这就是我在杭州马路上行走以及与朋友接触的感觉。

小时候的同学纷纷在微信里敦促我写点文字，赞美全国人民都喜爱的杭州姑娘傅园慧。我想我们应该关注到她身后的城市及其文化。傅园慧的纯真可爱的确是一个奇迹，因为我们终于超越了对待体育比赛的功利态度。照现在的发展趋势，在众多市民内心充满幸福的杭州城里，还会有更多让人惊喜的奇迹发生。

社会观察其实是一种审美感觉

2015年"两会"期间,卢周来先生在《北京青年报》连续两次撰文谈论"建设美丽宜居乡村"这一问题。作为一个经济学家,他在文章中注入了对自己家乡的深厚感情,流露出对乡村垃圾处理问题的焦虑。他还提及一位大学毕业生返乡用一己之力修建垃圾池,恢复那里山清水秀的景色。我去过我的一位近亲在太行山边的老家,也看到了环境的脏乱情况,十分郁闷,却没有想出好办法,于是赶紧把这两篇文章转给这位近亲。

对社会问题的观察和分析,如果我们有这种爱和感情的投入,感受美丽,厌弃丑陋,我们就不容易迷失在理性的冷漠森林里。好的审美感觉往往来自美好的价值观和生活态度。

回乡大学生和博士生谈论家乡的文字以及相关报道最近在媒体上比较流行,乡愁和乡情本来就是很美好很自然的感情。同时我们也看到另外一种新闻,似乎反映了一种和乡愁逆反的心情,即国内一些妇女设法到境外去生育，以便为孩子获得那里的居留权。比较晚近的新闻来自洛杉矶。我看报纸读到美国警方和移民当局搜查和讯问那里"孕妇村"的中国妇女。我也读到了当地媒体尖刻刺耳的议论。当然，也有人到别的国家和地区去生，如果那里有出生证等于居留权的法律规定。理智上，人各有志，这又有什么呢？情感上，我觉得这不是一件让人兴高采烈的事情。我这种感觉是否有问题？是否我太老派和保守了？干吗为这种事烦忧呢？后来我意识到，让我不安的原因是，从审美的角度看，这实在不是一件美丽的事情。

的确，经历了30多年的改革开放和频密的国际交往，大家对迁徙自由这个基本权利不仅没有什么疑惑，也是乐意实践的。作为世界上人口最多、人均资源很贫乏、经济又相当程度依赖国际市场的一个大国，有那么多人愿意连人捎带财产转移海外，或者愿意在留学之后永久居留当地，岂不是很自然吗？干吗要觉得这是一个问题呢？

在国情判断上，我们对移民海外问题应该有一个系统的研究。过去这几十年里，合法或者非法移居海外的人数到底有多少？其中到底有多少是社会精英和财富人士？高级人才的外出与回归之间是一个什么关系？在开放社会，人才和资本总是有进有出的。关键是，我们究竟有没有严重的人才和资本流失问题？如果没有，或者只是轻微的流失，或者对我们的建设和发展没有负面影响，那以后大家就不必再忧烦了。那样的话，我们是否应该鼓励更多妇女到美国和其他有利地方去生育？而且中介机构不妨设计和实施符合当地法律和文化的更完善计划，尽可能不让人家指手画脚，生一肚子闲气，还影响后面的人继续去那里生。

对特殊的移民海外问题，国家和社会是有一个态度的，譬如对"裸官"的限制。职位重要的官员不能"裸"，即国家不允许其直系亲属移民海外，对此大家没有什么异议。问题是，这个社会除了身居要职的官员，还有无其他掌握社会命脉和具有重大社会影响的人士？他们可以随意就"裸"吗？迁徙自由的权利是一个开放社会的特征，应该也是社会经济和文化发展的需要。一名妇女碰巧生育时候在海外，是很自然的事情，但是成群结队地跑到海外去生育，甚至把此事变成牟利的一个行业，恐怕就有失颜面和尊严了。从舆情上看，对明星取得海外居留权和公民身份，大家嘴上宽容度比较低。的确，美女帅哥的模样虽然没有变，一旦变成外国人又让人知道，观众心里的审美感觉会有微妙的变化。此外，用"高大上"的名利由发达国家吸引和聘用人才，程度把握不好，怕也容易搞得庸俗、勉强和费劲。

只有深幽的乡愁才能真正留住人和召唤人。

1980年初我由北京回杭州过寒假，只买到终点是苏州的火车票。早上7点左右，我在苏州下车，脸上能感觉到凉风清冽，手掌上能感觉到不必在意的毛毛细雨。我看到四处都是白墙黑瓦小桥，听到公车售票员说话比唱歌还好听，于是临时起意到拙政园喝杯茶。各位喝茶的老先生看到一个学生模样的进来，很感诧异，都转过身看着我。然而那一年早春真正让我难以忘却的，是清冷的梅香：由苏州到杭州一路上，间断有小雨夹着小雪，由长途汽车窗外飘进来一缕接着一缕的蜡梅香气。

  我们每一个人都来尽一份力量,一定可以把自己家乡都建设得那样精致美丽、让人留恋。

第四辑

"惟江上之清风,与山间之明月"

大学校长与乡村教育

　　一个大学校长只应该关心高等教育和自己学校的管理吗？我提出这个问题的原因是下面的另一个问题：假如我们没有提供给所有国民，包括边远和贫困乡村的每一个儿童少年，标准一致的优良小学和中学教育，我们能够创建世界一流大学吗？

　　蔡元培先生在担任北京大学校长期间，除了关心社会重大事务和致力于本校工作之外，对中小学教育和贫民教育也有留意，发表过很多真知灼见。他还提倡过法国的"大学区"制度，认为大学校长应该负责所在地区小学和中学的管理。当然，他的一些言论也折射出那个时代赋予他本人以及教育体制的局限性。早在1912年的全国临时教育会议上，蔡元培就谈及究竟应该如何来管理和支持各级学校的问题。他提到，人们认为高等教育理应由中央政府拨款和管辖，而中学和小学则由地方政府以地方税来支持。

这个思路的梗概其实一直延续至今，即我国的基础教育并非由中央政府全权来统一建设和维护。自20世纪初以来，在中小学的兴办上，我们并没有像一些发达国家那样建立中央政府直接资助和管理的国民教育体系，以完全同一的标准在国民中进行道德训导和知识传播，尤其是教师的质量和薪酬至今也没有达到整齐划一的全国统一标准，落后贫困地区的学校至今与沿海和中心地区的学校还有着很大的差距。这种状况应该是晚清民初以来我们设计和实施现代化进程中的一个重大失误，不仅引发出严重的社会不公平，也极大地妨碍了广大农村和边疆地区的社会和经济发展。因为未曾落入这一顶层设计的陷阱，其他后起的发达国家，如日本、俄罗斯和韩国，在教育和社会发展上有比较我们更为均衡健康的方面。譬如在有的国家，甚至连小学生不同年级课桌椅的尺寸和颜色都有全国统一的标准。

"国民教育"这个概念与启蒙运动的思想有关，但是确切的计划是在法国大革命中提出的，此后又得到逐步完善。在基础教育的层面上，国民教育意味着免费、平等、标准统一、通常是中央集权管理的教育体制。在一定程度上为了抗衡教会学校的影响，法国中央政府对基础教育的直接资助和管理日益加强，到19世纪后半期已然成为民族国家认同和一定程度阶级融合的成功途径，使得该国社会的平等和流动性大大优越于英国。贫寒出身的教育部长维克托·迪吕伊在推广免费公立教育方面有杰出的贡献。他大力提倡女童入学，建立对大众开放的学校图书馆和成人夜校，并推动立法来直接资助边远村落的学校。

到了20世纪后半期的法国，以1968年的统计为例，中央政府负担的教育费用是总费用的90%左右。在地方政府投入比较多的小学教育上，中央政府也负担总费用的70%左右。中学的财政几乎完全由国家负责，地方只承担学校建设用地的部分开支。公立中小学教师全部都是国家公务员，也是现代法国教育的一大特色。这让我想起刘醒龙催人泪下的小说《凤凰琴》，山区民办教师明爱芬收入微薄，在赶赴转正考试途中落水瘫痪，最后在临终前因为大家的同情而获得转正名额。这一故事背后的人和历史是我们今天不应该忘却的。

蔡元培熟悉法国教育史，高度认同"教育之脱离宗教"，但是可能是受限制于当时的国情和国力，他常常把义务教育等同于扫盲和谋生技艺学习，也没有提出由中央政府来统一支持和管理基础教育。他曾经说，他自己的兴趣"偏于高等教育"。最近一个时期，著名的、实际上具有极大误导性的"钱学森之问"，把大家的注意力进一步转移到高校的管理和经费增加上。如果转换一下思路，我们需要提出的问题是：如果乡村教育能够普遍按照全国统一的高标准兴办并办好，如果以举国体制争拿奥运金牌能够进步到以举国体制办好乡村教育，从那里的孩子们中间能够成长出多少个钱学森教授？

世界一流大学应该有一流的社会关怀和社会责任感。如果我们的大学只注意高等教育的所谓国际化，发达地区只注意本地中小学博雅的素质教育，如果我们在为这些目的毫不吝啬地投入资金的同时有意或者无意地继续忽略贫困地区的小学生和中学生，如果这些学生还需要通过媒体呼吁来取得《新华字典》和其他最基本最起码的教育资源，我们真的有可能在这样的情形下创办出世界一流大学吗？教育资源的不平等首先在道德上就意味着我们与"一流"之间遥不可及的距离！

大学师生应该关心和介入乡村教育的改良，而不是在象牙塔里面做"精致的利己主义者"（钱理群教授语）。在我们这个依然贫穷、人均收入在世界上排名非常靠后的国家，我们的大学，尤其是北京大学这样的最高学府，应该继承蔡元培先生的情怀，把最贫困地区最贫困的学生放在心上，记住每一个铜板都来之不易，鄙视"高大上"，鄙视精英和权贵意识；应该以节俭、朴素和实干的态度来兴办高等教育。我们同时应该修正蔡校长当时未曾重视的教育设计缺陷，借鉴其他国家的成功经验，大声呼吁以举国体制和中央财政去强制统一全国义务教育的标准和质量，进而推动全国乡村教育迅速、普遍、彻底的改良。

这是因为：我们距货真价实、名副其实的国民教育有多远，我们距那些享受不到一流小学、中学教育的贫困孩子有多远，我们距真正的世界一流大学就有多远！

西洋草坪的联想

小时候读过鲁迅的《野草》，之后老是记得里面这一句："在我的后园，可以看见墙外有两株树，一株是枣树，还有一株也是枣树。"先生所描述的园子是过去北京的草木景观：有果树，有花草，有蝴蝶和蜜蜂，有落叶枯枝，没有太多的人工雕琢。花开花落，草长疯了，蔓延开来，或者变黄衰败了，树上的果实成熟泛红了，园子里的颜色变得鲜艳、浓烈和多种多样。到了深秋，即便落叶满地，园子和院子里也不需要刻意去打扫收拾，一脚踩到地上软软的。干净的蓝天和太阳，加上落叶的色彩，让本来遍地的萧条和耳边的萧瑟风声有了一丝暖意。中式的北方园林，不论在私人后院还是在公园和单位，以前都有这样一种慵懒从容的自然姿态，像一个体态丰盈的柔美少奶奶，抱着孩子，并不去修饰打扮，却满满溢出肥腴和滋润的美丽。

北大历史学系以前使用的静园二院也是这样，不经意间流露出来个性和自然。一进院子的大门，小道两边是截然不同的风景。南边的那块地被高墙挡住了阳光，唯一显眼的就是一棵高大的松树，树下阴冷，野草很难生长，显得光秃秃的，一片土黄色。北边的那一半享受着充足的阳光照射，春夏总是花草丛生，冬天枯黄的草地里面也偶尔会露出一点点鲜活的绿色。办公室的老杨主任闲暇时总会打理一下这半边的草地，种了连翘，一到早春就开出鲜黄亮丽的花来。南面中间的办公室窗下，他种下了丛丛蔷薇，经常提着水壶浇水，蹲在地上略微修剪一下。当年比现在更多刮风，尘土也大，蔷薇开花的季节，我一走进二院，满眼是跳动的深红色花朵，热情又端着深沉和含蓄的架子，很像这里天天在做学问的老师和学生们。

现在高校的校园通常有规范的景观设计，哪里摆放什么，哪里种植什么，都有专家的指导和安排。宽阔平坦的草坪是欧美很多著名高校的风景特色，近些年我们各地的大学校园也经常开辟欧美式的大面积草坪。这应该是追赶外国"一流大学"的一种心理副产品吧。据说这种草籽是需要经常浇灌的引进品种。这样一来，倒是根除了过去"除四害"运动留下的拔草和焚烧草堆的坏习惯（据说是为了灭蚊）。这样一来，暴露的泥土地面少了，尘土也少了，但是却有了新的问题和麻烦。西洋园林景观很突出草坪，而且对草坪有频繁的人工修剪，注重保持贴地面的平坦和整齐。大块草坪要消耗大量的水资源，不过欧美很多地方气候湿润，水不是问题。我们北方的一些学校处在严重缺水的地区，这些地方可能更加适合布置鲁迅笔下的"后园"，即北京传统的园林，多种树和灌木，而不是铺上喜水的西洋草坪。

伺候西洋草坪还带来一种独特的声污染。很多人应该已经注意到，在各个校园里和居民小区，汽油机驱动的两种割草机都有巨大的、特别烦人的噪声。平整大面积的草坪使用一种在地上推着前进的割草机，其吼叫的声音非常刺耳，而且可以传得很远。另一种是便携的、工人挂在身上的机器，其功能相当于过去园林工人修剪树枝灌木的大剪刀。这种机器不仅噪声非常大，而且不容易操作，一不小心就把应该保留的枝叶伤害了。这些年在图书馆、教室和办公室，我最怕的就是绿化队来修整草坪，尖锐和震耳欲聋的声音一响就是小半天。

2016年春天，因为怀念老杨主任种的蔷薇，在历史学系搬到人文学苑之后，我们办公室的几位老师买来了几十株月季，种在了楼前的草坪上，希望在显得单调的草坪上再现二院当年花木扶疏的鲜艳色彩和活力。一个夏天下来，绿化队来整理了几次草坪，大部分月季都被工友不小心用割草机弄死了。

办大学自然会涉及办学理念和教育思想。我在这里，由西洋草坪最近在我们大学的引进和流行，联想到了我们在大学做事的情感和审美倾向。我们总是觉得自己还做得不够好，很着急地想把自己的事情做得和先进发达国家一样好，而且执着地相信，办一流大学首先要模仿和照搬外国大学的很多办法。这种思维由来已久，根深蒂固，所以现在不仅仅是一种理念了，而且还潜移默化为情感、情绪和审美意念。

这可能就解释了，为什么在设计校园景观的时候，我们都在引进西洋草坪。

杨人楩先生谈民国教育

临近岁末,我总想写点纪念自己老师们的文字。

2013年是北京大学历史学系杨人楩教授去世40周年(1903—1973),今年是杨先生夫人、俄国史专家张蓉初教授去世15周年(1915—1999)。我没有见到过杨先生,但是张先生是我们俄国史课程的老师,读研究生时候我们几个学生又到她家里上课。和她聊天很快乐,很受教益,只是当时没有下决心跟她学习俄语,错失了一个提高学养的机会。1998年留学回来后,不知何故,有一天系里办公室吩咐我给张先生送去一个拖地的拖把,于是又见到了久别的老师,此后路过燕南园时也进去看望她。郑家馨教授在1994年写文章回忆杨人楩教授,表彰他在法国史和非洲史这两个领域的开拓之功。杨先生学英语和法语出身,1926年毕业于北京师范大学,曾经短暂担任过北伐军第二路军指挥部秘书,在1934年赴牛津大学留学之前在各地中学任教,而且出版有当时很受欢迎的外国历史教科书上下两卷。他在留学期间专攻法国大革命史，后来出版有优秀的学术专著《圣鞠斯特》。不过杨先生不仅是一个卓越的历史学家，也是一个作家，他自20世纪20年代起就写作有大量的长短篇评论文章，论及民国时期的种种社会问题。

当下的话语里面隐隐地有着不少对民国时期各个层面社会状况的兴趣，包括对民国时期教育进行正式和非正式的评估。大众的和学界的这种文化思潮里面也有似是而非的东西，其中有一些是因为对季羡林和钱学森两位先生的言论没有做出审慎理解而引起的，误以为民国教育有利于大师的培养，误以为民国知识分子待遇普遍优厚。其实如果谁有时间到图书馆翻阅一下那个时期的旧报刊，一个比较完整的画面就会立刻浮现出来。杨人楩先生写过不少关于当时国内外教育问题的文章，有独到和深刻的见解。我在这里主要涉及的是长篇评论《教育漫谈》（1930年），实际上是一个很扎实犀利的关于教育状况的社会调查和分析。

杨先生那个时候还没有留学牛津，主要的经历是在中学任教和写作时评，所以对普通文化人的生活有着切身体验。他主要谈的也是中小学的情况。他首先指出，在教育和文化落后的当时竟然还有明显的教师过剩问题，而且中小学教师的待遇也不高，有时小学教师的月薪不过20元，相当于给洋人每天打扫两个房间的"西崽"的收入。他用"寒儒"来形容教员们的处境。他任选了《申报》30天所刊登待聘教师的广告来考察"知识阶层"的情况。在待聘的48人中间受过高等教育的为28人，绝大多数人没有就薪酬提出要求，求职的心情急迫。用杨先生的话来说，这是"表示着求售的迫切"。而每当有文秘、编辑和其他文化职位的招募，应聘一个职位的往往有数千人。我们现在有些人认为民国时期校长自主权很大是一件好事。在多年担任中学教师、教学和著作业绩突出的杨先生眼里，这恰恰说明教员的地位没有保障。他们随时可以被校方辞退，不得不仰人鼻息。教员也完全没有公费医疗、退休养老等福利："我们不特要勤于所事，还要看人家的喜怒哀乐。我们要祷告上帝保佑我们身体健康，也要祷告上帝不要使我们赖以吃饭的地方遇着天灾人祸。"

有感于教师职业的不安全，杨先生盛赞当时邮政局的铁饭碗："进去每月薪金若干，以后每年加若干，每年多酬二月，如不领出，若干年后能得若干；疾病不致危害职业；工作若干年后不能工作时，又酬养老金若干。"他严厉斥责那个时代流行的用人风气，"我们被无限大的封建思想之伞所罩住"。他在这里指的是学校校长用人不看能力资质、只看私人关系的弊端，以及由此发生的"教员之与教务主任或校长同其去留"的古怪社会现象。他当然也注意到与严重的社会不平等相联系的教育不平等：只有衣食无忧的富家子弟才有钱有闲接受教育，花"明亮亮的洋钱去住高等学校"。

当然，杨先生对教育的态度是乐观积极的。他觉得，即令社会经济组织还不完善，还有严重的贫富差距，但是办好教育是有益于社会进步和改良的。他注意到当时教育经费投入严重不足的问题，也批评当局办教育朝令夕改"像万花筒的急转"。但是他尤其觉得糟糕的是，教师的工作在国民党统治下日渐成为"单纯的雇佣性质"。"极端的功利主义"开始在学校盛行，造成应用学科片面繁荣这样的"畸形发展"。而且封建的家族意识、地方色彩和阶级不平等思想都使得教育难以适应社会进步的需求。他呼吁政府加大对教育的投入和监管。

如果以史为鉴是我们处理现实问题的思路，那么我们首先需要弄清楚，当下我们面临的教育难题，究竟是当下的问题、中华人民共和国成立以来的问题，还是民国乃至更早以前就一直存在的问题？否则就难免既看错了过去，也错看了当下，还会妄自菲薄，无端否定我们自己。如果问题是民国延续下来的文化传统问题，那么解决问题的办法可能也需要考虑到深层次的历史根源，据此来对症下药，而不是可笑地抬高民国以贬低当下。

遗憾的是，杨先生和张先生没有把他们的心路历程详细写下来，我也没有在交往中去恳切询问和记录他们的故事。好在老师们总是有文字和研究成果，永远地让我们感受到他们的音容笑貌，让我们体验到他们的爱心和苦心既在言说之中，也在他们的沉默里面。

乡村教师：法兰西的启示

每当新的一年开始的时候，大家如果能够认真思考一下，在过去一年里我们的乡村教育有什么改善，并能够持续关注下去，我们这个社会一定会有扎实的进步。在2014年，央视和《光明日报》"寻找最美乡村教师"的公益活动在继续进行，人们看到了在艰苦和边远地区传播爱与知识的那些普通人以及他们在做的绝不普通的事业，看到了那里的学生和老师亟待改善的物质和学习工作条件。2014年，国家在连片特困地区开始对乡村教师发放生活补助，计划逐渐使这些地方教师的收入高于城镇教师。发展乡村教育是中国真正实现现代化不可绕开的一项使命，也是近代各国社会发展的关键环节。法国在大革命之后的乡村教育上就曾经走过曲折的道路，并有一些值得我们参考的经验。

以卓越国民教育和教师崇高地位著称的法国，在19世纪前期仍然没有建设好现代化的乡村基础教育体系。大革命之后的国民教育理想是推行教育的世俗化，政府为此提倡教师的专业化和质量的标准化，建立了不少师范院校。按照彼得·迈耶斯的研究，这些措施在广大的乡村没有很快到位，教师还像在旧时代那样对村镇的神父有一定依赖性，为教堂敲钟、看管墓地，甚至还要负责宗教场所的卫生。教师收入微薄，要在农忙时期为农民打短工来贴补收入，并因此斯文扫地。师范院校的毕业生不愿意到乡下服务，或者在短期任教之后逃离自己在农村的岗位。而对教师打击最大的是，许多农民并不在意送孩子来上学，觉得学校教的知识没用，看不起收入微薄的老师，所以教室经常是空荡荡的。

迈耶斯注意到，到了19世纪后半期，法国乡村教师的收入普遍有所提高。此外，当时还有两个提高教师地位和改善基础教育的重要办法。一是大批乡村教师兼任了村镇的文书，成为基层政权的干部，并因此获得额外的补贴。这一举措不单进一步提升了教师的收入和他们在农民眼中的地位，还有重大政治意义。作为公务员，有文化的乡村教师不仅积极参与了社会管理，还把中央政府推广法语等加强民族国家认同的政策带到偏远地区，把各地的民情汇报给首都巴黎的官员。第二个办法是教师们积极开办为成年农民服务的免费夜校，一开始是教他们识字读书，后来逐渐更多地传授实用的农业和商业知识，使得农民对教育有了更加重视的态度。1881年以后法国成功推行免费和强制的国民基础教育，农民对教育态度的转变是其中一个主要的有利因素。

19世纪法国的粮食种植遭遇来自美国等国家的廉价谷物的竞争，农户传统的纺织业和其他手工业也在现代工业和国际贸易的冲击下走向衰落。学者们一般都认为,乡村教育和农牧业科技培训是法国农民应对现代化挑战的建设性手段。这一时期发展起来的农业院校开始大量招收农民子女,而且他们中间的大多数都回到家庭的农牧场,运用学到的专门知识去改善和革新食糖、果汁、奶产品、葡萄酒和其他有利可图产品的生产与营销。法国独具特色的现代农牧业模式由此逐渐成形。乡村小学不仅教会了农民子女懂礼貌和有教养,让他们有了继续深造需要的语文和算术知识基础,而且还成为农牧业新技术培训和推广的据点。小学教师的一项重要工作是辅助巡回指导工作的政府农牧业专家,帮助他们举办科普讲座,发放介绍新技术的小册子,甚至负责看管专家建立的实验田。

法国乡村教师是村庄里新技术和新文明的中坚人物。如此看来,我们现在对国内乡村教师"教书育人"的定位可能过于狭隘了。李文海教授主编《民国时期社会调查丛编》,收录了梁漱溟先生所主持的"乡村建设运动"的资料。梁先生主张以乡村教育为动员组织基层民众的途径。民国时期的这类改革都强调,乡村教师为一村之导师,对所有村民都有教化和督促的职责,并有义务在行政事务上协助村镇长。

我们还需要对亚洲和欧美各国的乡村教育做进一步的比较研究,弄清楚,在一个社会的现代化进程中,乡村教师应该做什么和能够做什么。

优质的乡村教育与社会安定

这次女排在里约热内卢获得冠军后,大家在欢呼雀跃之中意识到,最宝贵的东西并不是金牌,而是运动员们的精气神。举国体制,包括用这种办法发展体育运动,不仅是集中使用资源以及借此获得显著成绩,更是政府和全社会劲往一处使,全神贯注地做好对中华民族发展至关重要的事情,是一种精神。

在这个意义上,举国体制最该用而尚未用的地方,是多年来一直发展不平衡的乡村教育。

演员王宝强的成长经历最近因其家庭变故引起众人关注。按照媒体的介绍,王先生8岁就进入少林寺习武,14岁离开,之后出演电影《盲井》以及其他影片。其实我们不太清楚他在14岁之后的教育背景和北漂经历。这里的问题是,在王先生应该接受国民义务教育的9年里面,是否有人认真有效地帮助他履行这位公民的义务和权利。王宝强扮演的角色,被陷害的16岁农村少年元凤鸣，在生活中因为贫困而被迫离开已经考上的高中。在各地煤矿发生的现实版"盲井"悲剧背后，有不少极度愚昧和凶残的犯罪嫌疑人。他们的教育程度又如何？他们受过完整和有质量的义务教育吗？广大农民工务工前所上学校的质量如何？对乡村教育，全社会能够保持持续的关注和深度的关心吗？

元凤鸣这样的少年以及企图加害他的法盲和半文盲，是少得可以忽略不计，还是多得让我们不愿正视？

我们老是说要避免"中等收入陷阱"。当下的乡村教育极度不平衡的状况已然在我们的发展道路上挖出一个大得难以绕开的陷阱。普及和均衡发展的国民教育是现代化的领头羊，所有公立学校在师资和设施上应该高度均衡一致。只有这种安排才能有效体现国家对基础教育的质量控制，进而有效加强社会规训和社会控制，强化中华民族认同，将整个社会的凝聚力提高到现代国家发展需要的水平。有教养的民众不仅善于适应生产力的发展变革，在社会问题上也会善于沟通，对蛊惑煽动有良好的抵抗力，愿意选择和接受温和渐进的社会改良。而"盲井"现象背后的基础教育缺位以及由此造成的基层社会乱象，是严重的社会不安定因素。

我们一直没有很好地解决基础教育发展不平衡的问题，其主要原因是我们继承了民国时期错误的顶层设计。2015年颁布的《义务教育法》规定，义务教育的经费由中央政府和地方各级人民政府共同负担，但是并没有保证各地学校达到统一标准和教育水准的硬性制度规定，也没有将义务教育与乡村建设紧密有机地结合起来。这两点，也就是默认各地基础教育出现不平衡的状况，并且忽略乡村学校直接辅助农村基层政权的功用，实际上是蔡元培在1912年全国教育会议上所提出的基础教育方案的一个翻版。代表江浙财团利益的蔡元培可能是因为不太熟悉全国的情况，或者是出于狭隘的地方主义，完全不在意基础教育在全国的均衡发展。他设计并一直延续至今的办法是：中小学教育主要由各地自己负责，而不是像多数发达国家那样，由中央政府来保证每一所学校达到全国统一的经费、设施和师资标准。蔡元培也没有认同梁漱溟、陶行知和晏阳初的下述观点：教育不仅仅是办学校，教育是乡村社会建设的有机组成部分。蔡元培的教育思路和政策应该是民国国家失败的重要原因之一。

蔡元培先生的方案本身并不是问题，问题是该方案仅仅适用于社会治理水平业已相当成熟的地区，比如江浙和其他富庶省份的中心地区。按照这一顶层设计，教育先走一步，在落后地区起到拉动社会发展的作用，就完全不可能实现。这就是为什么我们必须以举国体制办乡村教育，否则我们将不可能在全国范围内建立水平均衡的中小学体系，从而让落后地区的农民子弟享受到高质量的免费教育。

旅日作家唐子辛谈到日本小学生带回家的行为准则，其中包括：一日三餐都好好吃饭了；不挑食，什么都吃；明朗、精神地大声问候；饭后能做到好好刷牙；认真洗手、漱口；没有忘记随身携带手绢和纸巾；借的东西都好好归还了；没有说过小朋友们的坏话；没有脱离小朋友们。

《盲井》里的元凤鸣以及加害于他的罪犯，有机会接受这样的教育吗？如果有，他们还会上演那样漆黑的悲剧吗？

发展西部高等教育可借鉴日本经验

经济发展落后与教育状况肯定有联系，但是教育应该有超前和带动的作用。这么多年大家口头上都承认和絮叨这个意思，但是实际有力度的工作做得不多。前一段全国"两会"期间，外省份一些人大代表抱怨说，当地考生上北大比北京市考生难几十倍。这个说法尚待考证，不过地方高等教育比北京落后，北京市内各高校之间水平差距很大，都是无人争议的。不要说西北地区，甚至像广东这样的经济发达地区，高等教育发展水平也无法与北京和上海匹敌。

这种状况在发达国家不多见。德国在二战之后尤其注意缩小各地区高校的差距，有一系列措施提高地方院校水平，逐渐弱化了名牌学校与普通院校的差距。这个办法未必适用于我们，不过刻意支持比较落后的地方普通高校是一个值得借鉴的思路。问题是如何来做这件事。宁夏的人大代表在"两会"期间提出过不曾听见过的切实办法和响亮口号，希望"北大清华走西口"，到西部去与当地共建高水平大学，建立成规模、学科齐全的分校，甚至提出将"985"大学转移到西部。这听起来是十分鼓舞人心的，让我想到美国加州大学在伯克利校园之外有好几所同样一流的分校。北大如果在全国范围内做出这样一个一流大学的体系，那真是世界级的创新，对改变国内教育发展长期的地域不平衡会有很好的推动作用。

问题是，提出这一响亮口号的地方，抱怨本地学生上北大清华困难的地方，真的有胸怀来开放当地的学校和教育界吗？教育也是长期有地方保护主义的。宁夏的人大代表谈到一个数据：西部8个省区每年博士生入学总人数不及东部一所顶尖大学。在这样落后的情况下，一所东部顶尖大学到西部办分校，谁说了算？由西部当地的干部和学者说了算，还是让"外来的和尚"念经？我想宁夏的代表们提出"北大清华走西口"时可能还没有考虑到这一层。教育资源的拓展和"转移"会涉及这类文化和话语权问题，处理不好的话，倡议此事容易变成叶公好龙，做起来也容易流产或者半途而废。一流高校到外地办分校的事情以前并不是没有做过。此事没有出彩和取得规模显著的成果，有多种多样的原因，需要当事各方总结经验和教训。

大大缩小地区之间文化教育发展的差距，说深了，是提高中华民族凝聚力的需要。在西部和毗邻香港的广东，高等教育都相对落后，而那里恰恰是主流文化特别需要积极参与对话和沟通的地区。有几所北大清华那样的高校矗立在那里，整个文化和社会面貌会有很大的改变，会更加丰富多元，更加团结和谐。边疆地区文化教育落后不仅是不适应发展的现实，也折射出陈旧过时的观念。越是在边疆地区，可能越是需要有多所一流顶尖的大学！北大清华估计是不会搬家的，不过在西部和广东办一些学科齐全的成规模分校应该是一个切实可行的办法。

此外，日本聘用名校退休教授的惯例值得我们借鉴。我们目前的人事制度严禁任何地方院校正式聘用退休教授（只能由学校自筹经费临时聘用）。其实对西部地区大学以及比较弱小的其他地方院校来说，快速提高师资水平的最简单办法，就是聘用北大清华等学校的退休教授。在日本任教的李开元教授告诉我说，以日本就实大学这所地方普通大学为例，成立史学专业时，请来了西嶋定生等名校的退休教授。西嶋本为东京大学东洋史讲座教授，60岁从东京大学退休，去地方的国立大学新潟大学任教5年，第二次退休到了就实大学。就实大学成立研究生院时，又从早稻田大学请来了即将退休的西域史权威长泽和俊教授，以及刚从京都大学退休的宋史权威梅元郁教授。当时在最好的东大，教授60岁退休，京都大学教授是62岁退休，在日本其他国立大学一般是65岁，私立大学多为70岁。这种安排，就是从制度上保证名校教授退休后到其他大学去任教。

基于这种方式，日本地方大学教员的水准是有一定保证的，与著名大学的联系相当紧密，不至于像我们比较弱小的地方大学，从学生到教员，长期难以脱离落后局面。在发展战略上，教育水平长期的地域不平衡，对加强整个中华民族的凝聚力，非常不利。

小语种教学与大国风范建树

我教过多年的外国历史，也曾经做过世界历史专业的教学协调工作，生平对学生过分严厉苛刻时候并不多，记忆中只有一次。多年前，一位优秀的高年级本科生和我谈他读研究生的方向，说他希望研究亚非拉某国家的现代历史。我问他是否学过该国语言，今后是否计划学，他说可以使用英文的文献来做。我想我之后的语气和语言都变得很激烈，其中核心的一句话是，不管你研究哪个非英语的国家，如果那里发生重大国际事件，如果我们与这个国家关系变得密切或者复杂，你打算用英语资料给国家提供背景介绍吗？我知道这位同学后来成了很优秀的学者和教授，不过是在研究他懂得当地语言的一个国家。

我因为我的态度现在还很内疚。在把这位学生说得万分沮丧的时候，我给他讲的是下面这个案例：当今世界的动荡，在某种意义上，都与亚洲腹地的山区小国阿富汗有关。其实读过福尔摩斯侦探小说的人，应该都还记得在系列故事开始的时候，华生医生介绍他和英军在阿富汗的惨烈经历。对这段历史，显然苏联在介入阿富汗事务之前没有做足够充分的研究。美国支持当地部族反对苏联军队，并在"9·11"事件之后派军队进入该国，至今还没有完全脱身。历史上有多次阿富汗战争，每次外国军队处境都不好。值得人们反思的是，在这些大国进入这个小国之前，他们对这个国家的语言、文化和历史有过透彻的研究吗？没有研究，决策很难合乎情理，更谈不上尊重这个国家和热爱它的人民。在纽约世贸中心被袭击之后，据我自己读报的印象，美国在全国寻找研究阿富汗的权威学者，结果懂得当地普什图语和历史文化的专家，只有约翰·霍普金斯大学的一位教授。

我们的情况有好的一面，也有更加薄弱的另一面。1949年之后，我们有了系统的外国语言和外国历史研究，而且不局限于仅仅研究一些大国和强国。2014年年底，商务印书馆出版了车洪才和张敏两位先生历时36年编成的《普什图语汉语词典》。北京大学和其他高校有讲授和研究世界众多语言的人才，譬如阿拉伯语、乌尔都语、波斯语、印尼语、希伯来语、马来语、越南语，多至上百种。我们的外国历史和国际关系研究也拓展到亚非拉的众多国家。

不过在外国语言和外国历史的研究上，我们有一些比较独特的结构性缺陷。首先，在俄语和英语这两种语言之间，我们做钟摆式的大起大落变动。中华人民共和国成立后一度是大家都学俄语，排斥英文。改革开放后，更多人学英语本来不是问题，但是中学和大学的俄语教学却受到很大冲击，不仅俄语专业招生减少，大学公共俄语基本上消失，中学的日语和俄语教学在全国也只有极少数学校还在坚持。这种摇摆，对基础研究和国际交往的负面影响极大。在外国历史和国际关系等专业中，日本和东欧研究的人才培养变得十分困难。

其次是所谓小语种（英语之外的其他外语）在大学的教学，一般局限于单纯语言文学人才的培养。这些外语的专业课程是不对全校学生开放的，而二外教学只限于低级的基础课程。于是对研究外国历史等涉外问题的学生，系统学习希伯来语、葡萄牙语和越南语等非英语外语，在制度上几乎就无法操作。北京大学和首都师范大学近几年成立了跨学科的外国语言和外国历史专业，让外国历史专业学生到外语专业学习，希望能够解决这个问题。

问题是，增加一个额外的学生对侧重大量练习的专业外语教学是很大的工作量，外语专业的教师因此会有比较重的负担。我想，学校应该在制度上有协调，不仅制订好完善的教学计划，对外语老师也必须有丰厚的教学补贴，使这样的跨学科专业能够长期可持续地发展。

全民基本都学一种外语是很不健康的情况，在经济和文化交流上，对我们这样的大国十分不利。前几年，我因为开会到过河内大学，由越南老师的简历看，他们前往留学的国家相当多元化，并不集中在一两个国家。我在街上遇到过中文或者英文流利的市民。在校园内几次问路，一次是对方只会俄文，我们完全不能沟通。另一次询问是两位风度优雅的女老师，她们只会说法语。当时的印象是，他们的外语学习不是那么"一边倒"。

王冕画荷花：政治文化的联想

现代社会科学家注意到，政治不仅有制度层面的问题，不仅涉及国家权力和强制力，也是一个复杂细腻、渗透到草根社会的文化过程。他们有时候称之为社会控制，有时候称之为政治文化。古代中国文人在谈论帝王的统治时，也强调道德教化和改良民风对社会治理的关键意义。后者往往是地方性的问题，所谓"教化之权常不在上而在下"。最近有两条看似毫不相干的新闻，突显出社会治理在制度层面和文化层面之间的关联。

一条是说各地都纷纷提倡学习《弟子规》等旧时代的启蒙读本。另一条说，由广西、云南与越南接壤的偏远边境地区走私进来大量变质肉类。这让我想到，在这些远离中原和江南的边境地区，这些古人称之为荒蛮之地的边陲，以及在全国各地山水间的很多偏僻角落，曾经流行读《弟子规》吗？人们曾经懂得"诈与妄，奚可焉"的道理吗？以科举考试为中心的古代教育曾经在那里有过系统的影响吗？那些地方走私猖獗，是因为文化教育落后和民俗恶劣吗？如果我们在那些地方倡导阅读儒家经典，是在振兴和恢复衰落的传统文化，还是在输入原本不曾在当地扎根的新文化？

我们目前在议论各种社会问题的时候，假设全国各地基本都处于同一种文化、风俗和道德体系之内。实际的情况是这样吗？我们的国民教育体制曾经强大到建设这样一个全国性的道德风俗体系吗？也许，正如古代中国文人一直在说的那样，各地的教化程度从来就是不一样的。因为道德观念疲弱引发的问题，譬如食品安全的无保障，环境卫生的脏乱，甚至家庭伦理的脆弱，有相当一部分可能带有地域文化特征，是因为某些地方教化（道德和文明）长期落后所派生出来的。市场经济和当下发达的媒体和传播，把这些顽固的地方性问题带入大家的视野。而这些问题的真正解决，还是得回到基层和地方，回到地方性社会治理的建设和加强。对这些问题，我们的人类学家和社会学家应该做深入的田野调查工作。

明朝的崩溃逼迫明末清初的文人对政治文化进行深刻的反思。他们关注的重要问题之一，就是民间教化疲弱和地方治理无力对国家根基的动摇。顾炎武（1613—1682）觉得秦汉以来推广的郡县制有利有弊，其弊端之一就是地方政府弱小，无法有效督促地方教化，而补救的办法只有依靠当地的士绅、教师和宗族。这些地方人士兴办学校，提倡礼教，以致"民俗淳厚，而爱亲敬长之道达诸天下"。基层社会生活在文人和宗法关系的影响下做到讲道德和守秩序，整个国家的安定才有保障："故民德厚而礼俗成，上下安而暴慝不作。"当然，顾炎武认为这样的理想状况并没有实现，明朝的灭亡恰恰是因为风俗败坏和道德沦丧。

吴敬梓在《儒林外史》里戏说过元朝王冕的故事：这个浙江诸暨的放牛娃自幼勤奋好学，读过私塾，在放牛时还拿零花钱买书看。有一天，他看见雨后阳光下，"湖里有十来枝荷花，苞子上清水滴滴，荷叶上水珠滚来滚去"。于是他就买来胭脂铅粉，学画荷花，卖画养家，也读古人诗文。王冕不去做官，反感当地知县仗势欺人，并把自己对生活和时局的看法说给乡民们听。他遇见过起兵的朱元璋，劝他要以仁义服人。王冕是《明史》有传的画家和诗人，以画梅花著称，也在家乡从事生产和环境美化，种梅千棵，桃杏五百棵，还养鱼种菜。他与江南文人有广泛交往，应该也有教书的经历，是地方教化的重要人物。

古代中国的良吏"为治以德化为本"，非常重视民俗的改善，包括推行简省的婚丧礼仪，教育民众不要恶意争夺财产和随意诬告，有时为纠正杀死女婴的风习，甚至会拿出自己的薪俸养育她们。州县主官的努力固然重要，真正有效改良民风还是要依靠基层文化人对乡民的感染和熏陶，依靠王冕和无数默默无闻的读书人对身边儿童和邻居的言传身教。他们的影响力大小决定了各地道德风俗的优劣差异，其结果可能至今还可以感觉和触摸到。

士大夫早已消逝，宗法关系也难以复原，建设地方道德文化只有依靠现代国民教育，尤其是依靠目前还弱势的乡村小学和中学。王冕这个角色的功能，其实就是一个乡村教师。

蔡元培的教育思想并非无可指摘

1912年7月10日距离辛亥革命之发动不到一年,全国临时教育会议于这一天在北京召开,在开幕式上致辞的是担任教育总长的蔡元培先生。他无非说了两层意思,一层是说教育包括强兵富国的国防和实利教育,也涉及世界观和美感的培养,但是所有这一切的"中坚"和"根本"是公民道德,因此道德教育是教育家的首要任务。蔡先生的第二层意思是说,中学和小学代表的基础教育继承前清传统,在政策设计上"归地方政府管辖",以地方税收作为经费支持。我们现在回头看这一贯穿民国并延续至今的陈旧顶层设计,其弊端是显而易见的:各省各县的经济水平和文化氛围差异巨大,各地基础教育的财政和社会支持力度因此也极不平衡;基础教育因此很难有统一的标准,即便有,也缺乏足够的经济实力和社会意志来执行。这样一来,蔡先生热衷的公民道德教育就是空中楼阁,难以在实际贯彻中取得良好效果。

这是民国初年留给后世的一个糟糕的顶层设计。当下基础教育和公民道德教育比较严重的不平衡状况，可能也与之有关。人们在"五四"运动前后对东西文化异同和国民性改造进行过热烈的讨论。现在看来，这类文人的议论不能说完全没有意义，但是同时也颇有误导政策设计和大众思维的副作用。为什么这么说呢？因为没有执行全国统一标准和达到全国统一水平的基础教育，谈何公民道德普遍的培养，谈何国民性的普遍改良？

由此我想到了最近让我很感动的一件事情。2014年4月，田鹏飞先生倡议建立了"青岛好司机"公益组织。其微信号阐释了该组织的宗旨：好司机"不是一个名号，他是一种精神，他倡导文明与安全行驶，鼓励与支持驾驶员遇事不冷漠、乐于助人、用所接受的培训知识和专业的流程勇于出手相救"。公益组织在国内和国外都有好的范例，田先生本人曾经有过留学经历，当然也在国内上过学。但是他做这么一件好事，得到众多人的响应，并且获得主流媒体的称赞，根本原因还是在于他不停留于空泛的议论，而是实实在在做服务和教育工作，帮助有困难的车主，并借此教育了青岛和全国的司机和路人。这个感人事迹说明，野蛮驾驶并非我们特殊的文化现象，只要有了有效的引导和教育方式，国内的司机也能做到严格守法和文明礼让。我们开车上路的人都知道，流氓无赖司机，无论男女，至多也就十之二三，但是破坏性很大，而其他很多人都是讲理和有礼貌的。

野蛮驾驶、食品和其他日用品的安全问题是日常生活中困扰大家的两个难题。问题的普遍性和严重性很容易让大家觉得，怎么加强监管都很难见效。与"五四"文人的思路一样,我们在这样的难题面前很容易联想到东西文化差异和国民性问题,很容易悲观地觉得这些都是长期无法解决的大难题:改造文化和国民性是多大的一项工程啊!而实际上,解决问题的真正有效办法无非是长期被忽略的、本来非常简单的教育和示范工作,就像田鹏飞先生在青岛所做的那样。这些工作一旦做起来,效果是立竿见影的。

最近各媒体还纷纷报道说,冒牌劣质洗发水等日用百货泛滥于网购渠道和批发市场,其中有些产品对健康有极大伤害。如果仔细阅读这些报道,我们可以发现,始于设备的制造和营销,经由假冒产品的生产和批发,最后到网店和其他零售点,整个环节卷入的相关当事人显然不是一个小数目。所有这些人虽然都有谋取不义之财的违法冲动,多半觉得自己所干的未必是那么伤天害理的事情,因为在日常生活中,他们自己也未必那么讲究生活的品质和品味!

粗俗生活品味是野蛮驾驶和制售劣质商品的重要原因,而且只有通过教育去纠正和改变。除了借助"青岛好司机"这类公益活动来推动社会公德的提升,在根本上我们必须依靠学校的公民道德教育。小学教育针对的是可塑性强的幼稚儿童,对人们品味和教养的形成有关键作用。因此我们需要在全国的每一个角落、每一个村庄都有文质彬彬、心情空灵、生活有切实安全感的小学老师,他们能够天天温柔优雅地面对小学生,教给他们说"老师早上好",教导他们要擦干净鼻涕,千万不要随地吐痰,如果他们的父母还没有教给他们这些道理。

"惟江上之清风，与山间之明月"

演艺界有明星近日结婚，花巨款举办了空前豪华的婚礼，坊间一时议论纷纷。演员不过是一个特定行业的工作者，不是天然的道德楷模。他们无疑有权利将合法所得用于个人消费，也未尝不可以借此来扩大自己的知名度以及迎合人世间的某种口味。对此事进行指摘是大可不必的。我只是由此想到陶行知先生（1891—1946）说过的一番话："用钱可以买来的东西，没有钱自然买不来；用钱买不来的东西，没有钱也是可以得到的。高尚的精神如同山间明月、江上清风一样，是取之不尽，用之无穷的。"

行知先生的这番话，是在说如何把学校办成培养高尚精神的场所。先生一生为发展祖国的基础教育和乡村教育奔走，其间也有为学校筹款的积极活动。但是在他谈论教育的文章和演讲里面，先生并不把缺钱当作不好好办教育的理由。他甚至强调说，

"用最少的经费，办理相当的教育，是我们很想彻底努力的一个小实验"。这番在1924年说的话，今天还是那么感人！最近几十年，我们时常谈论和推进教育改革，增加经费和改善待遇是一个不停息的话题和方向。这个思路应该是有原因的，毕竟教育经费的投入，尤其是在乡村学校上的投入，并不充裕。不过我们也许到了换一个角度来思考问题的时候，尤其是在办学条件已然大有改善的富裕地区。也许我们应该开始更多地思考：如何用比较少的经费把事情做好做实在。

我们当下尤其需要注重的，是在学校的文化中培养节俭的精神。节俭的意义绝不局限于少花钱、多办事。节俭是一种精神境界。唯有节俭，人们才能有精神力量来抵制现代消费社会金钱至上的文化。唯有节俭，教师和学生才可能像陶行知先生说的那样，"从容问学，怡然修养，既不匆忙劳碌，那身心也就自然渐渐的有润泽了"。心神为金钱和安逸生活之贪念所骚扰围困，人们就很难有学问的灵光闪现，谈不上有仰望星空的人生态度，更不会有先生期望师生们拥有的那种境界。他谈论高尚精神的那段话借用了《前赤壁赋》的文句，而苏轼坐拥清风明月的胸怀，正是来自对贪婪的舍弃："天地之间，物各有主，苟非吾之所有，虽一毫而莫取。惟江上之清风，与山间之明月，耳得之而为声，目遇之而成色，取之无禁，用之不竭，是造物者之无尽藏也，而吾与子之所共适。"

我们近来谈论教育问题，谈论经费问题很多，谈论制度变革很多，谈论精神却很不够。在20世纪的20和30年代，在国难深重的抗战时期，物质条件的艰苦是不难想象的。让我们在今天不得不敬佩的，是陶行知先生不屑于抱怨财力之不足，而汲汲于民众的教育事业："我们要用最短的时间，最少的银钱，去教一般人民读好书，做好人。"行知先生希望造就一个"人人读书，处处明理"的中国。如果我们有了充足的经费而没有先生清风和明月般纯净的社会服务精神，根本不可能把人民教育办好。

陶行知先生与蔡元培先生在办教育的问题上有不同的侧重和风格，后者担任前者主持的晓庄师范学校的董事长，但是更加关注和看重的是大学，尤其是当时国内少数几所条件最优越的大学。这些大学至今仍然是国内最好的学校。陶先生和蔡先生对投入巨资兴办高等院校的做法其实有不同观点，并且将这一分歧发表在他们对当时新建的武汉大学的看法上。这件事大家早已忘却了，大家现在只知道武大校园的建筑、花树和风景异常美丽。蔡先生1932年在武大第一届毕业典礼上曾经说：武大的建设和管理要参照英国牛津、剑桥的办法。现在的建设，"一半已经完成，将来建筑和设备经费，中央认为应该要用的，总可想法拨给；希望地方当局亦秉初旨，尽量协助"。而陶先生则表示，花费"几百万块钱"来建设武大皇宫式的学院不合他的心意，他宁可用这笔钱来开办便宜的"大众大学，足够培养五百万大众帮助收复东北"。他接着说，国家还贫穷，即便"工业稍有发展，又积下这么多的款子，我还不能建造皇宫的学府，是必须盖些大众的住宅，使无家可归的人可以进来避避风、躲躲雨"。蔡先生和陶先生的上述两种思路，值得我们回味和反思。

我爱蔡元培，我更爱陶行知。

陶行知担忧的"万丈悬崖"

我历来看好上海的现代性：本月在8号线车厢里，一名随地吐痰的男子遭到一位女士的批评。该男子不知悔改并辱骂其他乘客，激起众怒，最后被一位壮汉制服。据报道，近来在上海地铁上，不仅有人敢于当场指责抢座位者，还有乘客默默捡拾他人扔在地上的瓜子壳。我想在其他地方，反映文明礼貌程度提升的各种事情也都在发生，更多人在改掉不文明习惯。不过上海女士纠正别人吐痰恶习的故事不仅富有戏剧性，而且说明大家不再看到不良陋习扭头佯装没看见，说明大家愿意为一个美好的家园挺身而出，改变胆小怕事的风气。这实在是文化和教养大大提高的迹象！

作为现代的大都市，上海一直是比较讲究生活品质的。由此延伸出来的问题是，在广大乡村和偏远地区难道就不应该讲究吗？难道在经济和文化相对落后的乡村和小城镇，就应该容忍人们随地吐痰吗？如果让乡村长期文化教育落后，让那里的生活习惯长期粗鄙简陋，上海的优雅和文明也无法得到维持，总会有人把吐痰这样的粗鄙习惯扩散到那里乃至全国，冒犯人们的美好生活感觉。忽略乡村教育和建设的后果是所有人都无法逃避的。

陶行知先生在20世纪前半期致力于乡村教育。他从来不相信，农村的教育工作非要等到农民富裕起来才能做好。他的看法正好相反，即认为教育要走在农村道德教化和经济发展的前面。他在推行乡村教育运动时曾经提倡，"乡村学校应当做改造乡村生活的中心"，而改造的一个重要方面就是建立卫生和文明的生活习惯，让那里的生活更加美好。乡村学校如果仅仅是给孩子教课和准备升学，如果其目的仅仅是让学生中间少数的优秀分子获得离开乡村的能力，"教人离开乡下往城里跑"，这样的教育只会使乡村更加落后凋敝。他说，这样的教育"前面是万丈悬崖，同志们务须把马勒住，另外找生路"。在他看来，乡村教育的真正使命是乡村治理改良和乡村社会改造，因此教育与乡村的文化和经济建设一定要有机结合。

在1924年8月4日的《申报》上，行知先生介绍了位于南京附近乡下的燕子矶国民学校。校长丁超带领学生种树美化环境，清理乱倒的垃圾。村民不讲卫生，他们一面倒，丁老师就一面扫，"村民倒一回，他就扫一回。后来邻居渐渐地出来责备倒垃圾的人"，环境从此就清洁了。因为乡村教师在卫生习惯和文化娱乐等方面扮演整个村子的生活指导员角色，他们所组织家庭的俭朴清洁也可以起到示范的作用。行知先生特别推崇夫妻合办的乡村学校，认为他们"共同承担一个小乡村的改造"，是人生一大快事,并是报国的服务工作。他还为此写了诗歌《村魂歌》:"男学生,女学生,结了婚,做先生。哪儿做先生,东村或西村;同去改旧村,同去造新村。旧村魂,新村魂,一对夫妻一个魂。"把乡村教师看得万分重要的先生还曾经说,大学固然重要,小学"尤最紧要",反对轻视师范教育和小学教师的态度:"以鄙人主张,凡大学、中学、小学等教员,国家须有同等之酬劳,社会须有同等之待遇。"

升学和高考绝不是乡村教育的唯一目的。乡村的学校和老师可以做出关键的社会服务,让那里的生产和经营也充满活力。在行知先生看来,学校就是乡村的科学农业中心,那里的老师要善于帮助农民"选种、调肥、预防虫害",能够在经济发展上"教农民出头",甚至指导他们组织农产品的深加工和销售。所以就其使命而言,乡村教师不仅要讲授知识和教养,也要积极推动当地的开发,协助村民做好现代农牧业,让他们有面包吃,又懂得优雅生活。

假如我们像陶行知那样,赋予乡村教育如此丰富多样的社会改造功用,可能我们就不会在前些年因为学生人数减少,粗暴地关停合并大批农村的学校。

假如在家乡有了富裕和优雅的生活,农民就会有更多的选项,不一定到远处打工;接受过高等教育的农民子弟才有更大动力回乡参加建设。当然,大家首先需要做的,应该是学习陶行知先生及其追随者的榜样,投身于改良和改造乡村社会的教育事业。

我们所有的人都应该记住行知先生的格言:"乡村教师应当做改造乡村生活的灵魂。"

黑脸包公需要什么样的辅佐

上礼拜我坐地铁，看见一位中年工人在修理车站入口处的人行道，用电动工具切割地砖。刺耳噪声中扬起的一阵阵粉尘直接扑到了他的脸上，于是我走过去和他说："师傅，您应该戴个口罩，还得把地砖弄弄湿。"他回答说："没关系的。"我只好和边上监工的一位年轻工头说："您应该管管。"他说："知道的，我们以后注意。"长期从事这样的工作而没有任何防护，不是很容易得尘肺吗？为什么工程的负责人不更加细心一点，要求工人做好劳动保护呢？尘肺是当下劳工中比较流行的职业病，治疗费用高昂，而且难以治愈，给患者及其家人带来很大痛苦。用人单位难道不担忧相关的责任和负担吗？

走到地铁车站里面，我注意到墙上正在展览京剧脸谱，其中有一张是"包公"。边上的说明写道："北宋名臣，清廉公正、不附权贵，以英明决断、铁面无私、屡破大案闻名于世，故有'包青天'之名。"包公的脸谱以黑色为主调，据说是为了表现其性格"严肃耿直、威武有力"。联想到车站外正在呼吸粉尘的工人，我不禁想到，包公在我们的社会心理中的形象是解民于倒悬的救星，往往被看作是惊天大案的破解者，是大清官，然而在和平建设的日常生活中，我们需要很多官员和管理者，尤其是基层干部和企事业单位的低级负责人，做到心思细密、温柔体贴，能够关心到人民群众工作和生活的具体细节，譬如那位工人忽略在粉尘环境中佩戴口罩这样的细小问题。

《宋史·包拯传》记载说："拯性峭直，恶吏苛刻，务敦厚，虽甚嫉恶，而未尝不推以忠恕也。"也就是说，包公能力强，同时为人忠厚。不过正史记载并不是社会心理当中包公形象的主要来源。胡适先生追溯包公故事种种到元人杂剧和明清小说，指出最后将之总汇和创新的是清代石玉昆的《三侠五义》(俞樾改名为《七侠五义》)。包公被看作是断狱的神探、古代的福尔摩斯。这种清官、神探和能吏可以满足前现代社会治理的最基本需求，即化解鸣冤叫屈百姓之苦痛。最近有报道说，河南农妇李桂英独自查访17年，协助和督促警方捉拿杀害她丈夫的5名凶手。当地警方实在应该再努力一把，向包公看齐。

小说里的包公是有助手的，即师爷公孙策，"南侠"展昭，以及捕快王朝、马汉、张龙、赵虎。他打造好龙虎狗三把铡刀之后，就是凭借这些人的帮助破解奇案，将恶人绳之以法。公案小说里的官吏忙于惩治恶势力和地痞流氓，大抵做的是治标不治本的工作。古人有一种说法：朝廷派驻地方的官员如果有一半是好官的话，那里的协和之气就会油然而生，而他们的要紧工作不仅是执法惩戒，还要仁爱好教化，能够说服百姓养成良善风俗和文化。《后汉书》里面仇览的故事在一定程度上告诉我们，一个基层的小官在教化上能做些什么。仇览是陈留考城人，年少读书，到40岁时被任命为蒲亭长。他除了劝人生产，还细致地告诉农民种多少果菜和养多少家畜为宜。他带领人们在农闲的时候上学，管教游手好闲的二流子，强迫他们劳动。他还到母子有争执的家庭探访，和他们一起饮酒，以人伦孝行教育他们。县令欣赏他，资助他进入太学，之后他又回到家乡。他的三个儿子也都有文史修养。如果在基层和偏远的地方有众多这样知书达理的贤良人才，他们又进一步去教育广大民众，一个社会的风气才可能普遍地变好，百姓才可能安居乐业。这是在古代很难做到的事情，而现代国民教育如果延伸到社会的每一条毛细血管，这样的理想状况就一定能实现。所以在历史上，世界各发达国家都是靠乡村小学和中学的普及来实现社会治理的现代化。

包公的威武和神奇断案不足以保证社会和谐，他还需要有仇览这样的基层小吏辅佐，做好地方教化工作。在更深的层次上，李桂英所遭遇的问题不只是警方动作不积极，更是当地整体的社会文化落后、法治观念薄弱。这种文化落后也一定会体现在生活的其他方面。回到我们在前面提到的尘肺问题，在这样的地方，工人的劳动保护会做到细心和周到吗？

一切良好的现代社会治理，最终都得依靠小学和中学所代表的真正高质量的国民教育。

假如武大郎真的"心疼病死"

武大郎是被害死的。假如武大郎真的"心疼病死",王婆、潘金莲和西门庆三人的结局会有所不同吗?武松会放过他们吗?

一个健全法治社会需要在律法和司法之外做大量的文章,需要有匹配的心理和态度。《水浒》里写武松动用私刑,手起刀落,割掉西门庆和潘金莲的首级,还挖出后者的心肝五脏供在武大郎的灵牌前。我年幼无知时候读到此处总是叫好,觉得痛快。这种心情类似今日之网民对诸多社会和法律新闻的反应,却不是适合现代法治社会的态度。

《水浒》《七侠五义》等旧小说都有通奸妇女谋害亲夫以及遭到恶报的故事。旧时代通俗文艺招徕读者不外乎色情加暴力这一手,里面同时夹杂着民间朴素的是非观念。这些小说暴露出旧时代法律和文化的一系列问题,可能也包含一些至今仍然潜伏于民间、需要梳理和清除的不良态度和心理元素。《水浒》的武松故事不仅涉及司法和社会状况，也透露出作者的倾向性。武大郎在被毒杀之后又遭火化，负责此事的地保何九叔谨慎，留了个心眼，保存了几块"酥黑"的尸骨和西门庆贿赂他的十两银子。武松后来除了这两个物证，还有何九叔以及小贩郓哥的口头证词，后者看见了潘金莲与西门庆的交往。作者设定的局面是："贪图贿赂"的县官受了西门庆的好处，以证据不足为由拒绝受理。此后的故事情节，是武松进行的一系列非法私刑，包括以滚刀肉口气胁迫邻居们见证他对王婆和潘金莲二人的拷问，最后以他手刃潘金莲和西门庆为高潮。

事发之后，"哄动了一个阳谷县"。县府两级官员受制于社会压力，"念武松是个义气烈汉"，于是"把各人的招状重新做过"，把杀人说成是为报兄仇争执斗殴引起的，从轻给出"脊杖四十、刺配二千里以外"的判决。拉皮条的王婆则被判凌迟。作者毫不掩饰自己和看客们幸灾乐祸的嘴脸："把这婆子推上木驴，四道长钉，三条绑索，东平府尹判了一个'剐'字，拥出长街。两声破鼓响，一棒碎锣鸣，犯由前引，混棍后催，两把尖刀举，一朵纸花摇，带去东平府市心，吃了一剐。"官员这样一判，博得一个"父老赞歌喧市井"的美名。

由现代的眼光去看，上述情节里面最成问题的，是武松的私刑拷问。换一个角度说，假如武大郎真的是"心疼病死"，那潘王西门三人同样会死于非命，武松同样会得到他需要的"口供"。舆情是同情武氏兄弟的：武大郎令人怜悯，霸道的西门庆和招摇的潘金莲招人痛恨。《水浒》的作者粉饰和美化了武松的非法暴行，言说了一种民粹的、嫉恶如仇的态度。

司法被汹涌舆情摇动，古今中外都不可能完全避免。成熟的法律文化会最大程度地减弱这种干扰，而其中一项很关键的工作，是要让大众意识到：严重社会问题的解决之道并非全在法律。更糟糕的情况，是让法律迎合舆情、讨好大众。那只会制造更多的戾气，绝不会带来真正的公正。《水浒》的情节恰好如此：武松在流放途中与卖人肉馒头的张青和孙二娘夫妇结交，后来在服刑期间又为监管犯人的官员子弟充当打手，已然成为职业的黑社会成员。从各方面来鉴定，阳谷县令和东平府尹解脱武松的判决都是恶劣的。

好的法律、好的判决与健全的法治社会之间，并不是一个简单的等号。当下几起热点的司法案件，譬如捕捉出卖珍稀鸟类的大学生被判十年半徒刑，最高法院核准林森浩投毒案的死刑，引起各界和网民的热烈议论。即便是好的法律和司法判决，也不过就是安定秩序所需要的最低限度的公正。追求一个让自己心情痛快的重判或者轻判，将轰动的案件和诉讼当作自己宣泄情绪的出口，是当下网民表述意见的不良习惯，只会干扰良善的司法。我们特别需要强调的是，为建设健全的法治社会，在法律和判决之外，还有大量教育、文化、道德建设和预防犯罪的工作需要认真去做。这其中就包括批判武松这个人物所凝聚的戾气和蔑视法律的态度。

人在做，天在看。如果我们清楚认识到人世间法律的有限性，我们可能就会更多地理解司法的难度和法官的难处，我们可能就会更容易接受"疑罪从无"的原则，宽恕犯罪嫌疑人，甚至会更进一步，宽恕真正的罪人。

不完美的世界才有希望

在过去的2016年,城镇化是政策讨论和媒体报道涉及很多的一个问题;今年一年和今后很多年,专家和有关部门会继续探索之,并逐渐实施基本有共识的一些政策,而城乡各阶层的民众也一定在关注这一牵动和鼓舞人心的重大经济和社会建设工作。让我好奇的是,至今还没有很多专家和学者出来强调城镇化的文化、教育和社会心理层面。元旦刚刚过去,这显然是一个值得议论的话题。

城镇化可能在最根本的意义上是文化建设和教育改良,否则就真的会变成乡土气息的钢筋水泥化,盖很多拥挤在一起的房子,然后让农民住进去。容易被忽略的世界历史经验是,城镇化的一个很重要方面是乡村和小城镇的文化建设。

由各国的案例来看,城镇化的人口门槛很低。历史学家曾经研究一战之前几十年的美国城镇人口高速增长,他们所理解的"城镇"是指有2 500人以上的居民集中居住的地方。作家辛克莱·刘易斯（1885—1951）写过小说《大街》，描写了20世纪最初十几年的美国小镇生活：来自大城市的女大学生卡萝尔嫁给了中西部小城戈镇的医生肯尼科特。在她的眼里，这些经营农牧业的小镇丑陋和呆板乏味，空气被动物粪便和脏水污染，"市容简直可以说是杂乱无章，就像阁楼里乱七八糟堆放着的一些纸板箱"。她对小镇的观察和心情都体现在她对那里最大旅馆的印象中，因为她是"透过那座大楼的粘满蝇屎的玻璃窗往里面窥视"，看见的只是肮里肮脏的地板、污渍斑斑的桌布和番茄沙司瓶子，而镇上的小酒店也是一个苍蝇到处嗡嗡叫的去处，传出淫秽歌曲的哼唱声。卡萝尔十分希望这样的不堪景象能瞬间消失，每座小城镇都变得美丽优雅，成为"大草原上的明珠"（潘庆舲先生译本）。

除了粗放和大大咧咧，刘易斯笔下的小镇商人和农场主在社会问题上极端保守，慷慨激昂和直率地维护"古老的、陈腐的不平等"。当卡萝尔询问锯木厂老板埃尔德对工会和利润分享的看法时，后者吼声如雷地回答："我一向赞成自由和宪法上所规定的公民权利。如果有人不喜欢我的工厂，不管是谁，他都可以拔脚走路啊。反过来说，我要是不喜欢他，同样也得请他走路。雇主与工人的关系，就是这么一回事。"卡萝尔希望改造小城生活的意向，其实不仅是要办好公共图书馆，提倡阅读高雅文学作品，组织上演萧伯纳的戏剧，还希望进行社会改革，为劳工、为镇上的保姆和佣人们争取更多的平等和权益。

《大街》一书出版之后不仅极为畅销，而且在1930年为作者争得了诺贝尔文学奖。在刘易斯的笔下，戈镇也不是一无是处。正像有的评论家所说的，刘易斯让卡萝尔看到了戈镇的种种毛病，但是同时也让她充满了希望。她梦想太多的改革并不意味着改革梦想本身是不必要的。正是因为她看到和感受到一个不完美的世界，所以她才有了改良身边环境的希望。她"嫌弃这个小镇不够漂亮"，所以"硬是想把小镇搞得漂亮一点儿"，勉力推动镇上种种事务的进步，譬如"最近新落成的学校——那令人赏心悦目的砖墙、宽敞的窗子，还有健身房以及各种专供学习农艺和烹饪的教室"。尽管卡萝尔新想法繁多，她最终还是受到当地很多人的欢迎。

这几天在"网易吕梁"上看到，山西石楼县的乔子头村在本地第一个恢复了前段时间停办的小学。其实按照美国学者使用的2 500个居民的标准，再考虑到这类村庄及其周边地区往往是农工商多种经营的状况，它们其实已经是城镇。如果在这些村镇办好基础教育和其他公共事业，而不是一看生源减少就轻率地关闭学校，让地方社区失去文化教育发展建设的中心和平台，基础的、微观的城镇化才可能有一个踏实的起步。据报道，乔子头村的几位基层领导自己并没有要上学的子女，但是不忍心看到本村和周边地方的孩子无法就近入学。他们和全村男女老少一起垫钱恢复了学校，还免收学生的所有费用。吕梁山区是贫困地区，该村的带头人和民众却有这样的胸襟，对未来充满着希望！

我们的社会在许多方面都还落后，都还不尽完美，但是希望和努力的空间因此也就巨大。

江南的朋友在微信上说，蜡梅刚刚开放了一点点，正是最香的时候。

重建文源阁的意义

一所大学假设没有一流的图书馆,应该不可能是国际一流的。

在创办一流大学的口号下,高等教育界的气氛一直是热烈的,有大张旗鼓、万马奔腾的感觉。学者、专家以及领导在恰当的场合,在出现各种问题的时候,都会呼吁大家不要急躁,尤其是希望主管部门稳扎稳打,踏实前进。回顾各国的高等教育历史,为改善办学在相对短暂时间内有层出不穷的举措,对人事制度做不断的更动,似乎还没有先例。我们需要放慢一点步子,让心情平静下来,多征求上上下下各群体的意见,多留一些余地和呼吸空间。不给教师和学者过大的压力,让他们有闲暇的心情和放松的节奏,显然会有利于教学和科研工作的提高与进步,有利于学界的和谐与合作。

在一流高等院校的建设上,资金的大规模投入、上级主管部门具体入微的量化要求，可以在一个特定方面起到至关重要作用，而且一般不会有大家担忧的浪费和低效益现象。我在这里说的是建设国际一流水平的图书馆。长期以来，我们在与世界名校攀比的时候有意无意忽略了图书馆规模和质量的考量，譬如它们的经费、藏书量、藏书种类、书库和阅览室面积，以及藏书和流通的管理。一所高校没有国际一流的图书馆，又如何能自称是一流呢？

而图书馆的建设，首先是一个经费问题。由网络公布的数据看，哈佛大学图书馆系统藏书约1 900万册，内有73所分馆，全职工作人员920多人，2014年的经费为1.6亿美元。耶鲁大学图书馆2012—2013年度经费为1.06亿美元，藏书1 500万册，全职工作人员550人。这些学校有充足的经费订阅大量在线数据库，提供便捷免费的馆际互借服务，对纸本图书和文献进行广泛的数据化处理，其服务远远超出书本的收藏和阅览。他们的书库和阅览室空间也能够绰绰有余地满足藏书和读者的需求。

外文图书采购，以及图书馆的阅览和藏书面积，长期是我们一些著名高校的短板。我在这里只能够就文科外文图书谈一点我知道的情况。这几年在国家的支持下，外文经典文献的采编工作有极大的进展。与大家的想象不同，即使是燕京大学这样具有国际背景的学校也没有在1949年前收藏有足够的外文图书。而且燕京大学的外文图书大多是英文书，其他外语的学术著作并不多，更谈不上拉丁文和古希腊文经典著作的系统收藏。北京大学图书馆目前有丰富得多的俄法德日文书籍。北大自从20世纪80年代以来购置了基本完整的古典和中世纪拉丁文、古希腊文典籍，以及大量各种外文的研究著作。局限于经费的不足，北大图书馆还是不得不有所侧重，俄文以及其他非英文外文著作的采编还是相当零散和不足，不利于我们的学术研究突破过度偏重英美文化的片面性。办一流大学，一个外国朋友曾经说，图书采编经费是不应该封顶的。

数据库的电子图书和期刊被大家看作是晚近图书资料建设的一个亮点。不过外文电子资源偏重英文文献，订阅费用昂贵，而且不是绝对安全可靠。最关键的是，学术研究需要的大量非主流期刊和图书在短期内不可能被电子化，新近出版的大量图书因为版权问题也不会被电子化。纸版书和期刊需要很大的收藏空间。因此，建设一流的大学图书馆除了经费是一个瓶颈，藏书空间也是一个硬性要求。北大图书馆在管理和服务上无疑达到国际先进水准，所藏文献资源已经达到1 100余万册（件），但是空间狭小，远远不能同世界一流大学图书馆相比。

这就让我想起毗邻北大和清华的圆明园。这一皇家园林在经历1860年的劫难之后长期荒废，遭受种种洗劫破坏。全面修复在技术、费用和功用上似乎都不可行。目前采纳的遗址公园方案在保护园区的同时略显单调，所以少量建筑也在被重修，以恢复一定的景观。圆明园原本就包含皇家学校和文源阁这一皇家图书馆，在教育和文化的层面上与现代大学可以建立清楚的继承关系。北大和清华这两所相邻的高校应该携手合作，重建文源阁，同时在附近空地上建造风格与周边环境贴切的大型图书馆，并使之以收藏文科图书和文献为主。

在圆明园遗址上矗立起一座国际一流的大学图书馆，应该是我们对当年帝国主义侵略的最好回应，是我们对实现未来美好梦想的最好推动。

衣食足未必知荣辱

扶贫旨在助推贫困地区的经济发展和贫穷者的物质生活改善，同时必须是全面的文化教育建设。谁都知道文化建设与经济建设不可分割的道理，要在实践中进行全面的社会建设却是难上加难，人们往往更容易看重物质财富的增长。

大众心理当中存在一些根深蒂固的古老思维范式。我们对一些古人的说法做了错误的理解，而且至今还不觉得有错，譬如出自《管子·牧民》的那一句："仓廪实而知礼节，衣食足而知荣辱。"问题是，当司马迁在引用此话并在《史记·货殖列传》里加以阐发的时候，其本意其实是被扭曲了。太史公是古人，却以他自己的方式信奉着自由市场经济，所以他说：民众早就习惯追求物质富足，国家只能顺应他们的欲望；农工商各种营生，哪里能靠政府的政令教导来运作呢？大家各自发挥自己谋生和逐利的欲望，顺应市场上的贵贱和匮乏丰盈，怎么有利就怎么经营；政府不要与民争利和扰乱市场，文人不要生活窘迫还成天空谈仁义，光知道说漂亮话。这些话在今天看来也不能说完全没有道理，但是很片面。

我们今天读《管子》不能不注意到，"衣食足而知荣辱"并不是说，生活富足了，一切就都安好，社会风气就自动改善了。我们甚至不应该将此话幼稚和简单化地理解为，经济发展和道德教化只要同时并举就可以了。综合《牧民》篇全文以及其他各篇章，对《管子》的社会思想的准确理解应该是，如果道德及其依赖的教育不能先行改良整个社会环境，礼义廉耻这"四维"不能统摄人心，造福人民的经济建设乃至整个社会的治理都无法得到保障，所谓"四维不张，国乃灭亡"。夸张一点说，《管子》一书的作者早就懂得马克斯·韦伯在近代普及的原理：伦理对经济和社会发展有着不可轻视的影响和作用。

《管子》对社会的思考绝不是孤立地看重财富的开拓，更不是相信衣食足自然就道德优良，而是认为民众必须"知德""知义"和"知礼"才能把经济事务办好，才能有国泰民安的局面。国家有组织生产的责任，"劝士民，勉稼穑，修墙屋，此谓厚生"，而与此同时，国家还要"养长老，慈幼孤，恤鳏寡，问疾病"，要"衣冻寒，食饥渴，匡贫窭"。这些德政并不是完全由政府施加于民众，更多是动员民众自己来做，所以要教化民众，让他们懂得"孝悌慈惠""恭敬忠信"以及"中正比宜"，能够为自己创造一个和谐的生存环境，避免上下无序、贵贱争斗、长幼忤逆的局面。缺乏教育，民众不懂礼知义，混乱和祸患就会出现，人们也就无法专心生产，饥荒就会产生。所以《管子》里面治国的道理并不单纯重视经济，而是非常强调教化的中枢地位："乡置师以说道之，然后申之以宪令，劝之以庆赏，振之以刑罚。"有效的基础教育以及由此派生的民间风气改良才是社会治理的首要任务。

晚清以来，外敌相逼，富国强兵成为大家的共识，注重实业一不小心就成为弥漫全社会的风气，甚至主导教育事业，教育原本引领文化和道德建设的作用反倒经常被忽略。由蔡元培先生开始，我们就经常说，实用的富国强兵学问与教化人心的基础教育人文教育要并重，实际上我们总是偏爱高等教育，尤其是其中的应用学科。我们需要转换一下思维，看到基础教育对提高国民素质的重大意义，看到真正繁荣的经济发展和科学研究需要一个优越的社会环境，而后者又必须以良好的国民素质和社会风气作为基础。

触动我写这篇短文的原因，是常常看到媒体上的下列报道：各地公路上如果有翻倒或者出故障的货车，附近村民时常会蜂拥而上，旁若无人地拿走车上的货物，不管是水果、粮食还是家禽水产，让司机遭受巨大损失。这些偷盗行为反映出当地刁悍的风气习俗，虽然每个人涉案的金额不会太大，影响却很恶劣。《管子》里面的《权修》篇认为，人们习惯了做小的坏事，最终必然败坏整个社会的风气："微邪者，大邪之所生也。"

主干公路两旁的村落和乡镇，一般不会是非常贫困的，但是这并没有保证那里能够自动养成"知荣辱"的良好风气。当然，那里人们的不良习气最终一定会伤害到当地经济的发展。

教育改革：让积累取代断裂

新旧取舍，长期困扰我们的社会和社会心理。

我们生怕我们的社会以及各项事业不能尽快成为世界一流的。这种思维取向和习惯的出现，部分是因为晚清以来帝国主义侵略对我们的威胁和伤害，部分是因为我们在估量自己的传统和致力于改革的时候，失去了实事求是的态度，往往急躁功利，看低以往的成绩。譬如目前在一流大学的建设上，我们付出了大量的精力，投入了一定数量的经费。在有些人的心目中，这项工作的目标带有追赶哈佛和牛津等外国著名学校的寓意。那么这里所说的"追赶"如何来衡量呢？主要是英美两国使用的大学排名和它们出版的科研成果统计吗？西欧大陆、日本韩国、俄罗斯和东欧很多高校的科学和教育成就也很突出，但是并不一定在英美的排名和统计中有充分的反映。全世界人民是否应该在21世纪搞一次声势浩大的"超英赶美"呢？

20世纪50和60年代的中学都学俄语，我认识的一位英语老师并无俄语基础，但是匆匆自学之后就上讲台了，每次上课都十分紧张。结果在"文革"期间某一次上课时，她一不小心，把政治口号由肯定句口误成了否定句，差点被打成"反革命分子"。这当然说明台下听课的同学听力敏锐，但是也反映出我们曾经在文化教育事业上不断两极摆动的毛病。现在开设俄语课的中学是极其罕见了。有关部门应该调查一下，在全国各地，包括在传统上重视俄语和日语教学的东北，究竟还有几家中学在继续讲授英语之外的外语。当一所中学有了几十年的俄语教学，它其实就有了一份特殊和弥足珍贵的文化沉淀。一旦丢弃之，这所学校的元气其实也就受到了戕害。我们目前还看不到英语教学受到冷遇的前景。不过我们仍然需要警惕：万一有一天俄语又成了时尚，英语教学的地位不要再度一落千丈。

无论是在中学还是在高校，文化沉淀是一份珍贵的、无法以改新取代的遗产，是需要细心呵护和发扬光大的。已故北大教授杨人楩先生多年前写过批评民国教育的文章。他提到，一些学校喜好弃旧改新的时尚，热衷于更名和改制，以至于为油漆新名称，做学校招牌的厚木板不得不多次被刨去旧名称，最后变得越来越薄，不成体统。由此可见，我们轻易丢弃传统、热衷争奇斗艳、受制于媚俗价值取向的形式主义毛病并不是晚近的习惯，而是长久的积弊和根深蒂固的文化心理。非常单边取向地崇尚英美文化，也是民国的文化心理遗产之一。这些对我们的文化教育建设和多元地吸收外国先进经验是有害的。

在教育和其他各个领域，频繁"改制更名"或者不间断地设立高远新目标,从来不会仅仅停留在表面,往往会有伤筋动骨的人事和学科调整。一段时间以来,我们总是提出一些惯用语,为不断进行、难得歇息的变动寻找借口与合法性:譬如豪迈的"壮士断腕",譬如高尚的"小我服从大局",又譬如新锐的"破除既得利益"。其中在政治上最具杀伤力的,是"抵制改革开放"的指责。发展,尤其是教育作为一种文化形态的成长,需要慢,需要无声的沉淀和悄然的滋生,需要"不折腾"的态度和文化心理。

从1949年到20世纪60年代中期,尽管有很多坎坷和失误,我们还是在多元学习国外经验的基础上,逐渐摸索出一套自己的教育和科学研究的传统,其主要特点之一就是强调独立自主和团队合作精神。晚近的教育改革成果斐然,但是越来越趋向于运用个人收入作为重大激励机制,越来越强调个人奋斗和竞争淘汰,越来越喜欢在形式上模仿英美教育的一些做法。很多来访的外国学者,包括英美学者,并不认为这些是真正符合国际优良教育规范的做法。

屠呦呦教授获得诺贝尔奖曾经掀起过一阵波澜。最近去世的宋文骢院士是歼十总设计师,毕业于哈军工,是举世公认的中国航空工业的"一代宗师"。这些以及无数相似的成就都在提醒我们:疑问新中国教育为何没有培养出大师级学者,可能完全是一个伪问题。我们更不能基于这样的疑问,不分良莠地抛弃中华人民共和国成立以来行之有效的人才培养和科学研究传统。

改革到了现阶段,耐心成为关键的品德。只有耐心,我们才能对新和旧,有一个实事求是的态度。

小市民卡秋莎·马斯洛娃

卡秋莎·马斯洛娃是托尔斯泰小说《复活》里的女主人公，其最初出场的身份是一名娼妓和犯罪嫌疑人。她在法庭上遭遇的陪审员之一就是当初诱奸她的涅赫柳多夫公爵。后者的忏悔和试图帮助卡秋莎的努力引出了后续的故事。

《复活》在民国初年即有汉译本，但是第一个优秀的版本是汝龙先生在20世纪50年代从英文本翻译的，后来在70年代又由译者根据俄文本重译。这个译本以及上海译文出版社1983年推出的草婴先生译本是大家公认的佳作。名著名译不断重印带来的一个小麻烦是，出版社原先请人写的导读等文字往往带有很深的时代烙印，逐渐会变得陈旧。譬如在汝龙先生译本1979年版的后面有另一位学者《关于〈复活〉》一文，注明写于1978年。作者在文中提出要反对托尔斯泰的"博爱"，重视托尔斯泰对资本主义批判的意义，认为其意义在于"激发群众起来进行革命"。俄罗斯文学的研究者今天不会再指责"博爱"是托尔斯泰的"反动观点",那样的话语现在陈旧过时了。对文学作品进行社会和政治的分析未必不合适,不过我们的确需要注意到其中的道德和精神层面。

草婴先生给自己的译本写了导读。他认为卡秋莎在被监禁、判刑和流放过程中由苦难的深渊中觉醒过来,"恢复了她的人格尊严",而她在精神上的复活,不是因为涅赫柳多夫的帮助,"而是由于政治犯和革命家的影响和教育"。《复活》的情节起源于托尔斯泰由他的朋友、法官柯尼那里听来的一个故事,即一个贵族青年在担任陪审员的时候,认出被控犯有盗窃罪的妓女就是他亲戚家的养女,曾经因为被他诱奸而怀孕,之后被赶出家门,逐渐沦为娼妓。两个译本的导读都由娼妓问题谈到了社会和革命问题并不奇怪:女性被侮辱的最极端形态恐怕就是沦落到那样的境地,人们的良知不可能不被那样的惨状刺伤。

著名法国史专家、已故北京大学教授杨人楩先生参加过北伐战争,1928年在上海时曾经写过当地的妓女。这篇文章的标题很有意思,反映了当时刚刚离开军队的杨先生深度关注社会变革的心境:《上帝造剩下来的女人——由上海的野鸡谈到革命》。杨先生就民国时期的这一社会问题写道:"据说'娼妓问题',已列在'社会问题'中讨论,大家嚷着嚷着,都异口同声地说要'废娼'。但是,我们不会拿刀来把她们一个个杀掉,所以这些造剩下来的女人,仍是一天一天加多。"在文末,杨先生发表了他对北伐革命的一点感想:"如果我们的革命,能够使每个人每月有足够的生活费,而把娼妓消灭,那才是真正的革命呀!"由娼妓问题引发出对社会经济问题的讨论以及对社会改革的推动,在西方也有诸多例子。譬如当年英美两国都有推进女工福利和提高其工资收入的改良运动,其中一个重要的动机就是保护家庭,防止低收入的女工沦落风尘。1913年4月2日出版的美国幽默和讽刺杂志《泼克》发表过一幅著名的漫画,《挤满风尘女子的救生艇》。这艘救生艇的船名叫"体面生活工资",怒涛汹涌的大海远处则是等待这些被拯救妓女回归的"家庭号"大船。

托尔斯泰憎恶沙俄时期的农奴制,也揭露了官僚和其他上流社会人士对人民的冷漠,但是他关心的不仅是下层民众的经济生活。在他的眼里,贫贱出身的小市民卡秋莎并不因为其沦落而失去其人格尊严。涅赫柳多夫在他姑妈家认识的这位被收养的姑娘,"干净、新鲜、清白、招人喜欢",有一对"含着笑意的、纯洁的、微微斜睨的黑眼睛"。在他们遇见一个烂掉鼻子的乞丐的时候,卡秋莎不仅给他钱,还走到他跟前,"吻了他三次,没有表现出一丝一毫的厌恶神情"。在被贵族糟蹋和遭遇一系列欺诈凌辱之后,她变成了娼妓,被诬告图财害命,因为审判中一个失误而被无辜判决到西伯利亚服4年苦役:吃惊的"她看到就连她的嚷叫也被他们看作是一件自然的、意料中的事,不能改变局势,她就哭起来,感到不得不顺从这种硬加在她头上的、残忍的、使她吃惊的不公正"。

卡秋莎最终宽恕了涅赫柳多夫:"'您是一个多么好的女人!'他说。'我好?'她含泪说道,一抹凄凉的微笑照亮了她的脸。"

"人们仍旧在相怜相爱。"

历史故事背后的道德陷阱

讲历史故事是古今社会道德建设的重要途径,譬如我们常常提起的孔融让梨和司马光砸缸救人的故事。西方也有许多励志的历史故事,譬如李维写过罗马史,讲述执政官布鲁图斯怀着痛苦心情处死自己的两个年少儿子,因为他们参与了复辟王政的阴谋。布鲁图斯事迹的真实性受到历史学者的怀疑,不过这并不妨碍参与过法国大革命的雅各·路易·大卫以及其他画家就这一题材创作著名的美术作品,宣传共和国的理想和品德。可惜的是,并非所有历史故事都有清楚无误的正面道德寓意。

现代历史故事的真实性在很大程度上还可以考证落实,人们禁不住去探究到底发生了什么。譬如围绕美国二战末期在广岛和长崎投放原子弹的故事,学者有深度的反思,也做了实证研究,但是尚未有完全一致的见解。三位杰出的美国学者对杜鲁门总统的这一决定发表过精辟见解。我们在处理中日美三国关系以及相关历史问题时，了解美国社会精英看问题的独特视角，应该是没有坏处的。

在哈佛和普林斯顿高等研究院任职的沃尔泽有名著《正义与非正义战争》(1977年)。他借用丘吉尔的话说，在历史上的某些时刻会出现正义一方不得不面对的"极度紧迫情势"，譬如1939年的英国在军事上有可能被纳粹德国击败，英国乃至整个人类的生存都面临危险。此时正义一方如果没有更好的应对办法，就不得不采取一些极端的措施，譬如对德国城市进行无差别的轰炸。但是在德国军事上已经失败的1945年春，英国空军用夜间轰炸毁灭整个德累斯顿，就完全违背了正义战争不伤害平民的原则，也让丘吉尔后来觉得内疚。按照这样的标准，对美国在日本投掷原子弹应该如何评价？沃尔泽认为，除了投掷原子弹和大规模使用燃烧弹，美国完全有别的途径减少对日作战伤亡；得胜的速度会放慢，但是并无必要采取使用核武器这一极端手段。

哲学教授罗尔斯在哈佛任教40年，在美国思想界地位突出。他战后曾经在日本驻扎，亲眼目睹原子弹爆炸遗址的惨状。他指出，美国对日作战无疑是一场回应侵略的正义战争，但是在结束战争的时候，杜鲁门使用原子弹意味着他把敌方的平民也看成是邪恶对手，而且没有给已经在军事上失败的日本谈判的机会。罗尔斯所谈论的正确决策，正如他自己所界定的，只有"理想状态的政治家"才能做出。而在具体的历史语境中，在原子弹轰炸和苏联出兵之前，日本政府难道真的有承认失败的诚意，并能够让杜鲁门产生善意吗？

耶鲁大学教授卡根的立场与沃尔泽和罗尔斯完全不同。他完全不怀疑使用原子弹的正当性。他在1995年的一篇文章里说，沃尔泽和罗尔斯形成前述看法的基础是一些历史学者对相关史实的错误陈述。他提出，担忧美军在占领日本的战事中遭受可能接近百万的巨大伤亡，给了杜鲁门及其军事将领巨大的压力，是投掷原子弹的真实理由；使用核弹大大减少了双方军民的生命损失。卡根还强调说，经常被否定的真相是，在遭受原子弹轰炸之前，日本政府从来没有认真谈判和接受投降的意图，其国策是"战斗到最后一刻"。没有任何迹象表明，假如美国更加清楚地让日本了解原子弹的威力或者苏联的出兵计划，日本就会放下武器。事实上，在8月6日和9日原子弹先后炸毁广岛和长崎之后，在苏联8月8日出兵之后，日本军方领袖依然表示，军队和人民能够"沉重打击敌人"。卡根认为，第二次对日使用原子弹让日本天皇意识到，抵抗再无益处，投降是唯一的选择，而仅仅威胁使用原子弹完全不可能让日本屈服。

但是使用原子弹，绝不是让人欣喜若狂的事情，尽管当时美国和其他地方的媒体曾经这样欢呼。

沃尔泽在评论广岛遭遇原子弹轰击的时候曾经说，日本从来没有对和平与自由构成像德国那样的严重威胁。一个美国人可能会这样说，但如果他是一个中国人，曾经生活在1937年12月沦陷的南京，他绝不会有这样的感觉和言论。卡根用不同方式讲述了杜鲁门决定使用原子弹的故事：这可能是坏处最小的选择，不过仍然是导致生命消逝和让人感到悲哀的选择。

对生命损失，丢失了感受悲哀的能力，人们就会落入这一历史故事背后深不可测的道德陷阱。

《太阳升起》背后的焦虑和思考

国内读者应该都熟悉迈克尔·克赖顿改编为影视节目的作品，譬如连续剧《急诊室故事》和好莱坞大片《侏罗纪公园》。他是哈佛本科和医学院的毕业生，擅长把前沿科技糅合到故事情节里面，同时注重揭示科学研究在伦理和环境上可能带来的负面作用。《太阳升起》是克赖顿具有浓厚社会评论色彩的小说，出版于1992年，描写20世纪80年代美国人面对来自日本的科技和经济竞争的复杂心理。它也曾经被拍成大片，不过似乎没有在国内引起太多关注。这一作品背后的焦虑和思考，以及一定程度的自我反省和批评，反映出美国社会试图积极回应形势变动的态度。

80年代中后期我正在美国留学，周围的老师同学纷纷抱怨福特和通用毛病丛生的几款经济型汽车，大家口头流传着一些奇葩故事。他们惊叹日本小型车在便宜的同时做到了耐用和精致，有不少人从此就成了丰田、本田和日立车的粉丝。不过到了90年代中期,有些朋友又换了美国车,觉得质量有明显提升,而且有更好的性价比和安全性能。现在看来,来自日本的竞争,的确促使美国汽车公司去解决80年代的质量和形象危机。日本车后来也大多在美国制造,对当地工人的就业有相当的补益。这场竞争基本上是个双赢的结局,当然其涉及的方方面面远远超出汽车这一个产品。

有些评论家对《太阳升起》看得很高,认为它唤醒了大众对日本竞争的关注,有重大教化作用。这当然也是克赖顿的本意。小说的核心情节是美女谢丽尔在某日本公司洛杉矶总部大楼的离奇死亡。他借助调查案件的几个警察的观察和言说,描写了他所理解的日本文化特点以及日本人为竞争使用的各种手段。克赖顿为了证明自己的立场并非歧视和无端指责,还在小说背后附加了一个详细的研究著作书目。这在畅销小说历史上可以说是极其罕见的。

克赖顿的基调很清楚:在这场竞争面前,美国最大的敌人是美国人自己,尤其是有些人只顾眼前利益和容易被物质好处收买的弱点。日本人有长远的计划和算计,对民族国家利益和所服务的公司有难以动摇的忠诚。相反,一些美国人,譬如小说里的美女谢丽尔、记者、警察、学者和政治家以及他们的机构,却因为日本人给的好处而不知羞耻,不惜为人所用,甚至不惜让美国的利益受损。克赖顿特别强调,日本人做事的方式往往非常精致和温润细腻,不仅避免直接的违法,也让实际受贿的对象不丢面子。谢丽尔是受日本某公司操控的社交女郎,有性交时易发窒息的毛病。她以偶遇的形式勾引了参议员莫顿，后来在做爱时意外昏厥。一个日本高管乘机杀死谢丽尔，把谋杀栽赃到另外一个男性身上，同时掌握了莫顿在场的证据。莫顿在国会负责审批该日本公司购买美国高科技，出事后不得不改变自己的反对立场。

站在美国的立场，克赖顿打了两种"历史牌"，既批评了日本人，也赞美了他们自明治维新以来认真学习先进文化的态度。小说里面一位警察的叔叔作为战俘死在日本，而且是被用于日本人的活体解剖。而分析涉案录像的女研究生的父母是日本妇女和美国黑人士兵，她因此在日本备受歧视和欺凌。担心读者在阅读这部探案小说时忽略作者的社会评论意图，克赖顿在书末不仅追加了研究书目，还写了后记，回溯日本通过维新和学习取得进步的历史故事，呼吁美国人模仿这种学习的态度和文化。

对比日本和美国，克赖顿借用书中警察、日本通康纳尔的话说，在日本，凌晨两点在公园也很安全，而在美国，"每20分钟就发生一起杀人案，每7分钟有一起强奸案，每4小时有一个孩子被谋杀"。康纳尔还谈到美国工薪阶层的实际购买力自1962年以来持续下降，"人们需要挣扎来维持现有的地位，要往前走就更谈不上了"。克赖顿当然清楚美国的实力和发展水平，但是他对外部竞争和内部问题反应敏感，希望通过谦虚地学习日本来改革弊端和保持对日本以及世界其他国家的领先地位。

在将近25年之后，在当下的美国总统竞选中，克赖顿的这一思路又以各种方式再度浮现，而且中国业已进入美国人的视野，得到足够重视。不过对中国和对日本，美国人的态度会有微妙的不同。

宅心仁厚：爱因斯坦与胡克的通信

我不喜欢媒体人做的军事节目。有这种感觉的主要原因是他们经常说某种新研发的武器可以对抗或者击败某某大国或者某某邻国的什么装备，有时还看到他们穿上假的军服走台表演。对迷恋军事的业余爱好者，这类话语和动作可能有点刺激，让人兴奋。不过我想，对亲身经历过战争的老兵，对希望看到中国在和平环境中日益强大的成熟观众，这类幼稚的军迷言论显得轻浮、不厚道、没有道德深度。枪口可能射出的每一发子弹，战机可能发射的每一枚导弹，都可能会带来伤亡。枪声炮声之后不仅有倒下的军人，还有他们的孤儿和寡妻。军事无小事，岂可用轻松和娱乐的口气去谈论。许多老将军甚至不忍心看关于战争的影视节目，这还不足以告诉我们战争的惨烈和残酷吗？文人坐而论道容易忘乎所以，战争这样严肃的事情最好还是让有实战经验的军人来稳健地介绍和评论。

冷战期间，西方媒体和学界曾经热烈讨论过对苏战争的可能性以及核武器的使用问题。事隔多年之后，现在回头来观察评论其中很活跃的一位美国学者，让我颇有感慨。西德尼·胡克（1902—1989）是犹太裔美国人，杜威的学生，早年信奉马克思主义，曾经访问莫斯科，支持过美国共产党。作为纽约大学的哲学教授，他在20世纪30年代是美国最重要的马克思主义学者之一，但是在1933年因为苏联的对德政策与共产国际脱离联系，认为苏联把国家利益置放于世界革命之上。他的立场逐渐转变为明确反苏，后来还支持越南战争。担任加州州长的里根在1969年要求加州大学洛杉矶分校开除哲学教授安吉拉·戴维斯（非裔美国人，女权主义者，有大量激进活动），理由是她的共产党员身份。胡克对此表示赞成，他对民权运动和反越战活动中的过激和暴力行为也有立场鲜明的批评。1985年，他接受了里根颁授的总统自由勋章。胡克在1987年出版的回忆录里提到他与罗素、乔姆斯基和爱因斯坦等名人的交往以及通信，并侧重谈了西方知识分子在冷战期间的思想和态度。

胡克注意到，美国主流知识分子群体对待冷战的态度可以大致分为两种：一部分人支持美国通过军备竞赛维护西方的安全；另一部分人则强调美国种族歧视和贫富分化等内部问题严峻，认为西方不应该夸大与社会主义国家之间的对立和可能的冲突，更不应该把使用核武器看作是可能的军事选择。其实最早提出以冷战遏制苏联的乔治·凯南后来更清楚地阐发他的和平立场，呼吁美苏缓和双边关系，削减甚至放弃核军备，选择真诚地和平共处，而不是依赖核武器的互相威胁来防止战争。胡克支持冷战和保持美国军事优势的立场一直坚持到最后，而他对美国社会内部的弊端和缺陷则采取一种平和冷静的态度，反对当时学生抗议越战的活动，认为种族歧视和资本主义剥削可以通过社会的逐渐改良来解决。今天回头来看，胡克这种冷战斗士最危险的思路就是接受核战争发生的可能性。他坚持说，即便发生核战争，如果美国处置得当，文明也未必会被完全毁灭，而为避免核战争允许苏联得胜在道德上是完全不能接受的。在这一思路的背后当然是完全妖魔化对手，把自己看作是唯一拥有真理和正义的一方。著名语言学家乔姆斯基对胡克做过尖锐的批评，指责他忽略美国的帝国主义政策所引发的战争和暴力。

在爱因斯坦与胡克的通信和争论中，我们可以更清楚看到胡克的冷战思维，以及爱因斯坦对世界和平的期望、宅心仁厚的人道主义关怀。爱因斯坦批评了胡克的两个主要观点：接受对苏联使用核武器的可能性和不允许共产党人在美国担任公职。爱因斯坦指出，苏联的社会进步是苏联人民自己要承担的任务，而麦卡锡主义以及国内左派人士所遭受的迫害才是美国人应该警惕和阻止的事情。爱因斯坦告诉胡克，他反对所有战争和杀戮，不赞成使用原子弹，他和其他科学家之所以建议罗斯福总统开展原子弹的研究，仅仅是因为担忧希特勒更早获得这一可怕的武器。

与冷战期间许多有良知的西方知识分子一样，在爱因斯坦的眼里，苏联人和中国人，与美国人一样，都是人类大家庭的成员。战争，即便出于无奈，也是天大的悲剧和灾难。

战争与和平之间的道德博弈

在历史上，人们发动战争可能是为了维护和扩张经济政治利益，可能是出于对敌人真实或想象的恐惧。战争起源的第三个原因则经常被轻视或者忽略：人们也可能为了捍卫国家的荣誉，也就是我们常说的"面子"，而走向军事冲突。譬如后起的强国希望得到与其地位相符的尊重，而实际上实力与受尊重的地位之间并不一定有天然的对应关系，而且有些国家还曾经因为变得更加强盛而遭来更多猜忌和批评。实际的或者潜在的利益纠纷所引发的战争远没有人们想象的那么多，而为了捍卫基于特定伦理道德的荣誉而未能避免的战争并不罕见。战争起源的上述几种原因是修昔底德提出的，但是强调荣誉感可能引发战争的观点是著名的战争史和战争理论专家唐纳德·卡根毕生研究的心得。

耶鲁大学教授卡根出生于1932年，2013年退休，是美国研究古希腊历史最杰出、最有影响的学者。他是研究修昔底德和古代战争史的专家，也是备受学生和公众欢迎的历史课教师，出版有4卷本的《新伯罗奔尼撒战争史》（1989—1991）。卡根在20世纪60年代逐渐接受美国新保守主义的观点和立场，明确肯定西方文明传统的价值观，呼吁民众和政府坚定捍卫美国和西方国家的利益，认为在必要的时候也不惜为战争做好准备。不过卡根并非严格意义上的"鹰派"。他承认，尽管战争是人类社会的现实，中世纪以来的西方文化在观念上始终有非暴力的倾向，现代世界在道德上必须拒绝弱肉强食的帝国主义逻辑，而且西方国家需要与世界上其他国家努力营造和平的国际关系。为系统阐释他对战争与和平的看法，卡根写作和出版了《论战争的起源与和平的维护》（1995年）。该书是一部独特的比较历史研究，对比了伯罗奔尼撒战争（公元前431—前404）、罗马与迦太基的第二次布匿战争（公元前218—前201）、第一次世界大战（1914—1918）和第二次世界大战（1939—1945）。这部著作的第五章研究了古巴导弹危机，并以此为个案讨论了冷战中的战争危险是如何被引发和规避的。

　　站在他自己独特的新保守主义立场，卡根提供了一些个案研究来说明，追逐荣誉或者荣誉被伤害如何成为战争爆发的原因。他指出，修昔底德所说的城邦居民的荣誉感在功能上相当于现代西方民众所认同的主流道德和意识形态。在面对重大国际关系问题的时候，当民众感觉到被他们认为是天经地义的价值观受到损害，他们会要求政治家做出有力回应。譬如在一战前夕，英国一直希望保持中立或者仅仅有限度地在军事上卷入。但是在德国入侵卢森堡和威胁入侵中立地位受到英国保护的比利时之后，英国的舆情发生重大变化，认为英国再不对德宣战，就将"失去信用"和"遭人憎恨"。卡根写道，只有在"荣誉面临危险"的压力下，英国的领袖和人民才奋起为他们自己的核心利益而战。又譬如在20世纪30年代，当墨索里尼侵略埃塞俄比亚和希特勒入侵捷克苏台德地区的时候，英国的政治家主要关注的是避免刺激德意，觉得本国的军备还无法应对可能发生的冲突，而民众则群情激奋，认为在法西斯强权面前放弃对弱国的保护，是不道德和有伤荣誉的。民众的道德感以及由此形成的民意对英法政治家形成巨大压力，导致两国与德国最终必有一战。

一战之前，英德之间有激烈的军备竞赛，其中一个标志性事件是英国开始按照新的更高标准建造无畏级战列舰。卡根认为，德国明智的回应应该是接受英国缓解军备竞赛的提议，争取英国的民意。但是德国反而不顾巨大财政压力，拼命加速建造新型战列舰，同时进行大肆宣传。军备竞赛强化了德国的军国主义形象，让英国的海军建设在国内获得了道德合法性。英德战列舰1915年的力量对比为25艘对20艘。

卡根的视野并非没有盲区。他坚信，西方国家领导人处理国际问题的准则之一是维护和进一步改善本国民众业已非常富裕的物质生活。但是在资源有限的地球上，这种政策造成的资源竞争对第三世界国家的寓意是什么？在和平与繁荣之间实际上存在相当程度的张力：无度追求物质财富以及往往潜藏其后的无节制欲望，即便采取的手段是经济和商业的，最终对和平也可能构成威胁。

帕麦斯顿的帝国主义逻辑

1860年的今天，也就是8月21日，是第二次鸦片战争的一个转折点：英法联军攻占了大沽口。之后联军很快占领天津，9月21日在北京附近的八里桥大败清军，随后在10月13日进入北京，18日开始在圆明园放火。这场大火烧了三天三夜。

在国内媒体上常常出现的一句话是这样的：在外交关系上，国家与国家之间"没有永恒的友谊，只有永恒的利益"。此话出自曾经担任英国外交大臣和首相的亨利·约翰·坦普尔（1784—1865），也就是著名的帕麦斯顿勋爵。他的政治生涯正逢大英帝国的鼎盛时期，他的主要政策特点是竭尽全力推行有利于英国的帝国主义外交政策。正是在他担任外交大臣期间，英国对中国发动了第一次鸦片战争，后来强迫清朝政府签订了《南京条约》，并侵占香港。在帕麦斯顿担任首相期间，英法联军发动了第二次鸦片战争。

在1848年3月1日英国下院的辩论中，帕麦斯顿为捍卫自己多年来执行的外交政策，做了将近5小时的发言。在发言快结束的时候，他总结说："我们没有永恒的盟友，也没有永久的敌人，我们只有永恒和永久的本国利益。"帕麦斯顿的外交理念远比他这句格言式的概括要复杂得多。大卫·布朗前几年出版了系统研究帕麦斯顿生平和政治活动的新传记。布朗提醒读者说，这位被认为热衷于"炮舰外交"的政治家，只是对中国和希腊这两个当时的弱国采取了赤裸裸武力胁迫的策略，而在欧洲和近东的国际关系运作中往往不得不周旋于当时的列强之间，不得不考虑复杂的文化、制度和意识形态因素。19世纪的英国面对一个全球范围的经济政治格局，其外交已然不可避免地涉及不同文明之间的冲撞和协调。这对理解当下国际形势有参考意义：当事各方需要费尽心机来组合对自己有利的力量，破解地缘政治的复杂形势；各国民众和领袖对不同文化的喜好、冷漠和厌恶，也就是他们的情感，成为他们处理外交关系过程里面的一个关键因素。

实际上，在前述发言里，在表示要坚定捍卫英国国家利益之后，帕麦斯顿接着强调说，外交政策的目的是追求正义：英国不是要在世界上做堂吉诃德，不过要在任何可能的情况下，以温和、符合道德的方式支持正义的事业，反对非正义的行径。19世纪前半期的欧洲，站在英国的立场上看，有文化和政治制度开明、自由的共和国家或者立宪君主国，也有奥地利、普鲁士和沙俄所代表的保守的君主制国家。帕麦斯顿外交的一大特点是让英国在一定程度上成为这两大阵营之间的调停者，并因此获益匪浅。在这样的斡旋运作中，帕麦斯顿并非没有道德倾向。他在情感上明确倾向于支持前者，但也不是没有出于地缘政治的考量、玩世不恭地牺牲弱国利益的举动，即便那是一个独立自由的共和国。奥地利、普鲁士和俄国在1846年以镇压民主革命的名义屠杀人民，吞并克拉科夫这一当时波兰仅存的独立领土，而帕麦斯顿的态度是袖手旁观，认为英国与奥地利等国的冲突会让法国从中渔利。

在外交关系中考虑本国利益是难以回避的现实。问题是，在西方的帝国主义传统里，不择手段地突出本国利益和侵犯弱小国家利益始终是顽固的不良遗产。20世纪60年代以后，新保守主义在美国逐渐兴起，并成为多届政府政策的指导思想。新保守主义者按照他们自己的理解继承了帕麦斯顿的主张，短视地认为本国利益至高无上，为捍卫国家利益可以不择手段。其结果往往适得其反。在这个意义上，当今世界某些地区的动荡局势和棘手的困难局面都与这种新保守主义强硬不妥协的自私政策有关。

马克思在谴责第二次鸦片战争的文章里曾经提及，早在1849年，担任外交大臣的帕麦斯顿给香港的英国公使发布训令说："英国政府迄今表现宽容，并不是由于它感到软弱，而是由于它意识到自己具有优势力量。英国政府很清楚，只要形势需要，英国的军事力量能够毁灭广州城，叫它片瓦不留，从而使该城居民受到最厉害的惩罚。"

所以请媒体朋友和有关专家不要再带着赞许的口气随便说，国与国之间"没有永恒的友谊，只有永恒的利益"。火烧圆明园，就是提出这句格言的帕麦斯顿对中国人民犯下的滔天罪行。

文化多元论：一只纤巧的风筝

袭击巴黎《沙尔利周刊》的事件发生后，大家有很多讨论。人们究竟应该做什么来防止这类事件再度发生？在迄今为止的报道和评论里面，很多提到少数族群及其文化如何融入主流社会的问题，往往同时还谈到包容多元文化对社会和谐的重要性。可能大家没有清楚意识到的是，"融入"和"包容"之间实际上是存在张力的：包容多样性到了相当的程度，融入就成为空话；而融入接近整齐划一，多样性自然会有所减损。一个现代民族国家不应排斥包容，但是终归需要有强大的凝聚力和认同感，而不是让多样性去滋生离心力。

在这方面，我们应当注意在处理族群关系上有经验也有教训的美国历史。美国多年来倡导文化多元论，包括尊重和保存少数族群的文化特色，以至于人们现在容易忘却，美国曾经和仍然在大力推动其来源非常多样的移民的融合，夸耀自己是世界各地来美移民的"熔炉",有能力把他们打造成美利坚民族的一员。今天在未名湖畔和国内的其他校园里,成群结队来学汉语的美国学生嘻嘻哈哈,肤色各异而融洽无间,让人仿佛看到一个联合国的代表团。这些青年的笑脸所映射的,显然是美国文化成功的一面。不久之前在美国密苏里州的城镇弗格森,我们也看到了黑人与主流社会之间还是有很难协调的种种矛盾,而黑人是美国最主要的少数族群之一。对美国的族群关系以及美国主流社会的凝聚力和认同感,众多学者做过多样和深入的研究,不过有两部著作可以算得上是经典中的经典,有助于我们认识美国文化多元论背后的真相,或许也有助于我们研究一个多族群国家内部的族群关系应该如何面对和妥善处理。

1963年,格莱泽和莫伊尼汉的著作《在民族大熔炉之外》由麻省理工学院和哈佛大学联合出版,调查了纽约市的黑人、波多黎各人、犹太人、意大利人和爱尔兰人等族群的情况。其结论是,这些移民即便在美国经历了几代人之后仍然保留了鲜明的族群特征,所谓的"熔炉"现象并没有出现。族群之融合,或者说美国化,不是一个抽象的过程,而是向文化和社会优势最明显的特定族群靠拢,而长期以来这个引领主流社会的主导族群是来自不列颠、信奉基督新教的移民后代。格莱泽和莫伊尼汉观察到,具备新教背景的那部分德国移民以德语为母语,但是在宗教和社会经济地位上与上述主导族群很接近,他们很快忘却德语,融入主流。来自爱尔兰的许多移民虽然原先就说英语,但在宗教上信仰天主教,社会经济地位改善的速度比较慢,所以曾经长期在美国被歧视。而相当多的美国黑人地位低下和遭到歧视始终是一个难题。

格莱泽和莫伊尼汉强调各族群之间的差异长期延续，但是并不否认他们都接受美国生活方式，都建立了对美利坚民族的认同。1980年出版的《哈佛美国族群百科全书》由多位著名学者编写，其中有一些长篇章节是对这两位作者观点的反思和深化。譬如格里森在《美国认同和美国化》那一章里面就指出，作为统一的现代国家，美利坚民族由多个族群构成，各族群固然有种种文化差异，它们之间仍存在强大的凝聚力，有高度一致的民族认同。格里森的重要见解是，这一认同的基础不是种族和肤色，不是宗教文化，也不是社会经济身份，这些在美国仍然是多样和多元的，没有被"熔炉"消融。他认为，美利坚民族之凝聚力出自美国人对主流生活方式的认同，即对美国的经济法律制度和意识形态的认同，如果文化多元论试图批评的不是种种歧视和不公平，而是把矛头指向民族国家认同，就会成为破坏性的因素，就会削弱美国立国的根本。

美国在处理族群关系上有经验也有失败。对法国和对世界上其他多族群的国家来说，建立以共同生活方式为基础的强有力的民族国家认同，恐怕也是加强国家凝聚力的必要步骤。唯有如此，倡导族群平等和宗教宽容的文化多元论才能成为积极的思想资源。文化多元论是一只纤巧的风筝，在团结的风和日丽天气才能高飞，在纷争和冲突的疾风暴雨中一定坠落。

贫困和边缘化不是暴力的借口

暴力是当今世界的突出问题。美国密苏里州弗格森因为警察枪击黑人少年事件恶化的警民关系,最近又有新的麻烦。在2015年3月12日民众的新一轮抗议中,有人开枪,造成两名警察重伤。令人关注的另一动向是,欧美各国的少量青年移民或者移民的后代受到极端分子蛊惑,前往中东或者在所居住国家参加暴恐活动。对美国的犯罪问题和世界上的恐怖主义活动,一些西方专家和媒体报道有一个倾向,即认为暴力的根源是部分少数族裔的贫穷和边缘化,因此解决问题的办法是改善他们的经济和社会地位。这一看法是有道理的,但是并不全面。

我不赞成用社会经济分析来过度解读暴力犯罪和恐怖主义活动。过度强调贫困对犯罪的触发作用,看轻良知和道德的分量,会导致人们在寻找暴恐问题根源时采取一种暧昧态度。人们因此会忽略暴力的凶残性,甚至会滑落到变相承认邪恶暴力的正当性。

我们的确应该注意到贫困和边缘化可能为暴力犯罪提供温床，应该努力创造更加公平的社会环境来促进社会和谐。但是我们同时应该毫无保留并毫不犹豫地澄清：绝不能认为一个落入贫贱地位和遭受歧视的人，有任何理由以暴力来宣泄他的不满情绪。且不说很多罪犯和暴恐分子并非衣食无着落，其中一些人甚至有相当优越的生活条件和环境。即便一个施暴或者犯下暴恐罪行的人曾经生活困难，他在法律上和道义上也没有任何暴力犯罪的借口！片面强调暴力犯罪的社会根源，其实也是对贫穷民众的最大污辱，因为这就等于是在贫困和犯罪之间画上了等号，完全无视广大底层民众的温良、勤勉和尊严。暴力不合法，暴力不道德，在这个问题上，我们的社会话语体系要有绝对明确无误、丝毫不容动摇的立场。

人类社会公认的原则是，使用暴力的唯一合法性在于自卫，即在受到暴力直接侵害的情况下做出的抵抗。法律上的正当防卫，军事理论上的正义战争，国家公权力对暴力犯罪的惩处，都是基于这样的原则。在此之外，任何暴力都是非法和不道德的。

暴力犯罪集团，尤其是暴力恐怖主义活动的头目，善于在社会心理层面展开宣传攻势，善于玩弄和操控舆情。在美国和欧洲的贫困社区，暴力犯罪与恐怖主义活动会和有问题青少年团伙嫁接在一起，与他们爱好的特殊艺术和消遣结合起来。过去个别美国黑人青年用美式说唱艺术来渲染族群矛盾，鼓动袭击警察，曾经引发社会严重关注。当下的一些极端恐怖主义组织对互联网和其他电子媒介的利用,也有类似的文化特征,即把少数族群的社会经济问题一律简单化地归咎于他人,建立起主流社会就是敌对方的话语范式,利用一些青少年的边缘化心理来煽动不满和鼓动暴力犯罪。在一些欧美国家,少数族群青少年的暴力犯罪活动背后往往有这样的文化战争,有崇尚暴力和非暴力两种文化的对立。

的确,和平不仅仅是简单地批评和制止暴力,和平更是一个社会发展的系统工程,包括经济建设、社会公平和良好的法治环境。而暴力犯罪和暴恐问题首先冲击的就是经济建设和法治建设,破坏长远改善少数族群或者弱势民众经济和社会地位的工作成效。无论是在美国和欧洲暴力犯罪比较严重的少数族群聚集社区,还是在伊拉克和叙利亚等暴恐问题尤其突出的中东地区,人们看到的是经济凋敝,民不聊生,基本的个人自由全无保障,以及生命和财产的巨大损失。被犯罪分子和暴恐分子伤害最大的恰恰是、从来都是当地弱势和贫困的人群。暴力恐怖主义分子近年来甚至屡屡借无辜人质的生命来勒索钱财和进行政治宣传。

暴力不合法,暴力不道德。我们的整个社会,整个世界,尤其是受到暴力犯罪和暴恐活动伤害最大的民众自己,都必须对暴力有一个坚决的反对立场。我们的专家学者在这个问题上也应该态度明确,绝不含糊,在探索暴恐问题根源的时候大力推崇非暴力文化,维护社会和谐,并帮助中国树立一个占据道德制高点的国际社会形象。

孔子说:"不知言,无以知人也。"如果有谁不满于自己和自己所在群体的状况和地位,应该走到桌边坐下来谈话。慢声细语的桌边谈话才是真诚的沟通,也最有力量,最有效。

暴恐分子最害怕爱心和希望

人如果失去了爱心，那就只知道恨了，因为"人不可能有两颗心，一颗是为了恨，另一颗是为了爱。每个人都只有一颗心，而我永远都在想的，是如何保护我的这颗心"。

阿列克谢耶维奇获得了2015年的诺贝尔文学奖。《我是女兵，也是女人》是她记录苏联卫国战争女兵故事的作品，其中大多是当事人的口述，有些谈话本身就是完整的小型演讲，甚至有人生哲学的意味，譬如卫生员乌姆尼亚金娜所叙述的斯大林格勒战役。上面的引语就是这位勇敢女兵的话，解释她为什么在战火下背出和抢救了一名重伤的德军士兵。

当代恐怖主义者的阴暗恰恰就在于他们企图把善良的人们逼向绝望，让人们失去爱心和希望，和他们一样只知道仇恨和放弃，所以他们总是把攻击目标指向无辜的平民，而且采取越来越残暴的手段。他们这样做的更深层目的是对合法政权宣战，同时又对暴力造成的惨痛后果不负任何责任，企图进行一场与传统战争迥然不同的"不对称战争"，动摇和破坏一个和平有秩序的法治社会。这种挑战和践踏人类良知的邪恶，只有用良知的唤起和力量来回应。世界各国唯一的正确选择只能是团结一心，互相帮助，尽早尽快地打击和消灭恐怖主义势力，并且在根本上消除滋生恐怖主义观念和行为的社会土壤。在这方面的任何迟疑、任何虚张声势、任何虚与委蛇，都只会助长恐怖分子的气焰，助长他们的野蛮、残忍和冷酷。

  各国学者们对恐怖主义问题的研究已经很多，对其根源提出了各种分析和解释，但是在肆无忌惮的恐怖袭击面前，即时的、彻底的、毫不犹豫的正义回击才是首要的任务。在2015年11月13日的巴黎恐怖袭击中，以及在世界其他地区进行的活动中，暴恐分子总是企图杀害尽可能多的无辜平民，完全蔑视最基本的道德底线。在这次巴黎的袭击中，他们不仅使用爆炸和自动武器扫射来随意杀人，而且对受伤平民还以行刑的方式逐个补枪，不让他们有任何生存机会。人类在历史上建立的所有国际公约和人道主义原则，对暴恐分子完全没有约束力。他们拒绝和平，拒绝任何形式的理性沟通，拒绝珍惜人的生命，甚至把自己的生命也当作是儿戏。如果世界各国对恐怖主义心慈手软，留有余地，最大的恶果将是这类邪恶无底线的暴力袭击进一步加剧，把人类社会这个命运共同体推入绝望和仇恨的深渊，造成更加混乱无序的局面，让国家和社会日益分裂，让暴恐分子达到他们阴暗的政治目的。

  当代恐怖主义者的阴暗恰恰就在于他们最害怕爱心和希望，

一切恐怖活动的用意首先就是摧毁人们之间的友爱和人们对生活的希望，为此他们甚至会唆使妇女带着自己的婴儿去充当自杀式炸弹。正因为如此，我们对恐怖主义的回应不能够局限于武力的回击。法兰西是启蒙运动的故乡，是现代人道主义思潮的重要发源地。如果因为法国当下遭遇的复杂社会问题以及它所遭受的冷酷暴恐袭击，人们就开始唱衰和怀疑自由、平等、博爱的理想，那不就正好以绝望替代了希望，那不就正好迎合了恐怖主义的阴暗心愿？

正义战争的理论经历过一些修正和发展，不过至今仍然是人类社会公认的规范和限制武力运用的基本准则。恐怖主义暴力事件在所有的方面都违背了正义战争的准则：这些暴行是由非法组织发动的，针对的是手无寸铁的平民，采取的是残忍、毫无节制的非常规手段，甚至其目标本身也往往是非理性和反人类的。暴恐分子对文明社会宣战的事实没有给予他们任何合法的政治权威，反而彰显了他们的性质实际上更接近有组织的暴力犯罪团伙。对这样的犯罪集团，世界各国除了要正视其严重威胁，也应该看透其虚弱、不得人心的一面。暴恐分子四面出击、肆意屠戮平民，其用意就是为了毁坏人们的爱心和希望，挑起民众之间的猜忌和对立。为了击破他们的阴谋，打击恐怖主义的行动不仅需要避免伤及无辜群众，更要刻意和努力促进各族群之间和不同信仰之间的团结与和谐。

也就是说，最有效打击恐怖主义的行动需要占据道德制高点，需要维护法治社会，包括遵守相关的国际法，避免落入为达到正当目的而不择手段的陷阱。

掂量国际关系，利益到底多重要？

摩尼教在古代世界有广泛久远的影响，其核心观点是认为整个宇宙有光明和黑暗两种力量在斗争。善恶两极对立的思路对人类有很大诱惑，大家都倾向于把自己想象为善的光明的一方，把异己想象为恶的黑暗的一方，认为善恶势不两立。善恶二元论尽管在历史上一直受到有识之士的批评，至今仍然有很大市场，尤其是国际关系研究判断上的一种流行话语。毕竟妖魔化遥远的外国，比起在自己身边寻找鬼怪，更加容易为众人接受。

这是一种道德上彻底恶俗、战略上极其危险的话语。近年在媒体上经常听见专家说，"没有永恒的朋友，只有永恒的利益"。这话是典型的19世纪帝国主义逻辑，其中就包含有一种善恶二元论的思路，即认为只有自己的国家才是宇宙的中心，自己的利益才是合法正当的最高利益，和世界上其他人打交道都不过是手段，如果有利益冲突，他们甚至就是可以被消灭的敌人。以往西方列强彼此大打出手,任意侵略东方国家,采用的都是这样的逻辑,所以有鸦片战争,有血腥的世界大战,有延续多年的冷战。

鼓噪什么"没有永恒的朋友,只有永恒的利益",就是忘却了帝国主义侵略的历史和伤痕,就是忘却了新中国外交的优良传统。国际交往当然有互惠的战略和经济利益,也时常会有竞争和利益的差异,所以国际关系才需要动态协调,才需要耐心的谈判和沟通。国家实力虽然一定是国际交往中的重要元素,民间和官方的人际交往和友好情谊也是不可或缺的和平发展基石。正因为国际关系中利益的差异不可避免,才需要有牢固的友好关系来化解差异和可能发生的冲突。两国之间,经济和政治的互动和力量对比是会变化的,所以很难有永恒不变的共同利益格局,但是这不一定妨碍两国人民养成永恒的友谊,世世代代做永久的朋友。

国际关系中的确存在利益和友谊的复杂互动关系,譬如中美关系涉及的就业和劳工利益问题。最近宣布竞选总统的美国国会参议员伯尼·桑德斯是美国唯一公开自己社会主义者身份的知名政治家,其主张自然有亲劳工、强调政府监管的色彩。2010年12月,因为反对参议院延长富人减税优惠的法案,桑德斯在那里做了连续8个半小时的发言。他无法阻止该法案的通过,但是希望借此来影响舆论和民众。印刷出版的发言稿有98页,我看到至少有82处提到中国,其内容可以分成两个方面。首先是桑德斯多次谈到中国在高铁、公路和机场上投入大量资金,批评美国各级政府在基础建设上投入的严重不足,同时又使劲给富人减税。

桑德斯接着谈到美国持续的贫富分化,指出顶部占总人口1%

的富人拥有的财产多于底部占总人口90%的人的财产。他由此谈到美国中产阶级的衰落问题，认为这一衰落的重大原因是制造业转移到了中国等劳动力便宜的国家。他引用了曾任通用电气首席执行官的韦尔什的话："理想的情况是，我们拥有的每一家工厂都可以安放在一艘驳船上。"意思是说，哪里的劳动力便宜，工厂就搬迁到哪里去。桑德斯在发言时几次申明，他不是对中国、印度和越南等工资低廉的国家有意见，只是觉得在这些国家办厂，不应该以牺牲美国的中产阶级为代价来造就暴富的跨国公司老板和高管。

  在这种格局之下，我们中国可以做什么？桑德斯这样的政治家和美国的劳动人民不应该被看作是中国的对手，而是我们需要努力去争取的朋友。长远来说，我们当然会逐渐摆脱世界代工厂的地位，建立自主创新的产业。除了这样的战略布局，我们本来一直应该做的，是与美国的劳工阶层建立广泛深入的沟通，共同就两国的劳工福利问题进行磋商。我们也应该探索和设计造福两国人民的共同富裕道路，譬如更多吸引美国的中小企业进入中美之间的经贸关系，在两边创造更多就业机会。

第五辑

"黄油拌饭香如故"

"落拓枣"与翻译人生的甘苦

20世纪80年代以来的几十年，译作是出版社的主攻方向之一，过去恐怕从来没有过这样持久的大规模翻译出版运动。做文学翻译工作的译者有不少是文笔精湛的外文专家，有些甚至是翻译家，而现在从事历史、哲学和其他社会科学著作翻译的译者当中，资深的学科专家并不多，敷衍了事赶活的学者不少，有许多甚至是青年学生。当下翻译出版的质量令人担忧，粗糙的文字和严重的错误是很平常的现象。可能的原因是，除了外文院系，其他学科都不太承认翻译是重要的学术成绩。听说外文院系最近也在更有决心地转向研究和强调论文发表，翻译也将不再被看作是学术成果。

把外文作品翻译成中文究竟算不算是研究工作，是一个值得思考和进行调查分析的问题。把经典的文史名著和社会科学著作翻译成信、达、雅的中文是一种高难度的再创作，与亲缘关系密切的印欧语系各语言的互译可能情况不同。如果我们不鼓励学者去认真从事翻译工作，任由大量粗糙译作在市场上流行，目前这场规模空前的翻译运动的效果是会大打折扣的。大家可能都有经验，现在看不懂的译作实在是太多了。高峰枫教授甚至写过《西塞罗的愤怒》，感慨译者对经典作品的糟蹋。

好的翻译本身就是创作，甚至本身就是艺术品。

很多年前当学生的时候，为学英文，读过很多毛姆的短篇小说，被其中的一个故事深深打动：一个35岁的英国银行职员到一个地中海小岛度假，迷恋上了那里的美好生活，于是下决心辞去工作。他放弃了工作满30年拿养老金的机会，用自己的所有财产买了一笔够他生活25年的年金，计划在岛上悠闲生活到60岁，之后就死而无憾了。我后来收藏有企鹅版的4卷本毛姆短篇全集，想再看一遍这个故事，却没有耐心一篇篇去寻找。实际上毛姆故事的背景是在意大利南部的卡普里岛，而我不仅忘记了小说的题目，也把故事的地点错误地记成是希腊。所以后来在访问希腊的时候，我面对梦幻一样的艳蓝天空、深蓝的海浪和油漆成白色的一栋栋小房子，又想起这个故事。

前几天买到译林出版的《毛姆短篇小说精选集》。本来买这本书是因为看到各篇译者都是名家，并没有打算逐篇去重读，但是看到陆谷孙先生为他自己翻译的那篇写了详细的译后记，于是就去翻阅，发现这篇就是多年在我脑中萦回的那个故事，《吞食魔果的人》。

陆先生这篇译后记，《"食莲"还是"吞枣"》，是针对故事标题的翻译写的，因为该标题里提到的"魔果"通常是指中文所说的"睡莲",而由故事情节看,毛姆所指的是这个词的另一个意思,即"落拓枣"。在希腊神话里,这是食用后会产生幻觉的忘忧花果,陆先生因此译故事篇名为"吞食魔果的人",而不取"食莲人"这个看似更加优雅的译法。后者显然很难与故事的内容对应。董桥先生回应陆先生的文章说,"毛姆这个短篇的题目害苦中国几代读书人难进难退"。

如果经典的文学和社会科学著述的翻译应该受到足够的重视,应该被看作是严肃的学术研究成果,对其他外文作品的翻译是否就可以轻视呢?斯蒂芬·金的恐怖小说有不少在国内被翻译出版,这些作品的翻译除了需要非常熟悉英文,还需要对美国文化和日常生活有海量的知识。像这些翻译,如果不被看作是学术研究,起码应该有丰厚的报酬,以便译者能够从容和专心致志地工作。现在我们经常提起傅雷先生,却经常忘却傅先生的生活一直在很大程度上依赖其翻译的稿费。傅先生的翻译是精心推敲的,他甚至是高产的,但是和当下一般的译者相比较,他肯定是动作很慢的。

即便是流行小说和通俗艺术作品的翻译,我们似乎也不宜贬低和看轻。我除了收藏毛姆的小说,也是鲍勃·迪伦的粉丝。后者刚刚得了诺贝尔文学奖,估计他的歌词会被大量翻译出版。那么,翻译这类通俗作品算不算是一种文学再创作?可不可以算作外文学者的学术研究成果?

有一位研究外国文学的朋友翻译出版了大量诗歌。最近他和我说,花费精力时间翻译会影响写论文,想不明白是否继续这样的工作。我是他的忠实读者,不知道怎样来安慰和鼓励他。

难道劝他吃一枚落拓枣吗?

唐恩都乐的去而复返

这段时间在路上想不看到都难的，是穿街走巷的餐饮外卖电动车。

做中式餐饮很不容易。人们都期望看到一张丰富的菜单，食材和烹饪都太繁复，冷藏和卫生管理的难度因此变得很大。北京有一个时期流行过连锁或独立经营的老上海城隍庙小吃，印象中菜品有上百种。其实上海小吃做快餐，弄点汤包、生煎包、馄饨、炒面和阳春面，加上熏鱼、面筋、油爆虾、糖醋排骨、煮毛豆和炒青菜，也就差不多了，腌笃鲜都太麻烦。菜饭品种太多，给经营者增加资金和人力的成本，增加保证质量和卫生环境的困难。城隍庙风格小吃店，终究没有在北京真正火起来。一些卖豆浆油条盖浇饭的连锁店，或者一些卖大肉粽子搭配点馄饨和菜饭的店铺，管理就比较简单，反倒风行大江南北。想开了，高档次的中餐馆也不妨简约点，不用弄那么多品种。

但是我们的顾客可能对简单好吃管饱的思路不太感冒，绝大多数餐馆的菜单还是极其丰富。丰富品种背后，质量保障的困难是食客们不太顾及的。专业厨师的工资很贵，餐馆不会雇用多位，菜品多了，大多是小工在做，所以多数菜肴的味道很一般，甚至不堪入口。

现在流行网上订餐，餐饮业连店面的建立和变更都不容易确定，其管理的难度可想而知。餐饮网店经常价格低得吓人，卫生和质量只有拜托给上帝。所以走简约路线，减少品种，对网上外卖店也同样是一个取胜的经营思路。便宜网店菜单一般还是蛮长的，但是吃起来多辣而咸，一辣遮百丑，食材的新鲜和细腻都不必考究。看着窗外夜色渐浓，想到无数宅男宅女抱着手机消磨时光，嘴里嚼着快递送来的米饭和重口味菜肴，我不禁担忧起来：堂皇盛大的八大菜系之延续，长远看来真是个未定之数。只是就大众餐饮而言，中餐烹饪和菜品传统的繁复，的确是稳定质量和规模化经营的一个短板。

一家人穿上正式甚至体面衣服，欢欢喜喜出门去饭店吃饭，又是一种在丢失和遗忘中的生活方式。外出就餐过去一直是正式和郑重的一件事，但是中餐经营在传统上推崇品种繁多未必合理。孟元老的《东京梦华录》和周密的《武林旧事》分别记录北宋南宋都城的地理风物，都写到餐馆售卖一、两百种吃食。孟元老曾提及当时京城外出就餐的人十分挑剔和奢华，"都人侈纵，百端呼索，或热或冷，或温或整"，店员上菜时左手叉着三个碗，右手直到肩膀叠放大约二十个碗，上菜不能出任何差错，否则会被罚工钱，甚至会被辞退。现在的餐饮业不会有这种跑堂几乎玩杂技的景象了，不过正规饭店菜单上的品种还是过于繁多。

由此我们自然会联想到以简约路线拓展到全中国的洋餐饮业，特别是洋快餐。简约就是洋快餐的核心竞争力。一进这些汉堡和炸鸡店，抬头看见所有品种都在几块灯光招牌上大字印刷着。简约食谱，搭配再卖点薯条和可乐或咖啡组成的套餐，就是洋快餐的全部招数。当然食材大体上能够做到让人放心，与全球范围内其他连锁店能保持大致同等的质量，也是足够强大的魅力。

洋餐饮在中国并非没有进军失败的例子。出自美国南部的派派思炸鸡香脆微辣，很合国人口味，但是公司选择王府井为北京首家店地址，备受外地旅游者的冷落，很快就撤退。唐恩都乐的多拿滋（甜甜圈）和咖啡在美国很流行，警匪片里的警察成天吃着，恰似我们警匪片里的方便面。唐恩都乐好多年前在北京露过脸，很快就消失了，在国内也一直没有太热卖。我一直纳闷为什么。前些年在上海吃过几个，味道还正宗。最近在刚刚回到北京的店铺内买了几个，就发现不对了，奶油的用量显然不如美国店铺里的充足。西式甜点吝啬放或不放奶油，成本大大降低了，口感却大大不灵啊，所以多家韩资甜品店一直也不温不火。

美国快餐业在我们这里的经营无疑很成功，我们本土的餐饮业对其简约和通常能注重质量的路线应该更加透彻和精细地模仿。唯有简约之后，餐饮业保证质量和卫生的工作才能增加可操作性。

全球化进程会有进有退，会有快有慢，不过总是会给我们提供学习机会。西方文化偏爱简约、注重实效和质量的特点，可能不仅仅是我们的餐饮业应该注意和进行研究的。

在家庭饭桌上可否谈论金钱？

好的管理方法不是简单的奖罚分明，更不是动辄严厉处分和重金奖励。过去我们批评法家传统刻薄寡恩，其实古代法家传统不仅讲究奖罚分明，还利用和调动人性的阴暗面，鼓励贪婪，策动争斗，败坏人心风俗。商鞅搞严刑峻法，对有军功者重赏，处罚因懈怠而致贫的人。当他自己政治失败逃跑时，旅店的老板不敢让他留宿，告诉他说："商君之法，舍人无验者坐之。"在功利当先的风气下，各国国君也都以甲兵争利于天下，而君臣之间则如韩非子说的，势利到了极点："人臣之情，非必能忧其君，为重利之故也。"所以孟子说，人们去仁义，怀抱利益之心来交往，最终会危害到国家。

我们的文化从来都有清高自尊的另一面，反对利益至上和金钱至上。20世纪70年代，在一些叔叔阿姨家吃饭，还见过女性不上主桌、单独就餐的情景。这种习惯对女性不尊重。前些年和一位同事聊天说起此事，她的提醒让我想起了更多细节。在这种老派的家庭饭桌上还有其他规矩，譬如咀嚼喝汤不能出声，不能哧溜着把面条吸进嘴巴，不能八卦别人家的是非，更不能议论谁挣钱多少。在饭桌上当着孩子的面谈论钱财问题，被很多家庭看作是没有教养的事情，会给孩子们做出坏榜样。这些饭桌上的文明举止是古老的，显然也有顽强生命力，所以到了70年代甚至更晚近时期还存留着。

在金钱和物质财富面前有一个矜持和节制的态度，不会妨碍市场经济的发展，还有利于营建一个工商业能够健康成长的道德环境。所以在私有制和工商业得到认可的古代和现代社会，追逐私利始终是受到批评的。正常的情况是，市场经济越是发达，道德和制度对私利的约束就会越厉害，以防止私心泛滥伤害社会公益。譬如古代希腊、希伯来和中世纪欧洲、阿拉伯文化都谴责借贷收取利息。中世纪欧洲在12、13世纪进入市场经济繁盛时期，而恰恰是在这个阶段，人们对商业、私有权和个人权益的认识开始变得更加理性，对自私自利个人主义的批评更加尖锐，形成了比较系统的商业道德。

中世纪的商业道德可以分析到两个方面。首先是私有财产的合法占有得到了认可。阿奎那曾经说，在拥有私有权的情况下，人们会更加努力去创造财富，会更加方便地照看自己的财物，会更容易避免因为产权不清发生纠纷。除了获取和占有财富，人们还要使用之。在财富的使用上，人们就不可以排他地独享了，而是要与其他有需求的人分享，与穷人分享。对私有财产这种既肯定又加以限制的立场不仅是中世纪的观念，也是在现代市场经济中仍然存活的伦理原则，譬如犹太人社团至今还实践着对贫困者的无利息贷款，并认为这是比直接救济更加崇高的慈善，因为这里面包含了对接受贷款者的信心和信任。

现代的金融和会计制度在欧洲中世纪后期逐渐成长起来的时候，主要的用途之一是管理当时规模庞大的慈善事业。我们看到市场经济及其手段的发展，同时又看到财富的社会公益性得到越来越突出的强调。这样一种均衡的市场经济生态还有一个关键的文化层面，即知识和精神层面的技能是不能售卖的，所以学校在原则上是不能收学费的，商业牟利的精神因此被长期阻拦在中世纪大学之外。

正如凯恩斯和熊彼特都曾经注意到的，中世纪经院哲学家的经济学说对现代经济学有特定的贡献。他们反对割断道德和经济学之间的联系，反对在个人竞争和贪婪无序的语境中发展工商业，强调市场服务社会的公益性。他们极力反对金钱至上的文化，认为财富的意义不在被供奉、被聚敛，而在用之于人，尤其是用之于解救贫困者。所以对于钱财，他们的态度是淡定从容的。

上个月11日，因为空管员失误，上海虹桥机场险些发生两架飞机相撞事件。在事后的处理中，化解危机的当班机长得到300万元重金奖赏，而两名造成危险的空管员被吊销执照。在有关的调研报道中，空管员工资低被提出作为人才流失和队伍素质下降的主要原因之一。如果我们把优厚奖金和待遇看作是管理的关键，恐怕我们离健康的现代化经济只会越来越远。

突出奖罚的管理功用，是一种法家的思路，也是一种金钱至上的思路。

培田古村和罗威廉的《红雨》

古村古镇游已经热了很长时间,各处常见游人如织的景象,也经常看到"中国十大最美古村镇"等推介信息。政治人类学学者应该关注一下这些存活着的"标本"。这些古村镇在社会治理的意义上值得深入考察:数百年甚至上千年以来,这些地方的大量建筑没有毁于兵燹天灾,证明当地社会能够维持基本的经济、政治和道德文化秩序,人们懂得如何化解社会矛盾,避免严重冲突。这些古村古镇的"软实力"肯定在相当长时期内是强大的,它们因此能够安全地生存下来。

与之形成对立的,可能就是一些"失败"的村镇,那些物质上未必贫困,但是文化和社会秩序不尽理想的村镇。那里居民的生活可能就不那么安逸,他们可能没有建造美丽建筑的初心,或者没有能力保卫好家乡。这些地方的政治文化或者社会治理,与今天的那些"最美古村镇"相比,到底有什么不同,值得有心的旅游者细心观察。很多古代村镇的凋敝乃至消失，与当地的社会生态和政治文化不健康有关系。

美国学者罗威廉出版有《红雨：一个中国县城七个世纪的暴力史》（李里峰等译，人民大学出版社2014年版）。这本书的大半篇幅研究湖北麻城从元末到整个明清时期的政治文化，试图借用法国年鉴学派长时段考察的方法对中国古代社会的演进范式提出新见解。当然，罗威廉在这里专门研究的是具有暴力文化传统、社会治理失败的地方历史。正如他自己强调指出的，在整体上，中国传统文化"在谴责暴力行为、将人与人之间的和平与和谐共存确立为道德规范方面，要比许多其他文化传统积极得多"。不过在他看来，麻城以及其他一些地方还是具有长时段的暴力文化，严重影响了当地社会的良性发展。

作为一部社会史著作，罗威廉对地方治理失败的上述研究不仅关注到其经济和社会的根源，也认为暴力文化本身成为历史记忆并通过暴力实践得到延续，且与明清中国安定与骚乱的周期大波动密切相关。对当地的百姓来说，这就意味着"在司空见惯的日常杀戮、残害和强制"之外，还周期性发生大规模屠杀事件。他特别指出，统治阶层对底层民众的无情剥削和压迫，甚至限制男性奴仆结婚，固然是社会矛盾加深的原因，但是当地民风好斗，名门望族之间即便只是存在婚姻纠纷引发的普通矛盾，也不懂得妥协，情愿你死我活地斗争："在当地百姓看来，官方通过断案来解决这类无休止的冲突是不明智的，相反，应该使用武力。在麻城，武压倒了文。"

网上能看到不少关于福建连城县培田村的旅游信息，介绍当地景色和风俗的纪录片也能在电视里看到。研究古代民居的建筑学者对该地也进行过调查，发表过著述。这个地区存留大量古村镇，而且培田村这个客家人村落的类型并不是堡垒和要塞型的，这反映出该地区整体的社会安定和睦。培田村现在还保留有六家书院、二十一座古祠，以及一千米长古代商业街。这里引人注目的特点还包括人工精心修整的公用水系：水渠、水塘和绕行在民居之间贯穿全村的水沟。这里还有大型藏书楼，雕版印刷作坊，传授农耕技艺的"锄经别墅"，以及教授女德和女红的"容膝居"。

培田村很多值得一提的优点也是罗威廉所研究麻城地区的传统：培育大家族内部团结，重视道德教化和科举功名。问题是，罗威廉认为，麻城地区富裕和拥有权势的大家族自明朝中期一直到民国，大量使用"奴仆"作为劳动力："楚士大夫之仆隶盛甲天下，麻城尤甲于全楚。"由此形成的阶级矛盾异常尖锐局面，成为当地暴力文化的基础，也使得麻城很多村镇的社会面貌迥然不同于发展更加和谐安定的地方。

其实对培田村这些"最美古村镇"的长时段历史，我们还没有系统深入研究。如果我们就它们目前的状况回溯，进而做一项历史学和政治人类学研究的话，在过去的数百年里，那里的社会生态应该是比较和平的。如果得出的结论并非如此，那么我们正好深化和修正罗威廉的一些看法。

热闹的古村古镇游再次提醒我们，一个地方的人心风俗决定其命运。顾炎武这样说过整顿人心的困难："百年必世养之而不足，一朝一夕败之而有余。"

"护林硬汉"石万生需要什么样的支持?

美国制度的一些细节值得我们研究和参考,应该对我们改进工作有比较大的直接帮助。我们对外借鉴的视野应该由一些未必切合实际同时又难以照搬的宏大叙事,更多转移到与人民群众幸福生活密切相关的一些具体做法上来。

我想到这个问题,是因为读了一则报道:河南桐柏县农民石万生因为坚持保护山林,多次被人在其鱼塘里面投毒。9次投毒导致上万斤鱼死亡,造成经济损失四、五十万元。他"得罪"的偷盗树木者多为当地民众和一些干部,与当地各方面有千丝万缕的联系。而石万生因鱼塘被投毒报警后,警方一直未破案,也没有作为重大案件予以重视。这个报道也让我联想起河南农妇李桂英17年追凶的故事,即她自己跑路侦查,协助自己家乡的警方将杀害其丈夫的数名凶手抓获。

地方警察执法不力有一些显而易见的原因。譬如拐卖妇女儿童案多年以来的难点，就是买方所在地的民众和派出所受到邻里情面、关系网络压力以及种种落后意识的牵制，未能守法执法和打击犯罪。几乎所有人口拐卖案件都跨越行政区划，很大一部分跨越省界。地方警察到异地执法有种种困难，有很高的人力和财力成本，对外地情况也不熟悉。桐柏山属于淮河源头，那里的山林保护关系到整个淮河流域的生态，在那里滥伐偷盗山林的罪行实际上危害到几个省的环境保护。当地派出所和县公安局的重视程度以及办案能力可能未必与这类犯罪的严重性相匹配。对于这类刑事犯罪，我们没有像美国联邦调查局那样的机构。

在美国的警匪片里面，编剧时常用来强化戏剧性的手法，是展现地方警察和联邦调查局特工之间的合作与竞争。在美国，联邦调查局的管辖范围除了反间谍，还包括跨越州界的刑事犯罪以及联邦政府负责调查起诉的其他各种刑事犯罪种类，譬如劫机、绑架、银行抢劫、破坏邮政、儿童色情案、偷税漏税、假钞和其他造假。联邦调查局直属联邦政府，不受地方政府牵制，却在各地有分局和高素质警员，熟悉地方情况。在电影和电视剧里，地方警察往往是嘴里嚼着口香糖、时不时来几句脏话、教育水平偏低的形象，而联邦特工则西服笔挺，彬彬有礼，一律有着法律学位，背后有国际最高水平的刑侦技术人员和实验室的支持。很多新出现或者变得特别严重的刑事犯罪种类，经由联邦立法，可以被纳入到联邦调查局的管辖范围。地方上的重大刑事案件侦破能够借助这样的安排得到国家水平人力物力资源的及时支持，显然是美国司法制度的优点之一。

石万生2004年成为乡里招募的护林员，但因为护林积极并带领央视记者采访偷盗山林的情况，于2009年被开除出护林员队伍，现在仅仅是以志愿者的身份参与林业防护。他还在巡山时与妻子一起坠崖重伤。他和妻子在受伤之后的医药费依靠当地的林业局、森林公安局和民间组织的募捐才得到解决。当地社会和政府中显然有很多同情支持石万生的群众和干部。石万生算得上是古人所说的豪侠之士，是值得社会和政府依靠的有良知有胆识的人士。为什么他和当地积极护林的农民不能够成为有正式编制、伤病和其他福利能够得到切实保障的林业局或者森林公安局的职工？为什么他们不能成为有公家身份的护林员？这是又一种省钱用人的"临时工"故事吗？护法人士没有得到足够的保护，而无赖地与他们对抗和投毒的犯罪嫌疑人还在逍遥，还在为他们非法获得的物质利益得意洋洋。

由护林员石万生的遭遇，我也想到了大家天天看见的协警和保安。执法和治安是一个良善社会最关键的方面。其实国外也有协警和保安，譬如美国所有大学都有校警，地铁、码头、银行等地方都有自己的保安。不过我们知道这些人一般都是单位长期雇用的职员，而不是待遇身份比其他职工低很多的临时工或者合同工。如果石万生有一个森林警察的身份，他的处境肯定会好得多。

由此看来，我们不仅需要一个直属中央政府的刑事警察局，我们也需要思考：是否应该切实增加警力，废除旨在降低用人成本的协警和保安制度。这些执法人员的临时性、低收入以及卑微的社会地位，正在侵蚀着法律和执法机关的尊严。

在"天意"和"民意"的古老叙事背后

我不是特别喜欢司马迁最有名的那句话,即"究天人之际,通古今之变,成一家之言",因为觉得它太宏大笼统了。这是很漂亮抢眼的一个表述,当今的文化人会很看好。由司马迁开始,我们的历史学家其实都是注意细节的,只是在探究历史经验的时候会趋向宏大叙事,总结出一些很难应用于实际生活的口号。可能他们关注细节和故事的初衷就是写成一部大书,考察天下成败兴亡的原因,"藏之名山,传之其人,通邑大都"。这样一番大事业甚至让遭受阉刑的司马迁都觉得足以补偿屈辱,但是他这种总结历史发展规律的宏大豪迈思路可能很容易引导人们忽略社会治理须由小处着眼和用力的道理,导致历史研究和社会治理都流于粗放和粗疏,忽略精细运作和操作,忽略与民众实实在在幸福生活有关的具体问题。

譬如古今的史家都对秦汉历史很有兴趣,尤其关注秦朝灭亡的故事。司马迁看好周代的办法，反对秦朝的暴虐："故周五序得其道，而千余岁不绝。秦本末并失，故不长久。"他提出，治国需要重视历史经验和考察现实状况："观之上古，验之当世，参以人事，察盛衰之理，审权势之宜，去就有序，变化有时，故旷日长久而社稷安矣。"在他看来，秦朝二世而亡的根本原因是不仁："仁义不施而攻守之势异也。"到了明朝，张居正给年少的万历皇帝讲《资治通鉴》时还是沿用这个看法："人君之欲安天下者，惟在乎仁义之固结，而不在于法制之把持也。"这种宏观和笼统的历史思维一直延续到今天的历史学者。

历史学家李开元教授近年出版有一系列关于秦汉社会变迁的著作，把故事讲得精彩深刻，在学界内外好评如潮。在《秦迷》的最后，作者提出，"天意和民意的聚散离合，贯穿着中国历史"。把秦国统治者建立帝国的进程看作是历史大趋势，看作是顺应天意和推动天意的实现，我觉得也和古人谈论"仁义"的政治意义一样，是一种模糊、宿命和过于粗线条的提法。不过李教授的确敏锐地注意到研究历史和社会的一个关键出发点，或者说历史学者赖以观察的"一束光源"，即人民的生命和幸福生活是被忽略或者伤害了，还是得到保护。依凭这个道德判断标准，他尖锐地批评说，面对宛若杀人机器的冷酷秦军，各地民众同仇敌忾，拼死抵抗，上演了无数惊天动地、可歌可泣的感人事迹。从这个角度来看，秦灭六国统一天下的行动，残酷地强暴了各地人民的人心，是违逆大众民意的。

无论是谈论"仁义"也好，探究"天意"也罢，用现代政治学的话语来说,都是用政治理想来赋予政治统治合法性,而一切政治统治的合法性不仅不能缺失理想,还必须与平常和实在的福利以及利益结合在一起,即政治能够顺应民意,让民众免遭暴力,享受和平安宁,过上体面、舒适、有尊严的生活。也因为如此,天下兴亡得失的考察应该把眼光投向基层社会民众真实和具体的日常生活细节。所以孟子劝告当政者说,不以暴力去争夺土地,让百姓安居乐业,"七十者衣帛食肉,黎民不饥不寒,然而不王者,未之有也"。这恰恰是后来驱使虎狼之师横扫天下的秦始皇没有做到的。

由遥远的历史回到现实,我们会注意到各地政府一系列琐碎、细微、个性鲜明的具体服务工作正在感动人民、造福一方,正在切实地改善百姓的日常生活。近日经常看到的一条报道是,四川凉山彝族自治州有一座非常偏僻的悬崖村,有70多户人家,老乡出村办事和孩子们上学需要攀爬约100米的藤制天梯。而在这个情况被广泛报道之前,当地政府就有一系列用心改进这个小村子交通条件的细致工作。他们先是用钢索、钢筋和钢管加固天梯,加强其安全性,进而又在扶贫的计划中勘察地形,规划建设更加便捷的道路。当地的县和州领导都前来做深入调研,乡政府领导甚至走了170多个来回,试图找出安全通道。

司马迁以及不少古代文人都把民生看作是天下安定的基础:"四海之内,皆欢然各自安乐其处,唯恐有变,虽有狡猾之民,无离上之心。"这样的思维其实是落后于现代的古老叙事,因为造福民众本身就是我们社会主义国家的存在目的。

阿列克谢耶维奇的势利和冷漠

2015年获得诺贝尔文学奖的阿列克谢耶维奇近日在北京等地与读者见面，与学者和评论家交流。我个人读过她的不少作品，感受比较复杂，尤其不喜欢《锌皮娃娃兵》，即她记录阿富汗战争亲历者口述的那一本。中国读者容易忽略的是，她的这本书以及她记述苏联20世纪90年代剧变的所谓非虚构文学作品在很大程度上受制于当今世界一些流行的看法。她的独立见解和她所强调的"真实讲述"是有意义的，写到了苏联时代一部分人希望遮掩的事实，但是却不是全部真相，也不是不可撼动的真理。

部分真相的讲述并不是错，不过需要与真相的其他部分配合起来认识和理解。

《锌皮娃娃兵》整个立意的基础是，苏联在1979年到1989年间进行的阿富汗战争是非正义的战争。西方媒体和学界有时把这场战争的性质等同于美国发动的越南战争，并认为二者的结局是类似的。事实上，美国撤兵之后的越南得以排除统一的障碍，成为一个经济发展、政治稳定的国家，而苏联撤兵之后的阿富汗再无有效政府，沦为恐怖主义的巢穴，给本地区和包括美国在内的全世界带来了至今无法消除的无尽麻烦。那里的人权状况极度恶化，妇女受到种种伤害，甚至失去了接受教育和从事很多专业工作的资格和机会。现在回头看，苏联当时支持而美国以及整个西方竭力打击的阿富汗世俗化力量才是健康和稳定的元素。

英国当代最杰出的马克思主义历史学家 E. P. 汤普森对苏联体制批评很多。但是他在1981年就曾经发表文章说，从古代雅典到近现代的英国和美国，民主体制的国家可以是赤裸裸的帝国主义扩张国家，因此很难由政治制度机械地推演出，西方国家会更真诚地追求和平。汤普森提出，苏联对阿富汗的干预是美苏两国战略角逐的一部分，而在总体上，苏联更多是防御，而美国的态势更危险、更具有进攻性。这当然是可以讨论的观点。但是从大的历史背景来观察，阿列克谢耶维奇简单地把苏联的阿富汗战争以及苏军和苏联民众做出的牺牲描写成毫无意义的，更是一种值得商榷的暧昧立场。她的作品在受到一部分人欢迎的同时，也被另一部分人质疑和激烈批评。这后一部分人是谁呢？很多是参战官兵和阵亡将士的亲属。

阿列克谢耶维奇主观上认为自己的作品侧重表现"小人物"的尊严。不过她的多数作品认定西方制度和价值观具有优越性，批评和质疑社会主义体制。在这个语境中，她在客观自然表现战争残酷的同时，没有太多同情给小人物和往往在历史变革中做出巨大牺牲的弱势群体，有时甚至流露出刻薄寡情的一面。所有阿列克谢耶维奇在《锌皮娃娃兵》里描写的战争残忍和人性伤害，在苏联卫国战争中都有，在美国的阿富汗和中东反恐战争中都有，后面二者的规模和程度只会更严重。但是这部书的基调是汤普森所批评的亲西方的立场，于是所有小人物在苏联阿富汗战争中的牺牲都变得毫无价值。

譬如她谈到苏军士兵的冷酷语气："对他来说，这事似乎不是什么悲剧。什么是好？什么是坏？'为了社会主义'杀人就是好！军令已经为这些孩子划定了道德的规范。"军人在战场上面对的复杂局面和心理活动，难道能够如此公式化地处理吗？阿列克谢耶维奇在记录被采访者话语的时候总是去掉她自己的话，但是她有自己的鲜明观点。在她的笔下，一位战士说："我的朋友躺在坟墓里，他们不知道自己是怎样被骗去参加那场卑鄙的战争的。有时我甚至羡慕他们，他们永远不会知道这一切，他们也不会再次上当受骗。"

文化精英阶层的这种势利和冷漠并不局限于阿列克谢耶维奇这类苏联的知识分子，美国的知识分子也走过同样的路径。在20世纪后半期的民权运动中，很多地区用巴士运送的办法强制不同族裔学生同校混合。很多文人和学者积极推动这一政策，却不去切实地改善少数族裔所在公立学校的设施、纪律和教学，不在意很多学校所面临的质量大幅下滑的风险。低收入的白人蓝领阶层没有能力把孩子送往私立学校，所以激烈反对强制的巴士计划。他们被贴上种族歧视的污名，受到精英的蔑视。

文化精英阶层在社会变革中往往得利，需要十分警惕自己对弱势群体的势利和冷漠。

谁在鼓动美国民众对立？

2016年的美国总统选举很热闹，娱乐性很强。美国朋友们抱怨声音很大，不过很多人看着特朗普和希拉里的辩论以及两人时不时互相攻讦，心情还是蛮不错的。很少有人在真正担心，两位糟糕的候选人之一当选总统会有灾难性的后果。毕竟幕僚和参众两院总会扶助和牵制不良总统，实在不行国会还可以弹劾之。然而这场竞选还是暴露出美国最近几十年积累的一些问题。

在竞争总统候选人位置的时候，希拉里的对手伯尼·桑德斯指责她使用不规范和不道德的手段与策略，还批评她玩世不恭地打女性牌和族群牌，模糊和遮掩了美国社会的根本问题，即影响到所有民众的社会公平状况恶化和过度贫富分化。作为一个同情社会主义思想的政治家，桑德斯倾向于从阶级和经济分析的角度看待社会问题，强调资本贪婪、职工失业和社会保障不足才是对民众根本利益的最大伤害。

在总统候选人第三次辩论之后，希拉里的支持者继续借助族群问题打击特朗普，将特朗普描画成敌视晚近移民尤其是拉美裔移民的偏执狂。在辩论中，特朗普在提及非法移民中的犯罪分子时，称呼他们为"翁布雷"。这个西班牙语名词本来是"男人"和"汉子"的意思。用了这个词就说明特朗普歧视所有的拉美裔美国人？支持希拉里的媒体人士这样来煽动反特朗普的民意，显得牵强附会，同时再次证明了制造族群对立成了政治工具。特朗普试图强调，非法移民随意穿越边境是侵犯国家主权的严重违法行为，并且损害了美国公民以及合法移民在就业、教育等各个方面的权益。但是为了争夺拉美裔选民的选票，希拉里及其团队不惜挑动他们的族群意识，同时忽略一个有良知的政治家原本应该正视的法治和其他社会问题。

自20世纪60年代以来，以文化多元和族群平等的名义强化族群意识，成为美国政治的一个不良现象。民权运动对种族和族群歧视的确进行了有力打击，并借助法律和教育促进不同族群之间的平等与和谐。问题是，现代主权国家的建设需要促进族群团结，加强社会凝聚力，在尊重和吸纳丰富多彩的各种文化遗产的基础上推动所有族群进入主流社会，使之融合为统一的现代民族，譬如美国人引以为傲的美利坚民族，我们引以为傲的中华民族。现代民族国家的建设，不可能在持续不断强化族群意识和构筑族群壁垒的倾向下顺利进行。

自合众国建立以来，一些乐观的美国人一直把自己的国家看作是"民族熔炉"，认为不断到来的移民融合成为一个"新的民族"。即便在今天，这种重视社会团结和主流文化的观点仍然是占主导地位的学术见解之一，仍然有主流学者认为：共同的语言、制度和意识形态是美利坚民族最牢固的基础，将肤色不同的美国人塑造为统一民族。学者格莱泽、莫伊尼汉在1963年出版了《在民族大熔炉之外》一书，对这一传统观点有所修正。他们以纽约市的情况为例，分析了黑人、犹太人和爱尔兰人等五个族群的移民及其后代在美国的状况。他们的观点是，尽管各个族群的移民都在相当程度上美国化，他们并没有在"熔炉"里失去自己的族群特征。两位作者在1975年的另一项研究里提出，族群意识的强化会导致利益集团的形成以及社会分裂和冲突的加剧。

有些族群比较容易或者善于融入和"消失"于主流社会，譬如格莱泽、莫伊尼汉谈到的德裔美国人。另一些可能会比较长时期地保持其体质和文化特征。但是政治家刻意去突出族群分界和强化族群意识，就像希拉里在拉选票时所表现的那样，是不利于社会团结与和谐的。

黑人贫困问题长期难以解决，其根源在于美国经济结构的变动和教育平等的缺位，但是文化和政治精英却老是片面地把它看作种族问题，没有在社会经济的层面认真地面对和解决。把人们对经济和社会问题的关注转移到族群问题，其实正是希拉里这类政治家为华尔街和美国金融资本做出的效劳和服务，是一发愚弄民众的麻醉弹，也是一发烟幕弹。

文化多元论和族群的偶像崇拜，在美国和西欧的实践效果是复杂和多面的，经常是负面的。我们对之应该有一个审慎的态度，不应该随意进口和借用，不应该盲目跟进和吹捧。

人们在战争伤痕里面寻找什么？

媒体的疲劳是一个很麻烦的事情。最近在伊拉克和叙利亚，在几个大国的支持下，针对恐怖主义组织"伊斯兰国"的军事打击取得了较大胜利，同时平民遭受的困苦与伤亡也在增加，难民问题也远远谈不上解决。国内外新闻界对此有所报道，不过很难把这一拖延多年的战事作为头条新闻持续报道下去。

自从20世纪90年代海湾战争以来，中近东民众的苦难从未停息。那里绵延不断的军事冲突背景复杂和多元。反恐当然是赋予其中很多行动合法性的充足理由，但是这并未能缓解那里民众的战争苦难。西方语言里面对此有一个很冷漠的表述：对敌军事行动"间接触发的损伤"。这样的"损伤"，在今天的中近东，每天都在发生。

在得到国际社会普遍认可和支持的海湾战争（1990—1991）中，伊拉克官兵的死亡人数在2万~3.5万之间，平民直接死于战火的人数在3 500人左右，间接因为战争导致的医疗和其他困难而死亡的平民在10万左右。美国及其盟友方面在海湾战争中具有绝对的军事优势，仅有290余人死亡，其中大约一半还是死于己方火力的误伤。尽管如此，因为贫铀弹使用、高强度辐射和有毒气体等多种原因，美军仍有20多万参战人员在这场现代化战争中罹患后果严重的慢性疾病，即所谓的"海湾战争综合征"。

"黄沙百战穿金甲，不破楼兰终不还"，这种豪迈只是文人笔下的诗句。只有亲身参加战争的人，在后方医院亲眼见到过死伤参战人员身体的医护人员，才可能知道，即便是一个阵亡者或者一个伤兵的伤口也是惨不忍睹的，更不要说成百上千将士倒卧沙场、妇女儿童尸体散落瓦砾的景象。真正面对着宝剑砍下的头颅，或者燃烧弹过后的战壕，无论是古人或者现代人，绝不会有写诗的余兴。

维拉·布里顿（1893—1970）是著名的英国女作家。其成名作是带有自传和社会史双重性质的《青春见证》（1933年），描写了一战期间，她和她的未婚夫罗兰、弟弟爱德华这个小圈子的生活和遭遇。罗兰、爱德华以及他们的两位好友都出身所谓的"中产阶级"，是贵族学校同学，接受过良好的教育和军训，担任英军的低级军官。先后战死的这四位青年，仅仅是一战当中大批丧生的社会精英和民众当中的几颗沙粒。所有在硝烟中逝去的生命都在他们的父母和爱人心灵上留下惨痛的空洞。维拉在前言里解释了她撰写此书的动机：这些文字把正在被人们淡忘的黑暗痛苦激活了，但是这不是她的意图；她写作的意图是让过着和平生活的人们拒绝"太轻易、太舒适的忘却"。这种被和平麻醉的忘却往往会导致"历史上最让人悲痛的悲剧重演"。她希望她的写作提醒人们，诉诸战争是现代社会犯下的一个严重错误和罪行。在她写下这些文字之后的第六年，第二次世界大战爆发了。

在牛津大学，维拉最终主修的专业是历史。回顾一战历史，她批评苛刻对待战败国的《凡尔赛条约》。她反对英国空军在二战中对平民居住区进行"饱和轰炸"，并终生坚持和平反战立场。她在一战期间长期担任战地医院护士，照看过英军伤兵和被俘的德军伤兵，亲历了不可言说的战争残酷。而在战争爆发的初期，正如她在自传里所记载的，她完全被社会上仇视敌国的情绪裹挟，尤其痴迷于贵族学校所培养的帝国主义尚武精神，积极鼓励和支持未满服役年龄的弟弟志愿参军。1917年12月，在维拉弟弟爱德华阵亡的半年之前，他写信给母亲说："我下次回家以后，我一定会让您在说晚安的时候吻我，就像我小时候那个样子。我以前就是个愚笨的少年学生，总是以为自己已经长大了，不能让妈妈吻我。我其实是太年少，不懂得您的爱。"

维拉及其家庭在战争中遭受了难以恢复的伤害。她的回应不是仇恨，而是宽恕和对话。

北京大学图书馆收藏有《青春见证》1935年版。北大图书馆有很多这样的老书，背后的借阅卡片口袋上还印着"燕京大学图书馆"，而且是繁体的。卡片上记录着该书从1935年到1941年多次被借阅的情况。"珍珠港事变"之后，燕大被日本人关闭。之后直到20世纪70年代，此书才有借阅记录。

战争伤痕和历史印迹，就这样在燕京大学和北京大学收藏的一本书上永久地留存下来。

前车之鉴：被误读的乔治·凯南

伊拉克反恐部队在摩苏尔，叙利亚军队在阿勒颇，近来都在军事上取得进展，同时我们也在媒体上看到两地平民遭受惨痛伤亡，甚至被当作"人肉盾牌"。那里儿童的苦难尤其触目惊心。有些孩子在轰炸中遇难，另一些孩子则饥寒交迫，骨瘦如柴，他们的照片流传出来，触动了无数人的心。战争和动乱纠缠中近东各国多年，那里的人民一直在付出沉重的代价，失去安定的生活，遭受生命和财产的重大损失。

在21世纪过去的十几年里，美国以及其他西方国家在中近东地区动作很多，特朗普也表示要对极端组织"伊斯兰国"进行更加有效的打击。恐怖主义在新世纪显然是一个全球性问题，需要世界各国团结起来全力应对。问题是，西方诸国这些年在中近东地区进进出出，每次似乎都有充分理由支持一方，打击另一方，每次都给那里的普通民众带来难以言状的巨大悲剧。利比亚、伊拉克那些被推翻的前统治者，叙利亚正在被西方要求下台的现任统治者，与他们国家的人民以及声称关心这些人民的西方国家，真的早就失去了通过对话和平消弭分歧以及解决问题的可能性？美国和其他西方国家在中近东的政策到底出了什么问题？

"战争的根源是恐惧。"这是20世纪冷战时期以及越战时期，美国激进的和平反战人士对战争和现代国际关系的一种深刻看法。他们认为，热衷于冷战的美国保守势力夸大了苏联外交政策的进攻性，把社会主义国家及其人民想象成邪恶敌人，而即便真是敌人，也不应该用敌意和战争去应对。正如当时一些反战人士指出的："也许他成为你的敌人，仅仅是因为他认为你是野蛮人。也许他害怕你，仅仅是因为他觉得你害怕他。也许，如果他相信你能够爱他的话，他就不再会是你的敌人。"他们尤其强调指出，社会主义的公益观点本身就是西方文化也认可的价值观，造就美苏之间紧张关系的根源之一就是把美国的生活方式看成是唯一正确的选择，完全否认其他社会制度的正当性。

在1947年的《外交事务》杂志上，美国外交家和国际问题学者乔治·凯南讨论了当时的东西方关系。在这篇关于"遏制"苏联的著名文章里，凯南提出，尽管东西方之间存在着明显的意识形态分歧，苏联并没有推进世界革命的固定时间表，苏联把本国利益看作是外交政策最高原则，会理性地、弹性地处理国际关系。他也注意到，苏联社会在思想和经济等方面有可能会出现内部问题。考虑到这些因素，尽管苏联不是美国的伙伴而是竞争对手，尽管社会主义国家与资本主义国家未必能达到幸福和谐的共存状态，美国所要做的是防守性的"遏制"，防止苏联把势力范围扩展到西方，就像苏联的首要关注也是自身的安全。而在另一方面，两个大国的真正竞争是在各自的内政、文化和国际形象上，即各自都需要成功地解决自己内部的社会问题，并在国际上建立热爱和平和负责任的大国形象。

在这个意义上，凯南的立场并不是在纯粹地缘政治的意义上打压遏制苏联。他完全不赞成把冷战看作是美苏之间的战略利益博弈，所以他绝不是以此为宗旨的冷战理论的创始人。他真正关注的，是美苏两个大国谁能够占据道德制高点。对凯南外交学说的正确解读是，他的立场与西方国家内部的激进反战人士完全一致。他认为，在很大程度上，美国在国际社会中有无优势力量，取决于它能否在本国建立正义、繁荣与和谐的社会。早在1959年，他就提出一些对当下国际关系具有指导意义的原则：长远来看，即便在谨慎和精细的利害权衡之后，政治家的决策仍然可能是愚蠢的，其后果仍然可能是糟糕的；真正可靠的是道德上无懈可击的坚定原则，坚守这些原则往往能够有最成功的政策和结果。

凯南一直提醒人们，不要容忍战争对生命的剥夺，不要用冷漠态度对待战争祸害。他提到了二战中对平民居住区的"饱和轰炸"以及原子弹的使用。今天的中近东局势再度告诉我们，即便是常规武器也能给平民带来难以言说的痛苦和伤害。

改变在国际关系中追逐战略利益和地缘政治优势的态势，把人道主义关怀看作是决策的核心，是当代世界的政治家们不可推卸的道德责任。

"黄油拌饭香如故"

特朗普还没有宣誓上任，已经以当选总统的名义宣示了一系列政策，其中的核心内容是推动美国就业状况的改善。他和他的顾问们以此为导向策划着一系列税收、金融和外贸政策，希望刺激国内投资，把制造业更多地由海外吸引回美国。我们国内的工商业和经济学界人士就此发表了不少言论，担心特朗普政策对中美经贸关系可能产生的影响和冲击。商人出身的他，真是一位把经济发展当作是执政重心的政治家吗？非也。他真正担忧和关注的是美国国内复杂的社会问题，而不仅仅是经济贸易问题。在这方面，我们可能正在误读特朗普，并因此把他背后的力量过于简单地看作是民粹和极端保守派。

在20世纪初，福特等美国大企业家注意到了马克思早已讨论过的一个问题，即资本主义追逐利润的冲动和大规模工业化生产的能力很容易导致产品过剩，引发经济危机，而一个巨大的消费市场有助于缓解矛盾，因此需要买得起这些产品的大众，也就是能够赚取较高工资的雇佣劳动者。正如凯恩斯后来提出的，西方国家的社会改良和发展，在维持既定社会制度的前提下，仅仅由私人企业家来提高工人工资还不能解决问题，更重要的是借助国家调控来刺激消费和经济，包括建立系统的社会福利制度。

这一思路不仅促成了西欧福利国家的出现，也对美国的社会改革产生很大影响。富兰克林·罗斯福的政策不仅应对了"大萧条"造成的社会经济危机，还推动设立了一系列涉及公众健康、教育和其他福利的制度。美国在20世纪60年代中期又建立了针对老人的全国医疗照顾制度和主要针对贫困者的医疗补助制度。

然而凯恩斯主义的经济学说也导致政府促进富人利益的经济干预举措，包括给企业和投资者减税的政策，可以是一把双刃剑。20世纪70年代的欧美国家经历了严重的经济衰退，到80年代初里根担任总统的时候，美国经济和政治精英业已做出的自私抉择是：削减社会福利以减少公共开支，在给富人减税的同时通过立法和政策打压工会的谈判能力，将更多财富由工人工资转移到投资者收益，以便刺激投资和经济增长。为了更多照顾投资者的利益，减少对本国劳动力的依赖，跨国公司开始将制造业大规模转移到劳动力廉价的第三世界国家。1982年美国的每小时平均工资比1972年减少了8%。由1968年到1984年，美国中等收入家庭的比例由27.1%下降到23.2%，低收入家庭由36.1%增加到39.4%。这一趋势一直延伸到2008年金融危机，日趋恶化，至今也没有得到有效遏制和扭转。

特朗普今天所面临的美国社会问题并不完全是经济活动自发造成的结果，而是决策阶层有意识的道德选择，其后果也不仅仅停留在经济领域。在历史上和现实中，美国的普通民众和经济政治精英的另一种冲动，是不断试图在经济生活中更多地强调社会公益的考量，譬如把经济发展与就业和社会公平密切联系在一起。问题是，特朗普是否能够在执政过程中更多地反映和吸收这一道德传统，抑制自私的、维护少数富人的个人主义。人们对他的期望是解决20世纪80年代以来复杂的经济和社会问题。他提出的减税倡议似乎已经对股票上涨有明显的推动。除了用形式上肯定有所不同的方式重复里根的老套，他还有别的更有效的办法吗？

美国社会长期有崇拜成功的中产阶级文化，失败者和贫困者处在非常边缘化的位置。这与日本等东方国家的文化有所不同。最近在深夜里看过几集网络热播的日剧《深夜食堂》。里面所有的故事都围绕着这家夜店里互助和互相怜悯的小人物们展开，淡淡地慢慢地把他们的尊严和价值倔强地摆放在观众的眼前。一个衰老流浪歌手用唱歌换取的黄油拌米饭，是他年轻时候与恋人以及恋人弟弟一起享用的廉价食物。其滋味不是一般人能够领略的美味，而是贫贱生活中的幸福记忆。那位弟弟后来成了著名美食评论家，在这家不起眼的小餐厅听到了老歌，尝到了儿时的黄油拌饭。他劝歌手回到一直等他的姐姐身边。当歌手说已经太晚的时候，美食家温柔地反驳说："黄油拌饭还是香如故，不是吗？"

一个社会的凝聚力，即它的真正力量，可能并不来自其富有和强悍，而是蕴含在那碗黄油拌饭的温暖和香甜里面。

光启随笔书目

《学术的重和轻》　　　　　　　李剑鸣　著

《社会的恶与善》　　　　　　　彭小瑜　著

《一只革命的手》　　　　　　　孙周兴　著

《徜徉在史学与文学之间》　　　张广智　著

《藤影荷声好读书》　　　　　　彭　刚　著

《凌波微语》　　　　　　　　　陈建华　著